市立仙台青陵中等教育学校

〈 収 録 内 容 〉

■ 制作の都合上、平成27年度から平成29年度は、宮城県立中学校の問題・解答解説・解答用紙も掲載しております。
　宮城県立中学校の問題・解答解説・解答用紙は参考資料としてご活用ください。

2024 年度	……………………	適性検査（総合問題・作文）
2023 年度	……………………	適性検査（総合問題・作文）
2022 年度	……………………	適性検査（総合問題・作文）
2021 年度	……………………	適性検査（総合問題・作文）
2020 年度	……………………	適性検査（総合問題・作文）
2019 年度	……………………	適性検査（総合問題・作文）
平成 30 年度	……………………	適性検査（総合問題・作文）
平成 29 年度	……………………	適性検査（総合問題・作文）
平成 28 年度	……………………	適性検査（総合問題・作文）
平成 27 年度	……………………	適性検査（総合問題・作文）

※作文は、問題に使用された作品の著作権者が二次使用の許可を出していないため、問題の一部を掲載しておりません。

JN101273

本書の特長

実戦力がつく入試過去問題集

▶ 問題 ………… 実際の入試問題を見やすく再編集。

▶ 解答用紙 …… 実戦対応仕様で収録。

▶ 解答解説 …… 解答例は全問掲載。詳しくわかりやすい解説には、難易度の目安がわかる「基本・重要・やや難」の分類マークつき（下記参照）。各科末尾には合格へと導く「ワンポイントアドバイス」を配置。

入試に役立つ分類マーク ✏

基本 ▶ 確実な得点源！
受験生の90％以上が正解できるような基礎的、かつ平易な問題。
何度もくり返して学習し、ケアレスミスも防げるようにしておこう。

重要 ▶ 受験生なら何としても正解したい！
入試では典型的な問題で、長年にわたり、多くの学校でよく出題される問題。
各単元の内容理解を深めるのにも役立てよう。

やや難 ▶ これが解ければ合格に近づく！
受験生にとっては、かなり手ごたえのある問題。
合格者の正解率が低い場合もあるので、あきらめずにじっくりと取り組んでみよう。

合格への対策、実力錬成のための内容が充実

▶ 各科目の出題傾向の分析、最新年度の出題状況の確認で、入試対策を強化！

▶ その他、学校紹介、過去問の効果的な使い方など、学習意欲を高める要素が満載！

UD FONT 見やすく読みまちがえにくいユニバーサルデザインフォントを採用しています。

● ● ● 公立中高一貫校の
入学者選抜 ● ● ●

ここでは，全国の公立中高一貫校で実施されている入学者選抜の内容について，
その概要を紹介いたします。

　公立中高一貫校の入学者選抜の試験には，適性検査や作文の問題が出題されます。

　多くの学校では，「適性検査Ⅰ」として教科横断型の総合的な問題が，「適性検査Ⅱ」として作文が出題されます。しかし，その他にも「適性検査」と「作文」に分かれている場合など，さまざまな形式が存在します。

　出題形式が異なっていても，ほとんどの場合，教科横断的な総合問題（ここでは，これを「適性検査」と呼びます）と，作文の両方が出題されています。

　それぞれに45分ほどの時間をかけていますが，そのほかに，適性検査がもう45分ある場合や，リスニング問題やグループ活動などが行われる場合もあります。

　例として，東京都立小石川中等教育学校を挙げてみます。

①　文章の内容を的確に読み取ったり，自分の考えを論理的かつ適切に表現したりする力をみる。

②　資料から情報を読み取り，課題に対して思考・判断する力，論理的に考察・処理する力，的確に表現する力などをみる。

③　身近な事象を通して，分析力や思考力，判断力などを生かして，課題を総合的に解決できる力をみる。

　この例からも「国語」や「算数」といった教科ごとの出題ではなく，「適性検査」は，私立中学の入試問題とは大きく異なることがわかります。

　東京都立小石川中等教育学校の募集要項には「適性検査により思考力や判断力，表現力等，小学校での教育で身に付けた総合的な力をみる。」と書かれています。

　教科知識だけではない総合的な力をはかるための検査をするということです。

　実際に行われている検査では，会話文が多く登場します。このことからもわかるように，身近な生活の場面で起こるような設定で問題が出されます。

　これらの課題を，これまで学んできたさまざまな教科の力を，知識としてだけではなく活用して，自分で考え，文章で表現することが求められます。

　実際の生活で，考えて，問題を解決していくことができるかどうかを学校側は知りたいということです。

　問題にはグラフや図，新聞なども多く用いられているので，情報を的確につかむ力も必要となります。

　算数や国語・理科・社会の学力を問うことを中心にした問題もありますが，出題の形式が教科のテストとはかなり違っています。一問のなかに社会と算数の問題が混在しているような場合もあります。

　少数ではありますが，家庭科や図画工作・音楽の知識が必要な問題も出題されることがあります。

作文は，文章を読んで自分の考えを述べるものが多く出題されています。

　文章の長さや種類もさまざまです。筆者の意見が述べられた意見文がもっとも多く採用されていますが，物語文，詩などもあります。作文を書く力だけでなく，文章の内容を読み取る力も必要です。

　調査結果などの資料から自分の意見をまとめるものもあります。

　問題がいくつかに分かれているものも多く，最終の１問は400字程度，それ以外は短文でまとめるものが主流です。

　ただし，こちらも，さまざまに工夫された出題形式がとられています。

　それぞれの検査の結果は合否にどのように反映するのでしょうか。

　東京都立小石川中等教育学校の場合は，適性検査Ⅰ・Ⅱ・Ⅲと報告書（調査書）で判定されます。

　報告書は，400点満点のものを200点満点に換算します。

　適性検査は，それぞれが100点満点の合計300点満点を，600点満点に換算します。

　それらを合計した800点満点の総合成績を比べます。

　このように，形式がさまざまな公立中高一貫校の試験ですが，文部科学省の方針に基づいて行われるため，方向性として求められている力は共通しています。

　これまでに出題された各学校の問題を解いて傾向をつかみ，自分に足りない力を補う学習を進めるとよいでしょう。

　また，環境問題や国際感覚のような出題されやすい話題も存在するので，多くの過去問を解くことで基礎的な知識を蓄えておくこともできるでしょう。

　適性検査に特有の出題方法や解答方法に慣れておくことも重要です。

　また，各学校間で異なる形式で出題される適性検査ですが，それぞれの学校では，例年，同じような形式がとられることがほとんどです。

　目指す学校の過去問に取り組んで，形式をつかんでおくことも重要です。

　時間をはかって，過去問を解いてみて，それぞれの問題にどのくらいの時間をかけることができるか，シミュレーションをしておきましょう。

　検査項目や時間に大きな変更のある場合は，事前に発表がありますので，各自治体の教育委員会が発表する情報にも注意しましょう。

仙台市立 仙台青陵 中等教育学校

せんだい せいりょう

https://www.sendai-c.ed.jp/~seiryo/

〒989-3201　仙台市青葉区国見ケ丘7-144
☎022-303-5551
交通　ＪＲ仙台駅　バス
　　　ＪＲ国見駅　徒歩25分

［カリキュラム］

- 二学期制。45分×7時限授業。
- 5年次までは全員がほぼ共通の科目を学び、幅広い教養を身につける。6年次に**文系・理系**に分かれ、多彩に用意された選択科目の中から各自の進路に合わせて必要なものを選んで学習する。
- 英語と数学は**少人数編成**で実施。
- 理科は**実験**や**実習**を重視。高度な実験講座も行われ、東北大学などの先生による**理科特別講座**が行われている。
- 学校独自の科目として「**ことばと論理**」「**オールイングリッシュタイム**」を設置。英語を使ったコミュニケーションや、論理的に考えたり表現したりする力を鍛える。また、2・3年次には「**数楽タイム**」という数学を楽しむことを目的とした時間も設置。
- 毎日始業前の10分間、「**朝の読書**」を行っている。
- 土曜日には通常の授業とは別に学習会を実施している。

［部活動］

平成29年度には、**放送部**が全国大会出場、**吹奏楽部**が東北大会出場。

★設置部

軟式野球、バスケットボール、サッカー、バドミントン、ソフトテニス、卓球、陸上、剣道、バレーボール、美術、科学、合唱、放送、吹奏楽、囲碁・将棋、文芸、写真、茶道、演劇、ロボット研究

［行　事］

歩こう会は全校生徒が一丸となって歩くイベント。

4月	オリエンテーション合宿（1年）
5月	体育祭、野外活動（2年）
7月	合唱祭
9月	青陵祭
11月	海外研修（5年）
12月	首都圏大学訪問（4年）
3月	研修旅行（3年）

［進　路］

- **進路講演会**は、外部から講師を招き、仕事や生き方について学ぶ。
- 2年次に**職場体験**を実施し、健全な職業観を養う。

★卒業生の主な進学先

東京大、京都大、東北大、北海道大、東京外国語大、一橋大、宮城教育大、岩手大、山形大、宮城大、早稲田大

［トピックス］

- 平成21年4月、仙台市初の中高一貫教育校として開校した。教育方針は「**知性を高め、感性をはぐくみ、意志を鍛える**」

入試！インフォメーション

※本欄の内容は令和6年度入試のものです。

受検状況

学　校　名	募集定員	出願者数	倍　率
市立仙台青陵中等教育学校	140	256	1.83

出題傾向の分析と 合格への対策

仙台市立中等教育学校

●出題傾向と内容

　仙台市立中等教育学校は，総合問題Ⅰ・総合問題Ⅱ・作文の3種の検査が課せられた。総合問題Ⅰが2022年度より40分から45分となり，総合問題Ⅱは2024年度より40分から45分となり，ともに60点満点，作文が40分の30点満点であった。

　総合問題Ⅰは大問数が3題で構成されている。2021年度までは算数・理科・社会分野からの問題であったが，2022年度からリスニングが出題されたため，英語(リスニング)・算数・社会・理科の出題となった。また，2023年度は家庭科からの出題もあった。リスニングは放送文を聞いてその内容にあうイラストを選択する問題である。他の問題は複合問題になっている問題が多い。資料を読み取りながら解く問題もあり，グラフや図の内容を正しく理解する力も試される。また，歴史では，時代背景全般を問う問題が出題されることもあり，文化や人物，所在地などを結び付けて覚えているかが試される。

　総合問題Ⅱは大問数が3題で構成されている。いずれも理科・算数分野から出題される。理由や求め方も答える問題があり，より深い理解が試される。

　作文は，課題文を読んで自分の体験を交えながら意見を書く問題が出題された。400字以上500字以内の設定である。

●2025年度の予想と対策

　総合問題では，本年の傾向が続くだろうと予想される。計算問題と理由や推論を問う問題が多く出題されるので，単純な計算や一問一答形式の学習はもちろんだが，それに関連する事柄にまで注目して学習したい。しかし，問題自体は特にひねったものではないので，確実に学習していれば正解を導くことができる。自分の言葉で説明できるように，記述力・論理力も養っておきたい。

　リスニングについても，今後出題されるだろう。日頃から英文を聞き，ポイントとなる単語をおさえられるよう訓練しておきたい。

　作文問題では，年度によって題材は異なり，長文を読んで，自分の考えを記述できるようにする練習が必要である。400 ～ 500字で記述する問題であるという傾向は変化しないだろう。原稿用紙の正しい使い方についても事前におさえておきたい。

✔ 学習のポイント

多くの大問で記述力・論述力が試されている。総合問題では設問数も多いので，問題を速く解くことも意識したい。問題を解く際に，どれくらいの時間がかかったかにも注意して取り組もう。

2024年度
★★★★★★★★★★★★★★★★★★★★★★

入 試 問 題

2024
年
度

2024年度

市立仙台青陵中等教育学校入試問題

【総合問題Ⅰ】 （45分）　＜満点：60点＞

（放送台本）

　これから**第１問**の放送による問題を行います。放送を聞いて１～３の問題に答えなさい。英語はそれぞれ２回放送されます。

　放送中に検査用紙にメモをとってもかまいません。答えはすべて解答用紙に記入しなさい。

問題１　家族で日本に住んでいるエミリーさんと同じクラスのけんたさんは，**図１**のカレンダーを見ながら会話をしています。２人の会話を聞いて，エミリーさんの週末の予定になるように**表**の⑴～⑷の空らんに合う絵を，**あ，い，う，え，お**の中から１つずつ選び，記号で答えなさい。

【２人の会話】

けんた：　We have Wakaba Festival on July 8th and 9th.

　　　　　We can see traditional Japanese dance at the festival.

　　　　　Do you want to see the dance?

エミリー：　Yes.　Sounds nice.　Oh no・・・on Saturdays, I always practice the piano with my mother in the morning.

けんた：　Oh, the dance show starts at 2:30 p.m. on Saturday and Sunday.

エミリー：　Sorry, I can't.　I go to a tennis school in the afternoon on Saturdays.

けんた：　How about Sunday?

エミリー：　On Sundays, I always clean my room in the morning.

　　　　　In the afternoon, I sometimes go shopping with my family.

　　　　　Oh we can go shopping on July 16th.

けんた：　That's good.　Let's go to the festival together on Sunday afternoon.

エミリー：　Yes, let's.

繰り返します。

次に問題２に移ります。

問題２　エミリーさんとけんたさんは，若葉まつりのダンスショーに参加している友達のつとむさんを探しています。エミリーさんにつとむさんから事前に届いたメールと，エミリーさんとけんたさんの会話を聞いて，**図２**の中から，つとむさんを探し，**あ，い，う，え，お，か**の中から１つ選び，記号で答えなさい。

　最初につとむさんから届いたメール，続いて，エミリーさんとけんたさんの会話を放送します。

それでは，最初にメール文を読みます。

【メールのメッセージ】

Hi, Emily.

Do you like traditional Japanese dance?
We have a dance show at the Wakaba Festival on July 8th and 9th.
My friends can dance well. And I am good at playing the drum.
At the dance show, I play the drum.
Please come to the Wakaba Festival.
Tsutomu

次に２人の会話です。
【２人の会話】
エミリー： Look at the stage! I want to see Tsutomu.
　　　　　 Where is he? He is by the flowers?
け ん た： Well…, no. The second from the right.
エミリー： I see. Wow! He can play the drum well. He is cool!
け ん た： Yes. This show is fantastic!

繰り返します。

次に問題３に移ります。
問題３　エミリーさんと担任の先生は若葉まつりの図３のチラシと図４の100名の学生に聞いたア
　　ンケート結果のグラフを見ながら会話をしています。２人の会話を聞いて，図４のグラフのＡの
　　部分に当てはまるイベントを，下のあ，い，う，え，おの中から１つ選び，記号で答えなさい。
【２人の会話】
先　　　　生　We can see popular events in Wakaba Festival.
　　　　　 Did you go to the Wakaba Festival?
エミリー： Yes. I enjoyed the Wakaba Festival with Kenta.
先　　　　生　Oh, nice.
　　　　　 Look. 28 students enjoyed the special Japanese food shops "yatai".
　　　　　 What did you eat?
エミリー： We ate yakisoba. It was delicious.
先　　　　生　Good. How was the Japanese culture event?
エミリー： In this event, we enjoyed playing kendama and karuta.
　　　　　 Oh, 36 students enjoyed the Japanese culture event.
先　　　　生　Sounds fun. I want to play karuta with you.
　　　　　 Oh, look. 24 students enjoyed watching Japanese traditional dance show.
エミリー： It was great.
　　　　　 At the special stage, we enjoyed the dance show and brass band music.
先　　　　生　Oh, you had a wonderful time.

繰り返します。

これで放送による問題を終わります。次の問題に移ってください。

1　放送による問題

　　放送を聞いて１～３の問題に答えなさい。英語はそれぞれ２回放送されます。

　　放送中に検査用紙にメモをとってもかまいません。答えはすべて解答用紙に記入しなさい。

1　家族で日本に住んでいるエミリーさんと同じクラスのけんたさんは，**図１**のカレンダーを見ながら会話をしています。２人の会話を聞いて，エミリーさんの週末の予定になるように**表**の(1)～(4)の空らんに合う絵を，**あ～お**の中から１つずつ選び，記号で答えなさい。

図1　カレンダー

7月

日	月	火	水	木	金	土
						1
2	3	4	5	6	7	8 若葉まつり
9 若葉まつり	10	11	12	13	14	15
16	17	18	19	20	21	22
23	24	25	26	27	28	29
30	31					

表　エミリーさんの予定表

7月8日（土）	
午前	(1)
午後	(2)
7月9日（日）	
午前	(3)
午後	(4)

あ

い

う

え

お

2　エミリーさんとけんたさんは，若葉まつりのダンスショーに参加している友達のつとむさんを探しています。エミリーさんにつとむさんから事前に届いたメールと，エミリーさんとけんたさんの会話を聞いて，**図２**（次のページ）の中から，つとむさんを探し，**あ～か**の中から１つ選び，記号

で答えなさい。

　最初につとむさんから届いたメール，続いて，エミリーさんとけんたさんの会話を放送します。

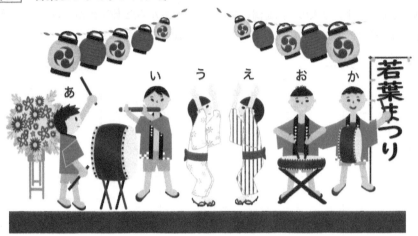

図2　若葉まつりのダンスショー

3　エミリーさんと担任の先生は若葉まつりの図3のチラシと図4の100名の学生に聞いたアンケート結果のグラフを見ながら会話をしています。2人の会話を聞いて，図4のグラフのAの部分に当てはまるイベントを，下のあ～おの中から1つ選び，記号で答えなさい。

図3　チラシ

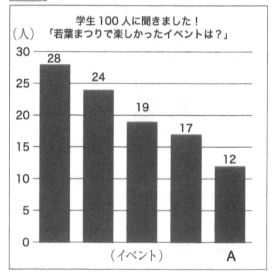

図4　グラフ

あ	けん玉体験	い	カルタ体験	う	屋台
え	ダンスショー	お	ブラスバンド演奏		

2 　たろうさんは職場体験学習でスーパーマーケットの仕事をすることになりました。
　　次の1，2の問題に答えなさい。

店　　　長　　これからフルーツコーナーに商品を並べる仕事をするよ。

たろうさん　　並べる商品の数はどのように決めているのですか。

店　　　長　　毎日どのくらいの商品が売れているのかを，お店で管理して決めているよ。

たろうさん　　ア情報通信技術を利用しているのですね。

店　　　長　　よく勉強しているね。他にも情報通信技術を利用しているものがあるよ。

たろうさん　　向こうで動いているロボットですか。

店　　　長　　そうだよ。あれはイ案内ロボットだよ。ディスプレイに商品名を入力すると，商品
　　　　　　　がある場所まで案内してくれたり，品切れの場合はその場で教えてくれたりする
　　　　　　　よ。

たろうさん　　すごく便利なロボットですね。

1 　下線部ア「情報通信技術」とあります。お店のフルーツコーナーでは，表1のように商品を商品
データに記録していて，表2のように商品の売り上げを売り上げデータへ記録しています。あとの
(1)，(2)の問題に答えなさい。

表1　　商品データ

商品番号	商品名	値段（円）
1100	いちご	390
1200	りんご	300
1300	もも	150
1400	みかん	40

表2　　9時から10時までの売り上げデータ

売れた時間	商品番号	個数
9：03	1100	2
9：10	1400	15
9：27	1300	2
9：27	1200	3
9：45	1300	3
9：58	（ a ）	（ b ）

(1) 　表2の「9：03」から「9：45」までに売れた商品で売上金額が1番多い商品を，次のあ〜え
から1つ選び，記号で答えなさい。

　　あ　いちご　　い　りんご　　う　もも　　え　みかん

(2) 　表2のデータの中で，売上金額の合計が2番目に多い商品と，売上金額が1番少ない商品との
合計金額の差は30円でした。このことから，（ a ）と（ b ）にあてはまる数字を答えなさい。

2 　下線部イ「案内ロボット」とあります。

　図1は店内の様子を簡単に示したものです。図1の☆にいる
案内ロボットは店内を回りながら，お客さんが探したい商品の
場所まで案内しています。次のページの(1)〜(3)の問題に答えな
さい。

図1　　店内の地図

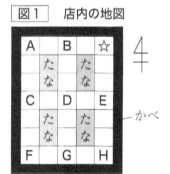

(1) 案内ロボットが，**条件1**にしたがって99回動いたとき，ロボットのいる位置を**図1**の**A〜H**から1つ選び，記号で答えなさい。ただし，スタート位置の☆では，ロボットは南を向いており，**条件1**の①と②で1回分の実行とします。

条件1	① かべまでまっすぐ進む
	② 右を向く

(2) たろうさんは，**図1**の通路に**条件2**のプログラムを覚えさせた2台のロボットを置き，同時にスタートすることを考えました。1台目は☆にいます。2台のロボットがすべての通路をたなやかべにぶつからずに通過するためには，2台目はどの位置に，どの方位に向けて配置すればよいでしょうか。配置する位置を**A〜H**から1つ選び，またロボットが向いている方位とあわせて答えなさい。

ただし，**条件2**のプログラムをすべて実行し，通路でロボット同士はすれちがうことはできません。

条件2	【プログラムの条件】
	ア 3マス進む イ 2マス進む ウ 右を向く エ 左を向く
	【2台のロボットのプログラム】
	ア→ウ→イ→イ→ウ→ア→ウ→イ→ウ→ア→エ→イ→エ→ア→エ→イ

(3) たろうさんは，**図2**のように，案内ロボットがお客さんを商品のある場所まで案内する流れを考えました。**図2**のア〜エに入るロボットの動きを**条件3**から，それぞれ1つ選び，①〜⑥の番号で答えなさい。ただし，番号は1度しか使えません。

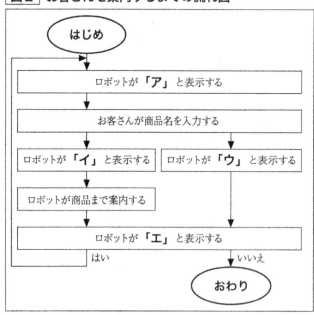

図2 お客さんを案内するまでの流れ図

条件3
①売り切れです
②商品の個数を入力してください
③案内します
④レジに進みますか
⑤商品名を入力してください
⑥別の商品を探しますか

3 よしとさんとかえでさんは社会科の授業で研究発表を行いました。

次の1～4の問題に答えなさい。

> **＜よしとさんの発表＞**
> 私は災害をテーマに調査し，その中でア自然災害と日本の地形との関わりに注目しました。調べると日本は国土にしめる平野部の割合が少なく，その平野部に人口が集中していることで，被害が大きくなるという関係が分かりました。日本の災害の歴史をふり返ると，イ奈良時代にも，多くの災害があったことが分かります。自然災害はいつ発生するか分かりません。私たちは自然災害から命を守るために，一人ひとりが正しい知識と防災意識を持って，常にウ災害に備えることが大切です。

1 下線部ア「自然災害と日本の地形との関わり」とあります。**図1**，**写真1**をもとに，あとの(1)，(2)の問題に答えなさい。

(1) **図1**は，ある川の流れを表したものです。川の流れの特ちょうから，平地の部分が広がる場所を**あ～か**からすべて選び，記号で答えなさい。ただし，川は西から東に流れています。

図1 川の流れの様子

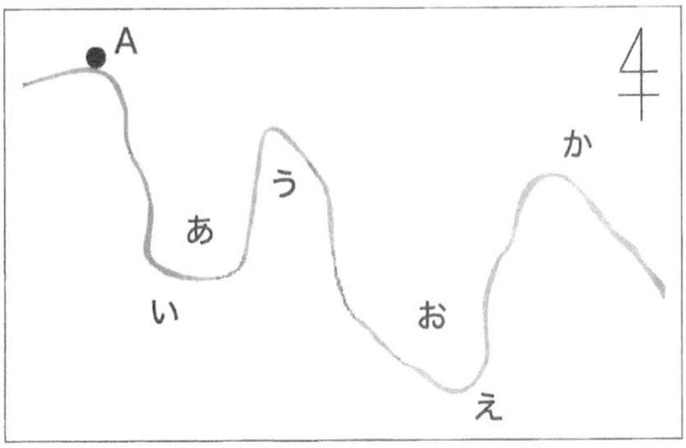

写真1 A地点の様子

(2) **写真1**は，**図1**の**A地点**での様子です。川による災害を防ぐために左岸のみ護岸工事をしています。なぜ左岸のみ工事をしたのか，その理由として正しいものを**あ～か**から1つ選び，記号で答えなさい。

> **あ** 左岸は，右岸よりも川の流れが速く，土や石をたい積させるため。
> **い** 左岸は，右岸よりも川の流れがおそく，土や石をたい積させるため。
> **う** 左岸は，右岸よりも川の流れが速く，岸がけずられやすいため。
> **え** 左岸は，右岸よりも川の流れがおそく，岸がけずられやすいため。
> **お** 左岸は，右岸よりも水深が浅く，水があふれやすいため。
> **か** 左岸は，右岸よりも水深が深く，水があふれやすいため。

2 下線部イ「奈良時代」とあります。奈良時代には聖武天皇が東大寺に大仏をつくる詔を出しました。資料1は奈良時代の主なできごと，資料2は聖武天皇が出した詔の一部を示したものです。

資料1，資料2をもとに，当時の社会情勢をふまえて聖武天皇が大仏をつくる詔を出した理由を説明しなさい。　　　　　　　　　　　　（資料1，資料2は次のページにあります。）

資料1	奈良時代の主なできごと

年	できごと
710	都が平城京に移る
720	九州で反乱が起きる
724	聖武天皇が天皇の位につく
734	大きな地しんが起こる
737	都で病気が流行する
740	貴族の反乱が起きる
741	国分寺を建てる詔を出す
743	大仏をつくる詔を出す
747	奈良で大仏づくりが始まる
752	大仏の開眼式が行われる

資料2	奈良時代に聖武天皇が出した詔の一部

本日、天平十五年十月十五日をもって、ひろく人びとを救済しようと思い、大仏の金銅像一体をおつくりすることを決めた。国中の銅をつくして像をつくり、大きな山をけずって仏殿を構え、広く世の中に伝えて、ともに仏恩を受け、ともに救われたいと思う。

天下の富をもつ者は私であり、天下の勢いをもつ者も私である。

3 下線部**ウ**「災害に備えること」とあります。学校や公園などに非常用飲料水貯水そうがあり、1万人が3日間必要とする水が貯水されています。**写真2**のように四つのじゃ口からそれぞれ毎分20Lの水を放出すると、何時間何分で貯水そうの水がなくなるか、答えなさい。

ただし、一人あたり1日3Lの水を必要とすることとします。

写真2	貯水そうにつながるじゃ口

（出典　仙台市水道局ＨＰ）

＜かえでさんの発表＞

　私は持続可能な社会をテーマに調査しました。まず注目したのが環境問題です。様々な課題がある中で、これまで**エ**環境に配りょした取り組みが行われていることが分かりました。資源が少ない日本だからこそ、再生可能エネルギーの利用にも積極的に取り組んでいます。私たち自身も意識を高く持ち、環境を守るために行動を起こすことがとても大切です。

4 下線部**エ**「環境に配りょした取り組み」とあります。次のページの**図2**、**図3**は、国内で過去に発電に使用したエネルギーの割合と、将来に使用するエネルギーの割合を予想したものです。2030年までにはその割合はどのように変化するか。また、変化は環境を守るためにどのような効果があると考えられるか、それぞれ答えなさい。

図2　2019年の使用エネルギーの割合

再生可能
エネルギー
18%

石油
7%

原子力
6%

石炭
32%

天然ガス
37%

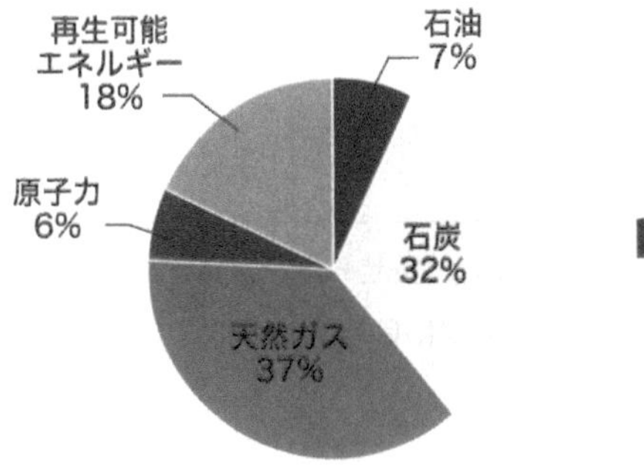

図3　2030年の使用エネルギーの割合予想

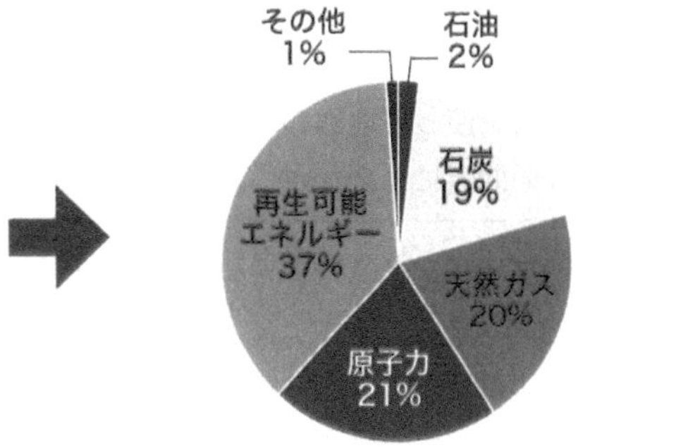

その他
1%

石油
2%

再生可能
エネルギー
37%

石炭
19%

天然ガス
20%

原子力
21%

（出典　資源・エネルギー庁ＨＰを元に作成）

【総合問題Ⅱ】（45分）　＜満点：60点＞

1 りかさんとさとしさんは野外活動で宿泊施設の自然の家に行きました。始めに自然の家周辺のボーリング試料を使って地層の学習を行います。

次の１～３の問題に答えなさい。

> りかさん　ボーリング試料を見ると，自然の家の地下10mまでは，砂岩の層が続いています。
> さとしさん　さっき通ってきた駅の周辺は，もう少し深い位置に砂岩の層があります。駅の地下10mまでは，れき岩の層が続いています。
> 先　　生　それぞれの場所で出てきたぎょう灰岩は，どれも同じ時期にできたものです。そこから考えると，自然の家の下にある砂岩の層と駅周辺の下にある砂岩の層は，ちがう時代に作られたものだということが分かりますね。
> りかさん　駅の砂岩の方が古い層ですね。あと，四つのボーリング試料を比べると，北から南に向かって層がかたむいていることが分かります。

1 自然の家と駅は図１のA～Dのそれぞれどこですか。会話と図１，図２をもとに，記号で答えなさい。

図１　自然の家周辺の地図

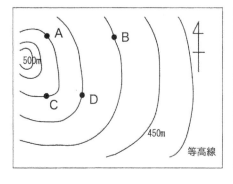

図２　図１A～D地点における地下の様子を表したもの

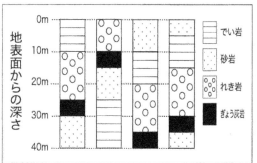

2 さとしさんと先生が自然の家の中にある花びんを見て会話をしています。あとの(1)，(2)の問題に答えなさい。

> さとしさん　植物を入れている花びんの水の量が減っていました。減った水は，植物が吸い上げ，ァその水は，葉からだけ出ていくんですよね。
> 先　　生　植物には，気孔という穴があって，そこから水が出ていくんだよ。ィ水が出ていく穴は葉だけでなく，くきにもあるんです。
> さとしさん　え，そうなんですか。本当かどうか実験をして確かめてみたいです。
> 先　　生　では，次はそのことを調べてみましょう。

(1) 下線部ア「その水は，葉からだけ出て行く」とあります。実験１（次のページ）を行ったとき，さとしさんの考えが正しかった場合どのような結果になると考えられるか，答えなさい。

実験1

① 右のように植物を試験管の中に入れる。
② 蒸発を防ぐために水面を食用油でおおう。
③ 始めの水面の位置に印をつける。
④ 葉全体にワセリンをぬり，水が出ていく穴をふさぐ。
⑤ 日光があたるベンチに1時間置く。
⑥ 水面の位置の様子を確かめる。

(2) 下線部イ「水が出ていく穴は葉だけでなく，くきにもある」とあります。それを確かめるために条件を変えて**実験2**を行いました。減った水の量をそれぞれa～dとするとaとb，c，dにはどのような関係があるか，aをb，c，dを使った式で答えなさい。ただし，植物ごとのちがいは考えないものとします。

実験2

① 水を入れた試験管の中に植物を入れ，水面を食用油でおおう。これを4組用意し，下の表のようにそれぞれワセリンのぬり方を変える。
② 日光があたるベンチに1時間置く。
③ a～dの量をそれぞれ調べる。

ワセリンの ぬり方	ワセリンを ぬらない	ワセリンを葉の 表と裏にぬる	ワセリンを葉の 表にだけぬる	ワセリンを葉の 裏にだけぬる
減った水の量	a	b	c	d

3 自然の家で，野菜のなえを植える活動を行いました。先生，さとしさん，りかさんの3人が10分交代で畑に植える作業をした時，次のようになりました。あとの(1)，(2)の問題に答えなさい。
  ただし，3人が1分間に植える本数はそれぞれ一定であるものとします。

・先生→さとしさん→りかさん→先生の順に植えると，90本植え終わりました。
・さとしさん→りかさん→先生→さとしさんの順に植えると，70本植え終わりました。
・りかさん→先生→さとしさん→りかさんの順に植えると，80本植え終わりました。
※りかさんが一人で90本植える時，45分かかりました。

(1) 先生，さとしさん，りかさんが1分間で植えるなえの本数の比を求め，答えなさい。ただし，答えはできるだけ小さい整数の比で答えることとします。

(2) 152本のなえを3人が順番に10分ずつ交代しながら植えるとき，最も早く植え終えるにはどの順番で植えるとよいか，また何分で植え終わるか答えなさい。

2 　じろうさんはお母さんと洗たくをしています。

　　次の1～3の問題に答えなさい。

> お 母 さん　洗たく機は，洗たく物を回転させて洗っているのよ。
> じろうさん　モーターを利用して回転させているんだね。
> お 母 さん　モーターには電磁石が使われているのよ。
> じろうさん　そうなんだね。洗たくが終わったらぼくがハンガーに干すよ。
> お 母 さん　ハンガーがかたむかないように干してね。終わったら少し休みましょう。

1 　下線部「モーターには電磁石が使われている」とあります。じろうさんは，電磁石について調べる次のような実験をしました。じろうさんは，かん電池，スイッチ，コイルを直列につなぎ，電流を流して電磁石を作ると，方位磁針は図1のようになりました。その後じろうさんが，コイルの巻き数を変化させたところ，方位磁針は図2のようになりました。図2となった理由をコイルの巻き数の変化をもとに答えなさい。

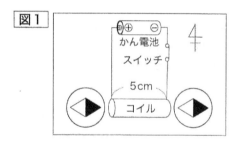

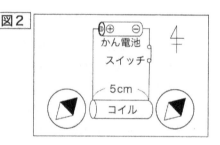

2 　じろうさんは，図3のようなハンガーに洗たく物を干しました。図4は何も干していないハンガーを横から見た様子を簡単に表したものです。中心を0として，同じ間かくで1～8まで左右に番号をつけています。図5のように左側の6の位置にぬれたシャツを干し，右側の8の位置に重さが300gのぬれたタオルを干すと，ハンガーは水平になりました。しばらくすると洗たく物がかわき，ハンガーがかたむいていたので，図6のようにシャツを左側の5の位置に移動させると，ハンガーは水平になりました。このときのかわいたタオルの重さは200gでした。シャツがかわいたときに何gの水が蒸発したか答えなさい。　　　　　　　（図5，図6は次のページにあります。）

図3 　ハンガー

図4 　何も干していないハンガーを横から見た様子を簡単に表したもの

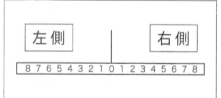

図5　300gのぬれたタオルと
ぬれたシャツを干した様子

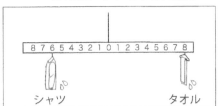

図6　200gのかわいたタオルと
かわいたシャツを干した様子

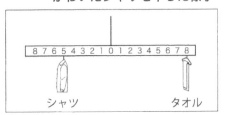

3　洗たく物を干し終えたじろうさんはお母さんと飲み物を飲みながら，休むことにしました。あと
の(1)，(2)の問題に答えなさい。

> じろうさん　お母さんは，コーヒーに砂糖（さとう）を入れるの。
> お母さん　私（わたし）は，入れるよ。昔は温かいコーヒーには角砂糖［注］をよく使ったわ。今は，ァス
> ティックシュガーを使うことが多いわね。
> じろうさん　冷たいコーヒーにはシロップを使うことが多いね。シロップには，砂糖と比べ
> て，よりあま味を感じる種類の糖分（とうぶん）が入っているらしいよ。
> お母さん　そうね。そしてシロップにはィ糖分がたくさん入っているから入れすぎには注意
> が必要よ。
>
> [注] 角砂糖とは，砂糖を立方体状に固めた物

(1)　下線部ア「スティックシュガーを使うことが多い」とあります。じろうさんは，その理由を
「角砂糖よりスティックシュガーの方が速くとけるから」と予想して，それを確かめるための実
験を考えました。実験として，ふさわしいと考えられるものを次のあ〜かから2つ選び，記号で
答えなさい。

　ただし，実験で使用する角砂糖とスティックシュガーの成分は同一のものとします。

> あ　20℃の水500mLに3gの角砂糖を2個加え，放置する。
> い　20℃の水250mLに3gのスティックシュガーを2本加え，スプーンで混ぜる。
> う　70℃の水250mLに3gの角砂糖を1個加え，放置する。
> え　20℃の水250mLに3gのスティックシュガーを1本加え，スプーンで混ぜる。
> お　70℃の水250mLに3gのスティックシュガーを1本加え，放置する。
> か　70℃の水250mLに3gの角砂糖を1個加え，スプーンで混ぜる。

(2)　下線部イ「糖分がたくさん入っている」とあります。お母さんは温かいコーヒーに1本3gの
スティックシュガーを，じろうさんは冷たいコーヒーに1個11gのシロップを入れて飲みまし
た。なお，図7（次のページ）は，じろうさんが使ったシロップ1個あたりの成分量の割合（わりあい）を示
したグラフです。

　じろうさんが使ったシロップ1個には，お母さんが使ったスティックシュガー1本の何倍の量
の糖分が入っているか答えなさい。

　ただし，お母さんが使ったスティックシュガーには，糖分である砂糖以外の成分は入っていな
いものとし，答えは小数第二位を四捨五入（ししゃごにゅう）して，小数第一位まで表すこととします。

図7　じろうさんが使ったシロップ1個あたりの成分量の割合

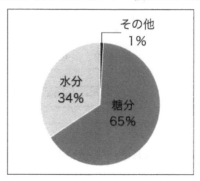

3　すすむさんとお父さんは来週行くキャンプについて話をしています。
　　次の1～3の問題に答えなさい。

> すすむさん　来週のキャンプ楽しみだね。
> お 父 さ ん　ァ午後1時丁度にキャンプ場に着きたいな。
> すすむさん　うん。そのキャンプ場では何ができるの。
> お 父 さ ん　このキャンプ場ではィドラムかんのふろに入る体験ができるんだ。そのドラムかん
> 　　　　　　に人が入ってもあふれない量の水を入れるよ。
> すすむさん　大変そうだけどがんばってみるよ。
> お 父 さ ん　たのんだよ。それとゥキャンプ場にテントを張るよ。

1　下線部ア「午後1時丁度にキャンプ場に着きたい」とあります。家からキャンプ場までは車と徒
　歩で移動します。キャンプ場までは52kmの道のりがあり，最後の2kmは徒歩です。車は時速40km，
　徒歩は時速4kmで移動すると考えると，午後1時丁度に着くには家を何時何分に出発するとよいか
　答えなさい。

2　下線部イ「ドラムかんのふろ」とあります。あとの(1)，(2)の問題に答えなさい。

(1)　お父さんが，かたまでふろに入ったと
　き，あふれないように水を入れます。図
　1のようにドラムかんは直径60cmで高
　さが90cmの円柱です。また，ふろの底
　に設置しているやけど防止の板は，縦
　40cm，横40cm，高さ2cmの直方体です。
　お父さんのかたまでの体積が70Lとす
　ると，水は最大何L入れることができる
　か答えなさい。

　　ただし，水面は円柱の高さをこえない
　ものとし，円周率は3.14とします。

図1　ドラムかんのふろ

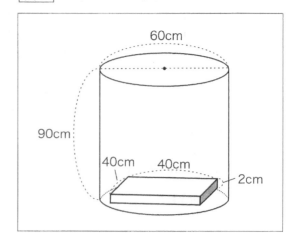

(2) (1)で求めた水の体積とやけど防止の板の体積の合計は，ドラムかんの容積の何％になるか答えなさい。答えは小数第二位を四捨五入して，小数第一位まで表すこととします。

3 下線部ウ「キャンプ場にテントを張る」とあります。キャンプ場は**図2**のようにA区画（縦2m，横3m），B区画（縦4m，横5m），通路（はば1m）で区切られています。あとの(1)，(2)の問題に答えなさい。

図2 キャンプ場の区画と区画の区切り方

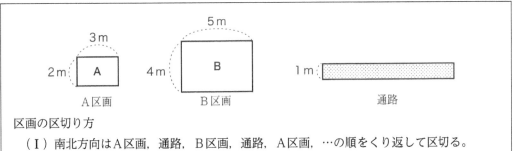

区画の区切り方
（Ⅰ）南北方向はA区画，通路，B区画，通路，A区画，…の順をくり返して区切る。
（Ⅱ）東西方向はA区画，B区画をそれぞれ横につなげていき，縦の区切りがそろったところを通路で区切る。

(1) 一辺が15mの正方形の区画を**図2**の区切り方で切ると**図3**のようになります。このとき，**図3**全体のA区画の面積，B区画の面積，通路の面積の比を求め，答えなさい。
ただし，答えはできるだけ小さい整数の比で答えることとします。

(2) キャンプ場は**図4**のように一辺が255mの正方形です。この区画を**図2**の区切り方で区切ったとき，縦（南北）と横（東西）の通路はそれぞれ何本か答えなさい。

図3 一辺が15mの正方形の区画

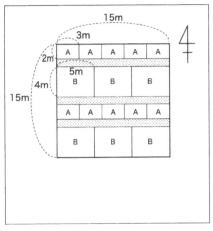

図4 一辺が255mの正方形の区画

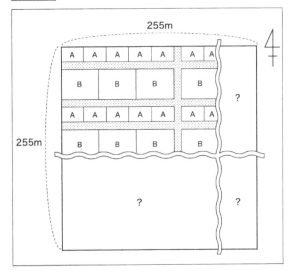

（ちくまプリマー新書「2050年の地球を予測する

科学でわかる環境の未来」伊勢武史より）

〈注〉 荒唐無稽…根拠がなく、現実味が感じられないこと。

〈注〉 枯渇……物がかれて、つきてなくなること。

【国　語】　（四〇分）　〈満点：三〇点〉

検査問題

◎次の文章は、伊勢武史さんの「2050年の地球を予測する」の一節です。この文章で筆者は、「ジオエンジニアリングの実施には慎重にならなければならない」と述べていますが、なぜ筆者は「慎重にならなければならない」と考えるのか。また、「ジオエンジニアリング」という考え方に対して、賛成または反対の立場に立ったうえで、その理由をあげながらあなたの考えを書きなさい。ただし、四百字以上五百字以内で、三段落構成で書くこととします。

温暖化対策について、とても乱暴な話をしてみよう。地球温暖化を止める簡単な方法は、実は存在する。ロケットを飛ばして、地球を取り巻く宇宙空間にアルミ箔を大量にまき散らしたらどうなるか。アルミ箔は太陽光線を反射するので、地球に届く日光が減る。

アルミ箔の量によって、どのくらい日光を減らすか調整することも可能だ。この手法を使えば、気温を好きなだけ下げることができる。

しかし、読者のみなさんももうお気づきと思う。安易な考えで実際にこれを実行することはないはずだ。アルミ箔をまくことは簡単だけど、それを回収することはできるのか。想定以上に気温が下がったときにどうするのか。狙ったように気温が下がったとしても、予期していない変化が発生し、混暖化よりももっと深刻な問題が発生しないだろうか。このような懸念がたくさん出てくるから、おもしろい発想でもそれを実施するのはため

らわれるのである。ただ、このような考え方を学ぶのは有意義だと思う。地球温暖化を止める方法として提唱されているものには複数あり、それぞれのメリット・デメリットを理解することで対策が立てやすくなる。

ちなみに、科学技術を使って地球を「改造」してしまおうという考え方を**ジオエンジニアリング**という。宇宙空間にアルミ箔をまくのもそのひとつ。それ以外にも、工場の煙突の排気ガスから二酸化炭素を効率的に取り出し、それを地中深くに埋めてしまおう、という考え方もある。これを炭素回収・貯留（carbon capture and storage, CCSと略す）という。もしもCCSが実現すれば、地球温暖化を気にせずにガンガン化石燃料を燃やすことが可能になる（化石燃料の枯渇は、また別の大事な問題だけど）。さらにいえば、大気中から二酸化炭素を効率的に吸収できるようになれば、人間活動で排出する以上の二酸化炭素を吸収することまで可能かもしれない。これが実現したら、大気中の二酸化炭素濃度を人間がコントロールできるようになる。ただし、地中に二酸化炭素を埋めることについての不安はつきまとう。もしも、地震などの影響で二酸化炭素が漏れ出したらどうなる？　回収しきれない大量の二酸化炭素が一気に排出され、地球や人類は壊滅的な打撃を受けるかもしれない。ある いは、地中に何かを埋めるという行為自体が、地盤を不安定化させ地震を誘発するかもしれない。このようなわけで、期待の持てる考え方ではあるけれど、ジオエンジニアリングの実施には慎重にならなければならない。

〈注〉こうとうむけい……荒唐無稽。

〈注〉こかつ……枯渇。

MEMO

大切なことはメモしておこうネ！

2024 年 度

解 答 と 解 説

《配点は解答欄に掲載してあります。》

＜総合問題Ⅰ解答例＞

1　1　(1)　あ
　　　(2)　う
　　　(3)　い
　　　(4)　え
　2　お
　3　お

2　1　(1)　い
　　　(2)　(a)　1400　　(b)　4
　2　(1)　A
　　　(2)　位置　E
　　　　　方位　南
　　　(3)　ア　⑤
　　　　　イ　③
　　　　　ウ　①
　　　　　エ　⑥

3　1　(1)　あ，う，お
　　　(2)　う
　2　反乱や病気，自然災害などで苦しんでいる人々の不安を仏教の力で治めようとしたから。
　3　18(時間)45(分)
　4　変化　再生可能エネルギーや原子力の割合が増加(石油，石炭，天然ガス(化石燃料)の
　　　　　割合が減少)している。
　　　効果　地球温暖化の原因の１つと考えられる二酸化炭素が減少するという効果がある。

○配点○
1　1　各2点×4　　2　4点　　3　5点
2　1(1)・2(1)・2(3)　各4点×3　　1(2)・2(2)　各5点×2
3　1(1)・2・3　各4点×3　　1(2)・4　各3点×3　　　計60点

＜総合問題Ｉ解説＞

1 （英語：リスニング，グラフの読み取り）

1

（２人の会話）

け ん た：We have Wakaba Festival on July 8th and 9th. We can see traditional Japanese dance at the festival. Do you want to see the dance?

エミリー：Yes. Sounds nice. Oh no…on Saturdays, I always practice the piano with my mother in the morning.

け ん た：Oh, the dance show starts at 2:30 p.m. on Saturday and Sunday.

エミリー：Sorry, I can't. I go to a tennis school in the afternoon on Saturdays.

け ん た：How about Sunday?

エミリー：On Sundays, I always clean my room in the morning. In the afternoon, I sometimes go shopping with my family. Oh we can go shopping on July 16th.

け ん た：That's good. Let's go to the festival together on Sunday afternoon.

エミリー：Yes, let's.

（日本語訳）

け ん た：若葉まつりが７月８日と９日にあります。まつりでは日本の伝統的なおどりを見ることができます。あなたはおどりが見たいですか。

エミリー：はい。いいですね。しまった…毎週土曜日，私（わたし）はいつも私の母と午前中にピアノの練習をします。

け ん た：ああ，ダンスショーは土曜日と日曜日の午後２時30分から始まります。

エミリー：ごめんなさい，行けません。私は毎週土曜日の午後にテニス教室に行きます。

け ん た：日曜日はどうですか。

エミリー：毎週日曜日には，私はいつも午前中に私の部屋のそうじをします。午後には，私はときどき私の家族と買い物に行きます。ああ，私たちは７月16日に買い物に行くことができます。

け ん た：それはいいですね。日曜日の午後に一緒にまつりに行きましょう。

エミリー：はい，ぜひ。

（解説）

　エミリーさんは毎週土曜日の午前中に母とピアノの練習をし，午後はテニス教室に行くと言っている。そして日曜日の午前中は部屋のそうじをし，午後はときどき家族と買い物に行くが，16日に買い物に行くことができるため，日曜日（９日）の午後にまつりに行こうとけんたさんと話している。

2

（メールのメッセージ）

Hi, Emily.

Do you like traditional Japanese dance?

We have a dance show at the Wakaba Festival on July 8th and 9th.

My friends can dance well. And I am good at playing the drum.

At the dance show, I play the drum.

Please come to the Wakaba Festival.

Tsutomu

（２人の会話）

エミリー：Look at the stage! I want to see Tsutomu. Where is he? He is by the flowers?

け ん た：Well…, no. The second from the right.

エミリー：I see. Wow! He can play the drum well. He is cool!

け ん た：Yes. This show is fantastic!

（日本語訳）

こんにちは，エミリーさん。

あなたは伝統的な日本のおどりが好きですか。

私たちは７月８日と９日に若葉まつりでダンスショーをします。

私の友達は上手におどることができます。そして私はたいこの演奏（えんそう）が上手です。

ダンスショーでは，私はたいこを演奏します。

ぜひ若葉まつりに来てください。

つとむ

エミリー：ステージを見て！　私はつとむを見たいです。かれはどこにいますか。かれは花の近くにいますか。

け ん た：うーん…ちがいます。右から２番目です。

エミリー：わかりました。うわー！　かれはたいこを上手に演奏することができます。かれはかっこいいです！

け ん た：はい。このショーは素晴らしいです！

（解説）

　エミリーさんとけんたさんはショーを見ながらつとむさんを探（さが）している。メールからつとむさんがたいこを演奏することが分かり，つとむさんを探すエミリーさんにけんたさんが右から２番目だと言っているため，つとむさんは**お**だと分かる。

3

（２人の会話）

先　　生：We can see popular events in Wakaba Festival. Did you go to the Wakaba Festival?

エミリー：Yes. I enjoyed the Wakaba Festival with Kenta.

先　　生：Oh, nice. Look. 28 students enjoyed the special Japanese food shops "yatai". What did you eat?

エミリー：We ate yakisoba. It was delicious.

先　　生：Good. How was the Japanese culture event?

エミリー：In this event, we enjoyed playing kendama and karuta. Oh, 36 students enjoyed the Japanese culture event.

先　　生：Sounds fun. I want to play karuta with you. Oh, look. 24 students enjoyed watching Japanese traditional dance show.

エミリー：It was great. At the special stage, we enjoyed the dance show and brass band music.

先　　生：Oh, you had a wonderful time.

（日本語訳）

先　　生：私たちは若葉まつりで人気のイベントを見ることができます。あなたは若葉まつりに行きましたか。

エミリー：はい。私はけんたさんと若葉まつりを楽しみました。

先　　生：おお，いいですね。見て。28人の生徒が特別な日本の食料品店である「屋台」を楽しみました。あなたは何を食べましたか。

エミリー：私たちは焼きそばを食べました。それは美味しかったです。

先　　生：いいですね。日本文化のイベントはどうでしたか。

エミリー：このイベントの中で，私たちはけん玉とカルタで遊ぶことを楽しみました。おお，36人の生徒が日本文化のイベントを楽しみました。

先　　生：楽しそうです。私はあなたとカルタで遊びたいです。おお，見て。24人の生徒が日本の伝統的なダンスショーを見ることを楽しみました。

エミリー：それは素晴らしかったです。スペシャルステージで，私たちはダンスショーとブラスバンドの音楽を楽しみました。

先　　生：おお，あなたは素晴らしい時間を過ごしました。

（解説）

　エミリーさんと先生は28人が屋台，36人が日本文化のイベント，24人がダンスショーを楽しんだと話している。グラフ中の28人が回答したイベントはうの屋台，24人が回答したイベントはえのダンスショーであると分かる。残りの回答者数の中で19人と17人を合計すると36人になり，日本文化のイベントを楽しんだと回答した人であると分かる。日本文化のイベントではあのけん玉体験といのカルタ体験が行われたため，**A**はおのブラスバンド演奏であると分かる。

重要 **2**　（社会・算数：資料の読み取り，売上の計算，プログラミング）

1　(1)　売上金額は，**表1**と**表2**を読み取り，1個あたりの値段と売れた個数をかけることで求められる。いちごは「9：03」に2個売れたため，売上金額は，390×2＝780（円）である。りんごは「9：27」に3個売れたため，売上金額は，300×3＝900（円）である。ももは「9：27」と「9：45」で計5個売れたため，売上金額は，150×5＝750（円）である。みかんは「9：10」に15個売れたため，売上金額は，40×15＝600（円）である。よって，売上金額が1番多い商品は，いのりんごと分かる。

　　　(2)　(1)より，「9：45」までで売上金額の合計が2番目に多い商品はいちごであり，売上金額の合計が1番少ない商品はみかんである。「9：58」までふくめた時点でその差が30円にならないといけないので，みかんの売上金額を合計で750円にできればよい。しかし，みかんの1個あたりの値段は40円であるため，750円にすることができない。そこでもう一度(1)を確認すると，ももの売上金額が750円である。よって，みかんの売り上げを「9：58」

時点で750円以上にすることで，1番売上金額が少ない商品をももにすればよいと分かる。このとき，みかんの売上金額の合計がいちごの売上金額の合計を上回らないように注意する。みかんは9：45時点で600円売れているため，あと150円以上180円未満だけ増やせばよいから，40×4＝160（円）で，(a)にはみかんの商品番号の1400，(b)には売上個数の4個があてはまる。

2　(1)　図1を見ると，条件1の①と②を4回実行するとロボットは1周して☆にもどると分かる。計99回動くので，99÷4＝24あまり3で，24周と3回分の移動をすることが分かる。よって，99回目の実行が終わったときにロボットがいる位置はAである。

　　(2)　はじめにア→ウ→イ→イとあるため，たなやかべにぶつからずに進めるスタートの配置はCで北向きかEで南向き，Fで北向きの3つの配置にしぼられる。1台目のロボットがかべにぶつからないように☆から南向きに進むため，2台目がFから北向きに進むとDの地点でぶつかってしまう。また，2台目がCから北向きに進んだ場合もと中に北側の2つのたなの間で1台目とぶつかってしまう。よって，1台目のロボットと2台目のロボットが平行に進みつづける，Eで南向きの配置が正しい。

　　(3)　まずアについて，次の段階で「お客さんが商品名を入力する」とあるため，お客さんに商品名を入力させるための指示である⑤が正しい。次にイについて，次の段階で「ロボットが商品まで案内する」とあるため，お客さんにロボットについてきてもらうために③と表示するのがよいと想定できる。ウではロボットが案内する段階が飛ばされていることから，その商品がなかったと予測でき，①が適当であると考えられる。最後に，エに対して「はい」と答えると商品名を入力するところにもどり，「いいえ」と答えると終わりになることから，⑥があてはまることが分かる。エでは④と混同しないように注意したい。

3　（理科・算数・社会：川のはたらき，奈良時代，水量の計算，エネルギー）
1　(1)　図1のような，だ行した川の曲がっているそれぞれの地点において，川の外側にあたる岸は速い流れによってけずられ，内側にあたる岸にはけずられて流されてきた土砂がたい積する。そのため，土砂がゆっくりとたい積されてきた内側の土地の方が平地になっていると予測できるので，あとうとおが平地と考えられる。

　　(2)　(1)での考え方をふまえて，Aの地点の写真1を見ると，護岸工事をした左岸は川の外側にあたるため，うの記述が正しい。

2　資料2で『ひろく人びとを救済しようと思い』や，『ともに仏恩を受け，ともに救われたい』という記述が見られることから，聖武天皇は仏教の力で人びとを救い，治めようとしていたことが分かる。また，資料1の年表から反乱や地しん，病気の流行があいついで起こっていたことが読み取れ，聖武天皇は当時，これらから人びとを救いたいと考えていたと予測できる。この内容をまとめられればよい。

3　一人あたり1日3Lの水を必要とすることと，1万人が3日間必要とする水が貯水されていることから，貯水そうの水は全部で，3×3×10000＝90000（L）であることが分かる。また，4つのじゃ口からそれぞれ毎分20Lの水が放出されることから，4つのじゃ口を合わせて，4×20＝80より，毎分80Lの水が放出される。このことから，貯水そうの水がなくなるまで，90000÷80＝1125（分），1125÷60＝18.75（時間）より，18時間45分かかる。

4　図2と図3より，石炭や天然ガス，石油による発電の割合が減少し，原子力や再生可能エネルギーによる発電の割合が増加するという変化があると読み取れる。これにより，原子力や再生可能エネルギーの使用が増えることで，二酸化炭素のはい出量が減少し，今大きな環境問題

となっている地球温暖化（おんだんか）に対して効果があることをまとめられればよい。資料の読み取りだけでなく，知識も必要な問題である。

★ワンポイントアドバイス★

英語のリスニングは分からない単語があってもあせらないことが大切である。計算問題では一気に答えを出そうとせず，ひとつずつ落ち着いて式に直していこう。資料の読み取りは多くの問題で必要だ。資料の内容を理解するだけでなく，そこから得られた情報をどのように使うのかを考えられるかが重要なポイントである。

＜総合問題Ⅱ解答例＞

1　1　自然の家　C
　　　駅　B
　　2　(1)　(水の量は)変化しない。
　　　　(2)　(a＝)c＋d－b
　　3　(1)　(先生)3 (：) (さとしさん)1 (：) (りかさん)2
　　　　(2)　順番　先生(→)りかさん(→)さとしさん
　　　　　　時間　71(分)

2　1　コイルの巻き数が少なくなり，電磁石の力が弱くなったから。
　　2　80(g)
　　3　(1)　う(と)お
　　　　(2)　2.4(倍)

3　1　11(時)15(分)
　　2　(1)　181.14(L)
　　　　(2)　72.5(％)
　　3　(1)　(A区画)4 (：) (B区画)8 (：) (通路)3
　　　　(2)　縦(南北)　15(本)
　　　　　　横(東西)　63(本)

○配点○
1　1・2(2)・3(2)時間　各4点×4　　2(1)・3(1)・3(2)順番　各3点×3
2　1・2　各4点×2　　3　各3点×2
3　1・2(1)・3(1)　各3点×3　　2(2)・3(2)　各4点×3　　計60点

＜総合問題Ⅱ解説＞

1 （理科，算数：地層，蒸散，比）

1 会話文を参考に，図1と図2を見比べて考える。図2を見るときは，ぎょう灰岩の層を基準
にする。図2の地点を，左からa，b，c，dとする。

　会話文から，地下10mまで砂岩の層があるcが自然の家のある地点だと分かる。同様に，地
下10mまでれき岩の層があるbが駅のある地点だと分かる。

　通常の場合，同じ層は同じ標高の部分にあると考えられるので，ぎょう灰岩の層よりも上に
砂岩の新しい層があるcとdは，aとbよりも標高が高いことが分かる。会話文のりかさんの
発言から，北から南に向かって層がかたむいているとあり，cとdを比べると南北どちらかが
5m下がっていると分かる。そこで，aとbを比べると，もしかたむきがなければ標高と同じ
10mのずれのはずが，約15mずれがあり，標高の高いほうの地層がより下がっていると考えら
れる。aとbではぎょう灰岩がより深いaが標高が高いDで，駅のあるbはBである。また，
BよりDが低い，つまり南が低いことが分かるので，よりぎょう灰岩の層が深くにあるcの方
が，dよりも南にあることが分かる。よって，自然の家があるcは，標高が高く南にあるCに
ある。

2 （1）　植物が吸い上げた水が，葉やくきから出ていくことを蒸散という。さとしさんの考えの
通り，蒸散が葉だけで行われるとすると，実験1では葉全体にワセリンをぬって水が出て
いかないようにしているので，試験管の中の水の量が変化することはない。

　（2）　実験2の表のb，c，dが何を表しているかを考えると，bはくきでのみ蒸散が行われた
状態，cは葉の裏側とくきでのみ蒸散が行われた状態，dは葉の表側とくきでのみ蒸散が
行われた状態である。aは葉の表側・裏側・くきすべてから蒸散している状態なので，a
を表すには，cとdをたして，bをひけばいい。

3 （1）　りかさんが一人で90本植えるのに45分かかっているので，りかさんは1分間で90÷
45＝2（本），つまり10分では，2×10＝20（本）植える。

　先生→さとしさん→りかさん→先生の順に植える場合と，りかさん→先生→さとしさん
→りかさんの順に植える場合では，90－80＝10（本）の差がある。この差は，先生が10分
で植える本数と，りかさんが10分で植える本数の差と同じである。りかさんは10分で20本
植えるので，20＋10＝30（本）より，先生は10分で30本植える。

　同じように，先生→さとしさん→りかさん→先生の順に植える場合と，さとしさん→り
かさん→先生→さとしさんの順に植える場合では，90－70＝20（本）の差がある。この差
は，先生が10分で植える本数と，さとしさんが10分で植える本数の差と同じである。先生
は10分で30本植えるので，30－20＝10（本）より，さとしさんは10分で10本植える。

　よって，先生，さとしさん，りかさんが10分で植えるなえの本数の比は，30：10：20
であり，この3人が1分間で植えるなえの本数の比は，3：1：2である。

　（2）　3人が10分で植えるなえの本数について，多い順にならべると，先生，りかさん，さと
しさんとなる。よって，この順番が最も早く植え終わる順番である。

　先生は10分で30本，りかさんは10分で20本，さとしさんは10分で10本植えるので，3
人が1回ずつ植えるときの合計本数は，30＋20＋10＝60（本）である。152÷60＝2.53…
より，3人で2回ずつ植えたあと，全員が3回目を植え終わる前に終わっていることがわ
かる。3人で2回ずつ植えたあとの合計本数は，60×2＝120（本）である。その後，先生が
10分で30本植えると，120＋30＝150（本）となり，次のりかさんが1分で2本植えること

で，150＋2＝152(本)を植え終わる。

　　これまでにかかる時間は，3人が2回ずつ植えるまでに(10＋10＋10)×2＝60(分)かかり，その後の先生が10分，りかさんが1分かかるので，合計で60＋10＋1＝71(分)である。

重要 ② **(理科，算数：電磁石，てんびん，実験，割合)**

1　電磁石とは，電流を流した時に磁石になるものである。図1では，方位磁針の先たんがコイルの両はじを指しているのに対し，図2では，方位磁針の先たんはコイルのはしとはちがう方向を指している。これは，磁石の力が弱まったことを意味している。電磁石の力が弱まるのは，コイルに流れる電流が小さくなったときか，コイルの巻き数が少なくなった時である。よって，今回はコイルの巻き数が少なくなったことで電磁石の力が弱まったことを書けばよい。

2　図4を見ると，このハンガーはてんびんと同じ仕組みになっていることが分かる。てんびんでは，真ん中の支点(ハンガーでは0の位置)からのきょりと重さをかけた値が，左右で同じになればつり合う，つまり水平になる。

　　図5の右側では，中心から8の位置に300gのぬれたタオルが干されているので，8×300＝2400となる。左側では，中心から6の位置にぬれたシャツが干されているので，2400÷6＝400より，ぬれたシャツの重さは400gだと分かる。

　　図6を見ると，右側では，中心から8の位置に200gのかわいたタオルが干されているので，8×200＝1600となり，左側では，中心から5の位置にかわいたシャツが干されているので，1600÷5＝320より，かわいたシャツの重さは320gだと分かる。よって，シャツがかわいたときに蒸発した水の量は，400－320＝80(g)である。

3　(1)　じろうさんは，角砂糖とスティックシュガーのとける速さを比べる実験をしようと考えている。この場合，角砂糖とスティックシュガーのとける速さだけを比べた対照実験になる組み合わせを選ぶ必要がある。水の温度・量・角砂糖とスティックシュガーの個数・とかし方がすべて同じで，角砂糖とスティックシュガーのどちらを入れるかだけにちがいがある組み合わせは，うとおである。

　　(2)　図7より，シロップ1個には糖分65％が入っている。よって，シロップに入っている糖分の量は，11×0.65＝7.15(g)である。お母さんが使ったスティックシュガーは1本3gなので，シロップ1個に入っている糖分の量は，スティックシュガー1本の7.15÷3＝2.38…(倍)である。よって答えは，小数第二位を四捨五入して，2.4倍である。

③　**(算数：時速，体積，割合，面積)**

1　家からキャンプ場までは52kmで，最後の2kmが徒歩なので，50kmを車で移動する。車は時速40kmなので，50÷40＝1.25(時間)より，車での移動に1.25時間かかる。0.25時間は，60×0.25＝15(分)なので，車での移動時間は1時間15分である。徒歩は時速4kmなので，最後の2kmを移動するのに，2÷4＝0.5(時間)，つまり30分かかる。よって，移動時間の合計は1時間と15＋30＝45(分)である。したがって，午後1時の1時間45分前である，11時15分が答えとなる。

2　(1)　図1の円柱の底面積は，半径が60÷2＝30(cm)なので，30×30×3.14＝2826(cm²)である。円柱全体の容積は，2826×90＝254340(cm³)，1L＝1000mL，1mL＝1cm³なので，254340(cm³)＝254.34Lである。やけど防止の板の体積は，40×40×2＝3200(cm³)，つまり3.2Lである。お父さんのかたまでの体積が70Lなので，入れることのできる水の最

大量は，254.34−3.2−70＝181.14（L）である。

(2) (1)で求めた水の体積と，やけど防止の板の体積の合計は，181.14＋3.2＝184.34（L）である。ドラムかんの容積は254.34Lなので，水の体積とやけど防止の板の体積は，ドラムかんの容積の184.34÷254.34×100＝72.47…（%）である。答えは小数第二位を四捨五入するので，72.5%となる。

3 (1) 図3には，A区画が10個，B区画が6個，通路が3本ある。それぞれの合計の面積を求める。A区画10個分の面積は，2×3×10＝60（m²），B区画6個分の面積は，4×5×6＝120（m²），通路3本の面積は，1×15×3＝45（m²）である。これらの比は，60：120：45となるので，できるだけ小さい整数の比にすると，4：8：3となる。

また，A区画，B区画，通路の横の長さは同じなので，それぞれの縦の長さの比が面積の比になることを利用してもよい。2×2：4×2：1×3＝4：8：3となる。

(2) まず，縦の通路が何本か求める。図4を見ると，図3の正方形の区画ごとに，縦の通路で区切られている。つまり，一辺255mの正方形の横の辺に，一辺15mの正方形と通路をいくつ並べられるかを考えればよい。

縦の通路の横はばは1mである。よって，一辺が15mの正方形の横の辺と合わせると，横の長さは16mになる。これを，255mの横の辺にいくつ並べられるかを求めると，255÷16＝15.9375より，最大で15個並べられることが分かる。よって，縦の通路は15本である。

次に，横の通路が何本か求める。図3の正方形の中に横の通路は3本ある。さらにそれを図4のように並べていくと，図3の正方形の区画の下には，もう1本横の通路が入ることになる。それを合わせて，図3の正方形の下にもう1本通路が増えた，縦16m横15mの長方形を基準にして考える。この長方形を，一辺が255mの正方形の縦の辺にいくつ並べられるかを求める。255÷16＝15.9375より，最大で15個並べることができる。16×15＝240（m）より，縦の辺にはさらに255−240＝15（m）残っているので，その下に図3の正方形を入れることができる。よって，横の通路は，15×（3＋1）＋3＝63（本）となる。

★ワンポイントアドバイス★

すべての大問の中に計算問題が出てくる。中には小数点をふくむかけ算やわり算など，複雑な計算もあるので，計算練習はしっかりしよう。理科の問題は，さまざまな分野から出題されていた。苦手な分野を作らないようにしておこう。

＜作文解答例＞ 《学校からの解答例の発表はありません。》

検査問題

筆者はジオエンジニアリングを実しすることは，地球温暖化の解決に有効に働くこともあるが，行った後の対応に不安があったり，予想外の問題が発生したりするけ念があるため，しん重になるべきであると述べている。

私はジオエンジニアリングという考え方に対して反対である。なぜなら，地球にすむ他の生物たちのことを考えていないからだ。文中で述べられているように，たとえば二酸化炭素を地中にうめることができれば，地球温暖化を防ぐことができるかもしれない。しかし，地中に生

息する生き物や地中に根を張る植物に対して，二酸化炭素を地中にうめることは悪いえいきょうをあたえる可能性が高い。さらに，もし植物に悪いえいきょうがあれば，植物を食べる草食動物にとっても問題になる。また，文中にある，二酸化炭素がもれ出す危険や，地ばんの不安定化も，人間にダメージがあるだけではなく，地球にすむ他の生物たちにもひ害がおよぶだろう。

　このように，ジオエンジニアリングという考え方は，地球上の他の生物にあたえるえいきょうが考えられていない。そのため，私はジオエンジニアリングに反対である。
○配点○
30点

＜作文解説＞

問題(国語：条件作文)

　筆者が考える「ジオエンジニアリングの実施(じっし)には慎重(しんちょう)にならなければいけない」理由をまとめ，「ジオエンジニアリング」という考え方について自分が賛成か反対かを，理由とともに書く作文である。三段落(だんらく)構成で書くため，最初の段落で「ジオエンジニアリングの実施には慎重にならなければいけない」理由を，次の段落で自分の意見について，最後の段落では意見のまとめを書くとよい。筆者が「ジオエンジニアリングの実施には慎重にならなければいけない」と考える理由については，本文の二段落目と，ぼう線部前が参考になる。

　「ジオエンジニアリング」という考え方に賛成か反対かの理由は，できるだけ具体的なものにするとよい。地球温暖化(ちきゅうおんだんか)やかん境問題について，自分が知っている知識と結びつけられるとなおよいだろう。解答例では，地球に住む他の生物への影響(えいきょう)について取り上げたが，他にも，宇宙(うちゅう)へのリスクや，予期せぬ健康ひ害，経済的(けいざい)な影響などについて書くことができるだろう。

　★ワンポイントアドバイス★
　本文の内容と，自分の知識を結びつけて書く必要がある。自分の意見を理由と合わせて説明できるように練習しよう。また，本文の読解では，重要な部分に印をつけたり線を引いたりすると，内容の理解とまとめがしやすくなる。

2023年度

★★★★★★★★★★★★★★★★★★★★★★★★

入 試 問 題

2023年度

市立仙台青陵中等教育学校入試問題

【総合問題Ⅰ】 （45分）　　＜満点：60点＞

（放送台本）
　これから第1問の放送による問題を行います。放送を聞いて1〜3の問題に答えなさい。英語はそれぞれ2回放送されます。
　放送中に問題用紙にメモをとってもかまいません。答えはすべて解答用紙に記入しなさい。

問題1　日本に短期留学中のケビンさんは，自主研修で水族館へ向かっていましたが，道に迷ってしまいました。
　　　　ケビンさんは水族館で待ち合わせているクラスメイトのさくらさんに電話で道順を聞いています。
　　　　2人の会話を聞いて，ケビンさんが今いる場所を**あ，い，う，え，お**の中から1つ選び，記号で答えなさい。
　　　　また，さくらさんが教えてくれた道順のとおり，解答用紙の正しい出発点の黒丸（●）と，水族館の星印（★）を線で結びなさい。それでは，始めます。

【2人の会話】
Kevin:　Sakura!!　Where is the aquarium?
Sakura:　Are you OK, Kevin?　What can you see now?
Kevin:　I can see a station on my left.
Sakura:　I see. Can you see an elementary school on your right?
Kevin:　No, I can see a hospital on my right.
Sakura:　OK.　Go straight and turn right at the second corner.　And go straight two blocks and turn left.　You can see the aquarium on your left.
Kevin:　Thank you.
Sakura:　You're welcome.

繰り返します。

次に問題2に移ります。

問題2　水族館に着いたさくらさんとケビンさんは次の館内案内のパンフレットを見ながら，どのように見て回るかを話しています。2人の会話を聞いて，立ち寄ることにした場所の順番として最も当てはまるものを**あ，い，う，え，お，か**の中から1つ選び，記号で答えなさい。それでは，始めます。

【2人の会話】

Kevin:　Sakura, you want to see the dolphin show, right?

Sakura:　That's right.　That show is famous at this aquarium.　The dolphins can jump high.　We can see the dolphins by the pool.　What do you want to see, Kevin?

Kevin:　I like whales.　So the 3D movie sounds interesting.　And at Area C, we can touch penguins.　I want to go there, too.　But do we have time?

Sakura:　Let's check the show times.　Let's see.　OK.　We can see both.　Let's go to the penguin show and the movie.

Kevin:　Great!　Wait!　What time is it now?

Sakura:　It's 2:15.

Kevin:　Look!　The dolphin show starts at 2:30.　Let's go there first.

Sakura:　Yes, let's.　Well, we have 15 minutes.　Can I buy mineral water at this shop now?

Kevin:　Nice idea.　That's important. It's very hot outside today.

繰り返します。

次に問題3に移ります。

問題3　英語の授業で，さくらさんは研修から学んだことについてまとめた資料をもとに発表をしています。さくらさんが発表に使っている資料として，最も当てはまるものをあ，い，う，えの中から1つ選び，記号で答えなさい。それでは，始めます。

【さくらさんの発表】

I went to an aquarium on my field trip.

I saw so many colorful fish and sea turtles.

I ate a shark hamburger and jellyfish ice cream for dessert at the aquarium restaurant.

They were delicious.

I saw a movie about whales.　Whales live in clean seas.　They usually eat a lot of fish and squid.　And fish and squid eat small shrimp.

But whales sometimes eat plastic bags, too. That is sad.

I enjoyed studying about sea animals and nature on my field trip.

Thank you for listening.

繰り返します。

これで放送による問題を終わります。次の問題に移ってください。

1 放送による問題

放送を聞いて1〜3の問題に答えなさい。英語はそれぞれ2回放送されます。

放送中に問題用紙にメモをとってもかまいません。答えはすべて解答用紙に記入しなさい。

1 日本に短期留学中のケビンさん（👤）は，自主研修で水族館へ向かっていましたが，道に迷ってしまいました。

ケビンさんは水族館で待ち合わせているクラスメイトのさくらさんに電話で道順を聞いています。

2人の会話を聞いて，ケビンさんが今いる場所を**あ〜お**の中から1つ選び，記号で答えなさい。

また，さくらさんが教えてくれた道順のとおり，解答用紙の正しい出発点の黒丸（●）と，水族館の星印（★）を線で結びなさい。

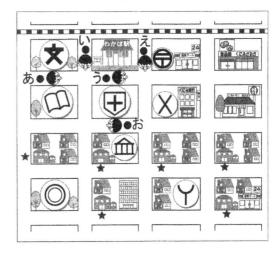

2 水族館に着いたさくらさんとケビンさんは次の館内案内のパンフレットを見ながら，どのように見て回るかを話しています。2人の会話を聞いて，立ち寄ることにした場所の順番として最も当てはまるものを**あ〜か**の中から1つ選び，記号で答えなさい。

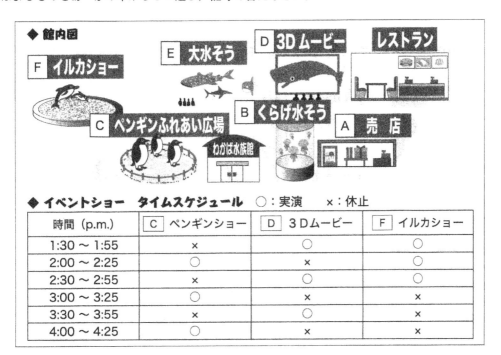

◆ イベントショー　タイムスケジュール　○：実演　　×：休止

時間（p.m.）	C ペンギンショー	D 3Dムービー	F イルカショー
1:30 〜 1:55	×	○	○
2:00 〜 2:25	○	×	○
2:30 〜 2:55	×	○	○
3:00 〜 3:25	○	×	×
3:30 〜 3:55	×	○	×
4:00 〜 4:25	○	×	×

【立ち寄る順番】

あ A → D → C → F 　　い A → F → C → D

う C → D → F → E 　　え C → D → A → F

お F → C → D → A 　　か F → D → C → B

3 英語の授業で，さくらさんは研修から学んだことについてまとめた資料をもとに発表をしています。さくらさんが発表に使っている資料として，最も当てはまるものを**あ～え**の中から１つ選び，記号で答えなさい。

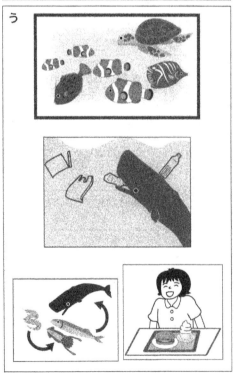

2　みのるさんとさなえさんは，石巻市にあるサン・ファン館に校外学習に行きました。次の1～6の問題に答えなさい。

> みのるさん　江戸時代のはじめ，伊達政宗が治めた仙台藩の<u>ァ武士</u>だった支倉常長たちがサン・ファン・バウテイスタ号で太平洋をわたったんだね。
>
> さなえさん　石巻を出航した常長たちは，<u>ィ貿易</u>を目的に，<u>ゥ約2か月もかけて太平洋をわたって</u>，アメリカのメンドシノ岬に着いたみたい。その後，メキシコのアカプルコを通って，大西洋をわたってスペインやローマまで行ったんだ。
>
> みのるさん　常長たちは出発から7年後の1620年に仙台に帰ってきたけど，<u>ェ目的は達成できなかった</u>みたいだよ。

1　下線部ア「武士」とあります。この時代には，武士や百姓，町人といった身分のちがいが明確になっていました。そのことと関係する政策を表1のあ～おから1つ選び，あわせて，その政策と関係の深い人物をか～こから1つ選び，記号で答えなさい。

表1

政策		人物	
あ　大仏を造る	い　刀狩	か　足利 義満	き　織田 信長
う　楽市・楽座	え　参勤交代	く　豊臣 秀吉	け　徳川 家光
お　御成敗式目		こ　源 頼朝	

2　下線部イ「貿易」とあります。日本のお金「円」と海外のお金を比べたとき，その価値は毎日変わります。表2は日本のある会社が，アメリカから製品を輸入した日の日本の［円］とアメリカのお金「ドル」の関係を示したものです。

この会社が，同じ価格のアメリカの製品を同じ量だけ日本に輸入したとするとき，最も安く輸入できたのはどの日になりますか。あ～えから1つ選び，記号で答えなさい。

3　下線部ウ「約2か月もかけて太平洋をわたって」とあります。みのるさんが石巻からメンドシノ岬までの道のりを調べると，7800kmであることがわかりました。船が常に同じ速さで進んだとすると，サン・ファン・バウテイスタ号は時速約何kmで進んだことになりますか。ただし，約2か月は60日とし，答えは小数第二位を四捨五入して，小数第一位まで表すこととします。

4　下線部エ「目的は達成できなかった」とあります。支倉常長たちが外国との貿易を達成できなかった理由として考えられることを，表3をもとに答えなさい。

表2　日本の円とアメリカのドルの関係

	輸入した日	円とドルの関係
あ	1月25日	1ドル＝114円
い	3月22日	1ドル＝120円
う	5月10日	100円＝0.77ドル
え	10月21日	100円＝0.67ドル

（出典　七十七銀行ＨＰ）

図1　常長がたどった航路（行き）

表3　当時の主なできごと

年	主なできごと
1612	キリスト教を禁止
1613	支倉常長，ヨーロッパへ出発
1616	ヨーロッパ船の来航を長崎と平戸のみとする
1620	支倉常長が帰国
1624	スペイン船の来航を禁止する
1635	日本人の海外渡航，帰国を禁止する
1639	ポルトガル船の来航を禁止する
1641	オランダ商館を長崎の出島に移す

5 　仙台市はメキシコのアカプルコ市と「国際姉妹都市」となっており，交流事業を行っています。み
のるさんとさなえさんが，アカプルコ市のことを調べていくと，さまざまなことが分かってきまし
た。あとの(1)，(2)の問題に答えなさい。

(1)　みのるさんはアカプルコ市の気候を調べ，**図**
2の雨温図をつくりました。この雨温図から分
かる，アカプルコ市の気温と降水量の特徴をそ
れぞれ答えなさい。

(2)　さなえさんには大学生の兄がいて，アカプル
コ市から留学中の友達がいるそうです。

　さなえさんは兄の大学の留学生の割合を調
べ，**図3**のようにまとめました。アカプルコ市
がある中南米地域からの留学生は何人か答えな
さい。

図2　アカプルコ市の雨温図

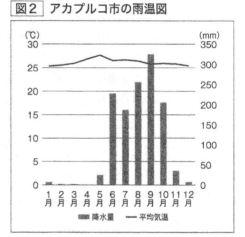

（出典　気象庁ＨＰを元に作成）

図3　さなえさんの兄が通う大学の留学生の割合

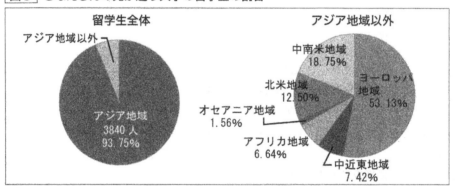

6 　サン・ファン・バウテイスタ号は当時の石巻
で造られました。建造には大きな太い木材をふ
くめて，大量の木材が必要でした。そのため，
森林が豊富な岩手県南部の内陸部や気仙沼地域
から材料を切り出したという記録が残っていま
す。

　岩手県南部や気仙沼地域の木材を使って船を
石巻で建造することができた理由を，**図4**を参
考に「**輸送**」という点から答えなさい。

図4　当時の地図

（出典　北上川学習交流館「あいぽーと」ＨＰを元に作成）

3 ほなみさんとお母さんが話をしています。
次の1〜4の問題に答えなさい。

ほなみさん	給食で使うランチョンマットを作ってみたいんだ。
お 母 さん	それはいい考えね。それならあなたが小さなころに着た洋服を取ってあるから，それを使ったら？
ほなみさん	着なくなった洋服ってたくさんあるね。どの洋服が良いかな。
お 母 さん	ランチョンマットは毎日使うから，洗たく機で洗えて，アイロンもかけられた方がいいね。ァこれはどう？
ほなみさん	素敵だけど縦横40cmの正方形を切り取るにはちょっと生地が足りないみたい。
お 母 さん	生地を小さく切ってィつなぎあわせて模様を作ったら？
ほなみさん	良いかも。最後にゥ名前もししゅうしたいな。
お 母 さん	素敵ね。この中にはェペットボトルから作られた洋服もあるの。使い終わったものをもう一度資源にもどして製品を作ることをリサイクルといって，日本のペットボトルのリサイクル率は8割をこえるのよ。

1 下線部ア「これはどう？」とあります。お母さんは綿素材の洋服を用意してくれました。お母さんが選んだ綿素材の洋服の洗たく表示を図1のあ〜うから1つ選び，記号で答えなさい。

図1 お母さんが選んだ綿素材の洋服の洗たく表示

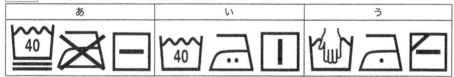

2 下線部イ「つなぎあわせて模様を作ったら？」とあります。ほなみさんは問題1で選んだ布を使って図2のようなパッチワーク模様を作ろうと思います。

1マスの一辺が10cmの正方形のとき，図2の色のついた部分の面積は何cm²になるか答えなさい。

ただし，円周率は3.14とします。

図2 ほなみさんのパッチワーク

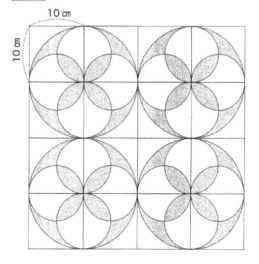

3　下線部**ウ**「名前もししゅうしたい」とあります。ほなみさんは，できあがったランチョンマットに図3のように，カタカナで名前をぬい取りました。それぞれの文字は一息でぬい取っています。あとの(1)～(3)の問題に答えなさい。

(1)　図4は「ホ」の字を裏（うら）から見た様子です。ほなみさんはどのような順番でぬい取りましたか。正しいものを図5の**あ～え**から1つ選び，記号で答えなさい。

図5　「ホ」のぬい取りの順序

あ	い	う	え
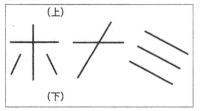			

(2)　「ナ」の字の上半分の頂点（ちょうてん）を線で結んだところ，図6の三角形ABCができました。

　　このとき，角**あ**の大きさは何度になるか答えなさい。

(3)　「ミ」を図7の①～③の順に直線でぬい取りました。

　　3本の線の長さは全て同じで，線と線の間の長さも全て同じです。図の**あ**と**い**の長さの比が1：3で，使った糸の長さが5.5cmだったとき，線1本の長さは何cmになるか答えなさい。

　　ただし，布の厚みや糸の太さは考えないこととし，玉むすびや玉どめに必要な糸の長さはふくめないこととします。

4　下線部**エ**「ペットボトルから作られた洋服」とあります。

　　仙台市はペットボトルのリサイクルとして，**資料**のような取り組みをおこなっています。

　　ペットボトルから洋服をリサイクルする以外に，ペットボトルをペットボトルとしてリサイクルする，仙台市の取り組みにはどのような利点があるか答えなさい。

図3　ししゅうした名前

（上）

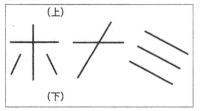

（下）

図4　裏から見た「ホ」

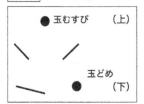

● 玉むすび　（上）

玉どめ

●（下）

図6　「ナ」を結んだ三角形

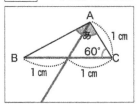

図7　「ミ」のぬい取り順序

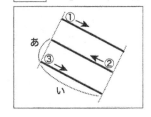

資料　仙台市の広告

ボトルは、

ボトルへ。

ペットボトルは資源です。
しっかり分別して、きちんとリサイクル。
一人ひとりのONE ACTIONで
持続可能な杜の都へ。

仙台市

（出典　仙台市ＨＰ）

【総合問題Ⅱ】 （40分）　＜満点：60点＞

1　えりかさんとさとしさんは，校外学習で科学館まで行きます。
　次の１～３の問題に答えなさい。

1　校外学習当日（10月２日）のえりかさんとお父さんとの会話文を読んで，あとの**問題**に答えなさい。

> えりかさん　昨日まで，雨が降っていて今日の校外学習の天気が心配だったけど，晴れてよかったよ。
>
> お 父 さん　台風が上陸して，雨が続いていたからね。ァ雲画像を見ると台風は日本を通り過ぎたようだから安心だね。気をつけていってらっしゃい。

問題

　下線部ア「雲画像を見ると」とあります。**図１**は，10月２日の雲画像です。これをもとに，**図２**にある９月28日～10月１日までの雲画像を，正しい順番にならびかえ，解答用紙に**あ～え**の記号で答えなさい。

図１　10月２日の雲画像

図２　９月28日～10月１日の雲画像

あ	い	う	え

（出典　雲画像は全て日本気象協会ＨＰより引用）

2　さとしさんは，科学館に向かって歩いていると，日時計を見つけました。先生とさとしさんの会話文を読んで，あとの(1)，(2)の問題に答えなさい。

> 先　　　生　日時計は，太陽の光でできるかげの位置から時刻を知るものです。太陽は空を１日で１周するように見えるから，ィかげは１時間で15度動きます。
>
> さとしさん　なるほど。そうするとゥ現在の時刻は，10時ごろですね。
>
> 先　　　生　正解です。集合時間におくれるから，急いで科学館に向かいましょう。

(1)　下線部イ「かげは１時間で15度動きます」とあります。
　　１度動くのに何分かかるか答えなさい。

(2)　下線部ウ「現在の時刻は，10時ごろ」とあります。10時のかげの位置を**図３**の**あ～お**から１つ選び，記号で答えなさい。また，その後のかげは**A**，**B**どちらの方向に動いていくのか，記号で答えなさい。

図３　日時計

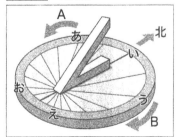

3　科学館では「ヒンヤリグッズの不思議」という，水をふくませるだけで首もとが冷たく感じるスカーフを使った実験教室が行われていました。科学館の先生とえりかさんの会話文を読んで，あとの(1)，(2)の問題に答えなさい。

> 先　　　生　このスカーフの中には水を吸収（きゅうしゅう）する物質が入っています。水をふくませて首に巻（ま）くと冷たく感じますよ。
>
> えりかさん　私も使ったことがあります。冷たい感じが長続きしますよね。でもなぜ冷たい感じが長続きするのでしょうね。
>
> 先　　　生　暑い夏を過ごす工夫の一つとして，「打ち水」について学んだと思います。このスカーフも「打ち水」と同じはたらきを利用しています。どのようなはたらきなのでしょうか。実験を通して考えてみましょう。

> **実験**
>
> **手順1**　水をふくませないスカーフの温度とそのときの重さを10分おきにはかり，記録する。
>
> **手順2**　スカーフに水をふくませ，そのときのスカーフの温度と重さをはかり，記録する。その後10分おきにスカーフの温度と重さをはかり，記録する。なお，スカーフに水をふくませるのは実験開始のときのみとする。
>
> ※手順1，2は室温が25℃で一定の部屋で行うものとする。
>
>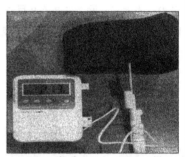
>
> スカーフの温度をはかるときの様子

手順1の結果

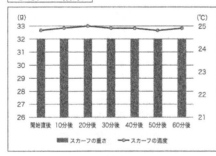

手順2の結果

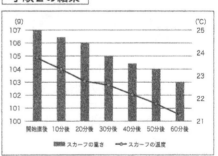

(1)　手順2の結果からスカーフの重さはだんだん軽くなっていることがわかります。スカーフが軽くなる理由を説明した次の文章の（あ）～（う）にあてはまる語句を答えなさい。

> スカーフにふくまれていた（　あ　）が（　い　）して（　う　）になったから。

(2)　夏の暑い日などに「打ち水」をすることで周囲がすずしくなることがあります。

　地面に「打ち水」をしたとき，まいた水の様子と地面の温度はどのように変化すると考えられますか。実験の結果をもとに答えなさい。

図4　打ち水

2　まさおさんは，みその製造工場を見学し，大豆と米を使ったみその作り方を授業で発表しました。次の1〜3の問題に答えなさい。

資料　まさおさんの発表

【スライド①】みその原料は大豆と米と麹菌と塩です。まず，大豆を水にひたしてやわらかくしてからゆでます。

【スライド②】ゆでた大豆が冷めたらすりつぶして，米と麹菌を混ぜたものと塩を加えます。

【スライド③】熟成させている間に，麹菌がゆっくりと大豆の成分を変化させ，うま味や消化・吸収のよい成分に変え，米のでんぷんを分解してあま味成分に変えていきます。

【スライド④】半年から1年熟成させるとみそになります。

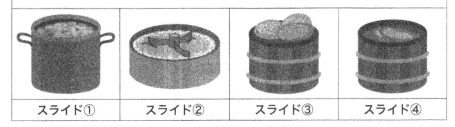

| スライド① | スライド② | スライド③ | スライド④ |

1　下線部「でんぷんを分解してあま味成分に変えて」とあります。まさおさんは，図1のように，ある【材料】を使って麹菌が「でんぷんを分解することを確かめる実験」を考えました。あとの(1)，(2)の問題に答えなさい。

図1　麹菌がでんぷんを分解することを確かめる実験

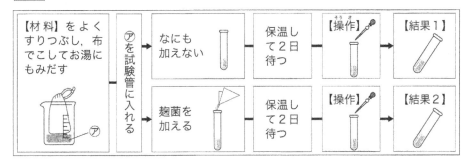

(1)　この実験で，どのような【材料】を使うのが適切ですか。次のあ〜おから最もふさわしいものを1つ選び，記号で答えなさい。

あ　オレンジ　い　とり肉　う　しいたけ　え　うどん　お　バター

(2)　でんぷんを検出するため，【操作】では試験管に何を加えるか答えなさい。
また，【結果1】と【結果2】は，それぞれどのようになるか答えなさい。

2　まさおさんは，みその材料である大豆の育ち方について調べました。すると，植物の種類によって葉の並び方が異なり，図2や図3のように植物によって規則にしたがって葉をつけることが分か

りました。あとの(1)，(2)の問題に答えなさい。

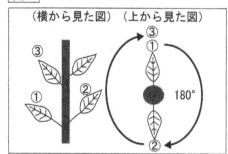

図2　大豆の葉の並び方

（横から見た図）（上から見た図）

180°

図3　ある植物の葉の並び方

（上から見た図）

※大豆の葉は簡単に示しています。

(1)　ある植物は上から見ると図3のような葉の並び方をしています。植物の葉①から葉②の角度は何度になるか答えなさい。ただし，葉の間の角度は全て同じとします。

(2)　植物の葉を下から順番に観察すると，植物は規則的に葉を付けることで，葉が重ならないようなつくりになっていることが分かりました。このようなつくりは植物の成長と養分について考えると，どのような利点があると考えられるか答えなさい。

3　まさおさんは，家でみそづくりをしました。ゆでた大豆をよく冷ますため，モーターでプロペラを回して風を送る装置を考えました。次の条件に合うように，解答用紙の図の中の●を線でつないで回路を完成させなさい。

条件

・プロペラは，図4のスイッチ①だけを入れたときよりも，スイッチ②だけを入れたときの方が速く回ります。
・スイッチ①とスイッチ②の両方を切るとプロペラは回転しません。
・スイッチ①を入れるときはスイッチ②を切り，スイッチ②を入れるときはスイッチ①を切ることとします。
・線どうしは重ならないようにつなぎます。

図4　まさおさんが考えた装置

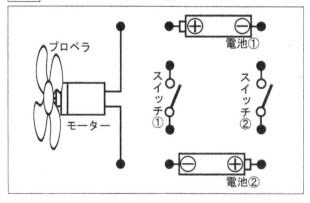

3 ひろとさんとかなえさんが給食について話をしています。

次の1～4の問題に答えなさい。

> かなえさん　給食センターは毎日ァ大量の食材を調理しているのね。
>
> ひろとさん　今日のメニューはコッペパン，焼きそば，ィコンソメスープ，オレンジ，牛乳だよ。どれもおいしそうだな。
>
> かなえさん　楽しみだね。ところで，給食当番のときに，スープが足りなくなって困ったことがあったよ。全員に同じ量を配ったり，足りなくなったりしないように配るのは難しいよね。
>
> ひろとさん　そうだね。一人にどれくらいの量を配ればいいのかが分かると，配るのが簡単だよね。
>
> かなえさん　ゥオレンジはすべて同じ大きさに切られているから簡単だね。
>
> ひろとさん　そういえば，パンの袋がかさばって苦労したことがあるよ。
>
> かなえさん　わたしはェパンの袋は折りたたんで三角形にしているよ。こうするとごみもかさばらないよ。

1 下線部ア「大量の食材」とあります。この給食センターでは，一日に9063食分の給食を作ります。**資料１**をもとに　この給食センターで9063食分の焼きそばを作るときに，にんじんは何本必要か答え，その理由を言葉や式で説明しなさい。

　　ただし，答えは整数で表すこととします。また，にんじんはすべて同じ重さとします。

資料１　焼きそば１人分の材料

> めん………１玉
> ぶた肉……100ｇ
> にんじん …30ｇ（1/4本）
> ソース……大さじ２

2 下線部イ「コンソメスープ」とあります。**図１**の食かんには長方形**ABCD**の位置までスープが入っています。スープをおたまですくうと１ぱい分は155mLでした。おたまで15はいスープをすくったところ，水面が長方形**EFGH**まで下がりました。このとき，初めに入っていたスープの容積は何mLか答えなさい。ただし，おたまは毎回同じ量のスープをすくうものとします。

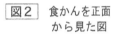

図１　食かん　　　**図２**　食かんを正面から見た図

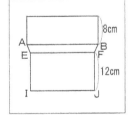

3 下線部ウ「オレンジはすべて同じ大きさに切られている」とあります。給食のオレンジはＬサイズとＭサイズの２種類を使っています。一人分のオレンジはＬサイズを５等分，または，Ｍサイズを４等分に切り分けた量になります。9063人分のオレンジに切り分けると，Ｌサイズのオレンジの個数は全体の77％になりました。このとき，ＬサイズとＭサイズのオレンジは合わせて何個必要か答えなさい。

4　下線部エ「パンの袋は折りたたんで三角形にしているよ」とあります。あとの(1)，(2)の問題に答えなさい。

資料2　パンの袋を折りこむ手順

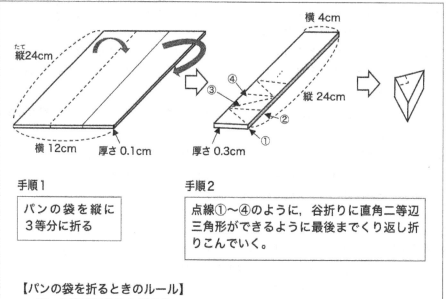

手順1

パンの袋を縦に
3等分に折る

手順2

点線①～④のように，谷折りに直角二等辺三角形ができるように最後までくり返し折りこんでいく。

【パンの袋を折るときのルール】
・パンの袋は四角柱と考える。
・パンの袋は角柱の厚さに関わらず折ることができる。
・点線は谷折り，実線は山折りに折る。
・四角柱を折ると，折り目が対称の軸となってぴったり図形が重なり，角柱ができるものとする。

(1)　資料2の手順2ではパンの袋を何回折ったか答えなさい。

(2)　かなえさんは，パンの袋を切って，教室にけい示するかざりを作ることにしました。手順2において，点線①～③まで折ったあと，図3のように，点線③の折り目にそってはさみで切りました。

切り取ったものを開き，できるかざりの形を，解答用紙にかきなさい。ただし，折り目はかかなくてよいものとします。

図3

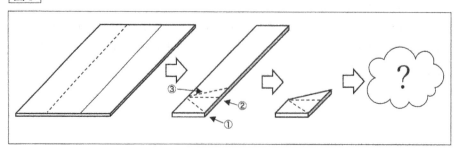

そのルソーの言葉に「生きることは呼吸する(こきゅう)ことではない。行動することである」というものがあります。私はその言葉が大好きなのですが、行動を引き起こす源と考えられている「やる気」は、生きるための源と考えてもよいのかもしれませんね。

(ちくまプリマー新書 『勉強する気はなぜ起こらないのか』 外山美樹より)

〈注〉 ルンバ…電動ロボット掃除機の一つ。

【作 文】 （四〇分）（満点：三〇点）

◎次の文章は、外山滋比(とやまみき)さんの「勉強する気はなぜ起こらないのか」の一節です。この文章で筆者は、人間にとっての「やる気」とは、どのようなことだと述べていますか。また、筆者の考えを参考に、あなたが「やる気」を持って何かに取り組むとき大事にしていることについて、体験を交えながら書きなさい。ただし、四百字以上五百字以内で、三段落構成で書くこととします。

問 題

一心不乱(いっしんふらん)に勉強している人を見ると、「あの人はやる気のある人だなぁ」と思うことはありますが、ブゥンブゥンと音を立てて一心不乱に掃除(そうじ)している《注》ルンバを見ても、「あのルンバはやる気があるなぁ」とは感じないでしょう。

不思議な気がしますが、なぜこのように人とルンバに対して異(こと)なった感情が芽生えるのでしょうか。

それは動くための力のありかが違うからです。ルンバが動くことができるのは、ルンバの内部からの力ではなく、外部からの力、すなわち、電力によって動力を得ているからです。

ルンバに限らず機械が動くためには、外部から電力やガソリンなどの物理的な力が供給される必要があります。その力を得た後に、スイッチをいれると動き出します。それに比べて、人間は外部によって動く力とはあまりありません。むしろ、人間(やある種の動物)は、内部からのやる気によって自ら行動を起こします。

そのように考えると、「やる気」とは、人間の内部に存在している力のことだということがわかります。「やる気」とは、ある行動を引き起こし、その行動を持続させ、結果として一定の方向に導く心理的過程のことだといえるでしょう。もう少し説明を加えると、ちょっと難しく感じたかもしれませんね。それではみなさんに身近な勉強を例にやる気を説明してみましょう。「やる気」とは、「勉強する」という行動を引き起こして、「勉強する」という行動を持続させ、結果として、成績が向上するような過程であると考えられます。少しはわかりやすくなったのではないでしょうか。

つまり、ある行動を引き起こして、それを持続させる源(みなもと)（力）が「やる気」なのです。一般的(いっぱんてき)には「やる気スイッチ」などというように、行動を引き起こすことに重点がおかれがちですが、持続させる力という点もあることに注意しましょう。

ただし、「やる気」は、勉強や運動に対してだけ使うものではありません。お母さんの手伝いをすることだったり、部屋を整理整頓(せいとん)することだったり、ゲームをすることだったりと、すべての行動を引き起こす源のことをいいます。

ところで、みなさんは、フランスで活躍(かつやく)した教育哲学者(てつがくしゃ)のルソーをご存じですか？

フランス革命(かくめい)にも多大な影響(えいきょう)を及ぼしたルソーですが、『社会契約論(やくろん)』、『人間不平等起源論(きげんろん)』など、数多くの著作(ちょさく)が残されています。ただの理論(りろん)にとどまらない多感さを反映(はんえい)した『エミール』などは、現代でも多くの人に読まれています。

2023 年 度

解 答 と 解 説

《配点は解答欄に掲載してあります。》

<総合問題Ⅰ解答例>

1　1　場所　う
　　　道順

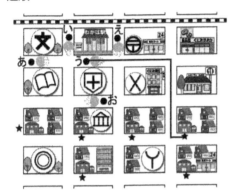

　　2　い
　　3　う

2　1　政策　い
　　　人物　く
　　2　あ
　　3　(時速)5.4(km)
　　4　外国の船が日本に来るのを禁止されたり，日本人が海外に行くことを禁止されたりして，貿易が制限されるようになったから。
　　5　(1)　年間を通して平均気温の変化が少なく，雨が降る時期と降らない時期が明確に分かれている。
　　　　(2)　48(人)
　　6　大量の木材を，川や海を使って輸送することができたから。

3　1　い
　　2　456(cm²)
　　3　(1)　あ
　　　　(2)　90(度)
　　　　(3)　1.5(cm)
　　4　ペットボトルの原料を新たに必要としないこと。

○配点○
① 1 各2点×2　　2・3 各4点×2
② 1 各2点×2　　2・3・4・5(1)(2)・6 各4点×6
③ 1・3(1)(2)(3) 各3点×4　　2・4 各4点×2　　　　計60点

＜総合問題Ⅰ解説＞

① （英語：リスニング）

1　ケビンさんは左側に駅があり右側に病院があると言っているので，ケビンさんが今いる場所は地図上のうの地点だと分かる。さくらさんはそこからまっすぐ進んで2つ目の角を右に曲がり，2区画進んでから左に曲がると案内しているので水族館の位置が分かる。

〈放送全文（日本語訳）〉

（2人の会話）

Kevin:　Sakura!! Where is the aquarium?

Sakura: Are you OK, Kevin? What can you see now?

Kevin:　I can see a station on my left.

Sakura: I see. Can you see an elementary school on your right?

Kevin:　No, I can see a hospital on my right.

Sakura: OK. Go straight and turn right at the second corner. And go straight two blocks and turn left. You can see the aquarium on your left.

Kevin:　Thank you.

Sakura: You're welcome.

ケビン：さくらさん！！　水族館はどこですか。

さくら：大丈夫ですか，ケビンさん。今あなたは何が見えますか。

ケビン：わたしの左側には駅が見えます。

さくら：分かりました。あなたの右側には小学校が見えますか。

ケビン：いいえ，私の右側には病院が見えます。

さくら：わかりました。真っ直ぐ進んでそして2番目の角を右に曲がってください。そして，区画2つ分真っ直ぐ進んで左に曲がってください。あなたの左側に水族館が見えます。

ケビン：ありがとう。

さくら：どういたしまして。

2　ケビンさんとさくらさんの会話から，これから2人が回る順番は，売店，イルカショー，ペンギンふれあい広場，3Dムービーの順番だと分かる。よって答えはいだとわかる。

（2人の会話）

Kevin:　Sakura, you want to see the dolphin show, right?

Sakura: That's right. That show is famous at this aquarium. The dolphins can jump high. We can see the dolphins by the pool. What do you want to see, Kevin?

Kevin:　I like whales. So the 3D movie sounds interesting. And at Area C, we can touch penguins. I want to go there, too. But do we have time?

Sakura: Let's check the show times. Let's see. OK. We can see both. Let's go to the penguin show and the movie.

Kevin: Great! Wait! What time is it now?

Sakura: It's 2:15.

Kevin: Look! The dolphin show starts at 2:30. Let's go there first.

Sakura: Yes, let's. Well, we have 15 minutes. Can I buy mineral water at this shop now?

Kevin: Nice idea. That's important. It's very hot outside today.

（日本語訳）

ケビン：さくらさん，あなたはイルカショーが見たいですよね。

さくら：その通りです。そのショーはこの水族館で有名です。イルカたちは高くジャンプすることができます。わたしたちはプールのそばでそのイルカを見ることができます。ケビンさん，あなたは何が見たいですか。

ケビン：わたしはクジラが好きです。だから３Ｄムービーがおもしろそうです。そしてＣエリアではわたしたちはペンギンにふれることができます。わたしはそこにも行きたいです。しかしその時間はあるでしょうか。

さくら：ショーの時間を調べてみましょう。ふむふむ。わかりました。わたしたちはどちらも見ることができます。ペンギンショーとムービーに行きましょう。

ケビン：素晴らしい！待ってください！今は何時ですか。

さくら：今は２時15分です。

ケビン：見てください。イルカショーは２時30分から始まります。最初にそこに行きましょう。

さくら：はい，そうしましょう。えっと，あと15分あります。今このお店でミネラルウォーターを買ってもいいですか。

ケビン：良い考えです。それは重要です。今日，外はとても暑いです。

3　さくらさんはつりをしていないので，**い・え**は当てはまらない。**あ**にはクジラがビニール袋を食べてしまうという内容がふくまれていないので，最も当てはまるものは**う**だとわかる。

（さくらさんの発表）

I went to an aquarium on my field trip.

I saw so many colorful fish and sea turtles.

I ate a shark hamburger and jellyfish ice cream for dessert at the aquarium restaurant. They were delicious.

I saw a movie about whales. Whales live in clean seas. They usually eat a lot of fish and squid. And fish and squid eat small shrimp.

But whales sometimes eat plastic bags, too. That is sad.

I enjoyed studying about sea animals and nature on my field trip.

Thank you for listening.

わたしは自主研修で水族館に行きました。

わたしはとてもたくさんの色とりどりの魚とウミガメを見ました。

わたしは水族館のレストランで，サメのハンバーガーとデザートにクラゲのアイスクリームを食べました。

それらは美味しかったです。

わたしはクジラに関するムービーを見ました。クジラはきれいな海に生息しています。クジラは普段たくさんの魚やイカを食べます。そして魚やイカは小さなエビを食べます。

しかしときどきクジラはビニール袋も食べます。それは悲しいことです。

わたしは自主研修で楽しく海の動物と自然について学びました。

聞いていただきありがとうございます。

重要 2 **（社会・算数：資料の読み取り，江戸時代周辺の日本の動向，為替，地形と工業製品の関係，割合計算）**

1　百姓が一揆をおこすのを防ぎ，耕作に専念させるためにおこなった政策が刀狩であり，おこなったのは豊臣秀吉である。

2　同じ価格のアメリカの製品を輸入する際にかかる日本円を知りたいので，その日に１ドルが何円なのかを計算する。５月10日は，100÷0.77＝129.8…より，約130円である。同じように，10月21日は100÷0.67＝149.2…より，約149円である。よって，**あ**の１月25日が最も安く輸入できる日となる。

3　約２か月は60×24＝1440（時間）である。この時間で7800kmを移動するから，7800÷1440＝5.41…より，答えは時速5.4kmである。

4　表3から，1620年の帰国後，外国の人が日本に来たり日本人が海外に行ったりすることが禁止され始めたことを読み取って答えにする。

5　(1)　雨温図から気温の変化が少ないことと，雨の降る月と降らない月の差がはっきりしていることを読み取って答える。

　　(2)　留学生全体の割合を示すグラフから留学生全体の人数を，アジア地域以外から来た人のグラフから中南米地域から来た留学生の割合を探し，それを用いて計算する。アジア地域以外から来た人の人数を計算し，その数に中南米地域の割合をかけあわせればよいので，

$$3840 \times \frac{(100-93.75)}{93.75} \times 18.75 \times \frac{1}{100} = 48$$

　　　　より，中南米地域から来た留学生の数は48人だと分かる。

6　石巻は木材の産地と河川や海でつながっていることを読み取る。重い木材も船を使って輸送できたと予想できる。

3 **（家庭科・算数：洗たく表示，リサイクル，図形の面積，比を用いた線分の長さ，三角形の角度，空間図形）**

1　洗たく機で洗えてアイロンがけができる表示はいである。左から順に，あ「40℃までの水で洗う（洗たく機，とても弱く），アイロンできない，平らにほす（日なた）」，い「40℃までの水で洗う（洗たく機，ふつう），150℃までアイロンできる，ハンガーにほす（日なた）」，う「40℃までの水で洗う（手洗い），110℃までアイロンできる，平らにほす（日かげ）」の記号である。

2　１マスについて考えてそれを16倍すれば良い。１マスの中で色のついた部分の面積は，右の図のように，半径10cmの円を４等分したおうぎ形から，角をはさむ辺の長さが10cmの直角二等辺三角形をひいた面積なので，10×10×3.14÷4－(10×10÷2)＝28.5(cm²)である。よって，これを16倍するので，色のついた部分の面積は，28.5×16＝456(cm²)となる。

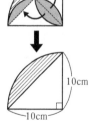

3　(1)　玉むすびの点からぬい取るので，縦の線が①だと分かる。最後に玉どめをするので，裏返して考えて，左の斜めの線が④だとわかる。したがって，あが答えとなる。

(2) 右の図のように，「ナ」の字の線の交わった点をDとする。
三角形ACDは，辺ACと辺CDが等しく，1つの角が60°と
分かっているので，正三角形で，①と②は60°である。また，辺ADは1cmなので，三角形ADBは二等辺三角形である。②は60°なので，③は，180°−60°=120°である。④と
⑤は同じ角の大きさで，(180°−120°)÷2=30°となる。したがって角あは①+④より，60°+30°=90°である。

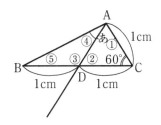

(3) 図7のようにぬい取るためには，あの部分が二つ，いの部分が三つ必要なので，1×
2+3×3=11より，あの長さの11倍の長さの糸が必要だったと分かる。使った糸の長さは，
5.5cmなので，5.5÷11=0.5より，あの長さは0.5cmである。いの長さはその3倍なので，
横1本の長さは0.5×3=1.5(cm)である。

4 もう一度ペットボトルにして利用することで原料を新たに必要としないという資料にあるような持続可能な社会につながる利点を答えれば良い。

★ワンポイントアドバイス★

英語のリスニングは分からない単語があってもあせらずに落ち着いて聞いて，二
回目の放送で自分の聞き取った内容であっているか確かめられると良い。算数は
図形を利用した問題が多いが，落ち着いて簡単な例から考える。表やグラフなど
の資料は，その説明文もしっかり読んで確実に内容を理解し，その資料をもとに
自分の考えを述べる力が求められる。

＜総合問題Ⅱ解答例＞

1　1　い（→）え（→）あ（→）う
　　2　(1)　4(分)
　　　　(2)　位置　あ
　　　　　　方向　B
　　3　(1)　あ　水
　　　　　　い　じょう発
　　　　　　う　水じょう気
　　　　(2)　水は水じょう気になり，地面の温度が下がると考えられる。

2　1　(1)　え
　　　　(2)　操作　ヨウ素液(を加える。)
　　　　　　結果1　試験管の中の液体が青むらさき色に変化する。
　　　　　　結果2　試験管の中の液体の色は変化しない。
　　2　(1)　144(度)
　　　　(2)　葉が重ならないようにすることで，より多くの光があたるようになり，デンプン
　　　　　　をたくさん作ることができる。

3

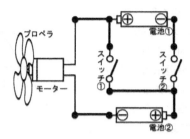

③ 1 本数 2266 （本）

言葉や式 焼きそば4人分でにんじんを1本使うので，9063を4で割ると2265.75本
となる。したがって，実際に必要なにんじんは2266本。

2 7125（mL）

3 1900（個）

4 (1) 11（回）

(2)

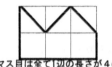

マス目は全て1辺の長さが4cmの正方形

○配点○

① 1・3(1) 各3点×2　　2(1)・3(2) 各4点×2　　2(2) 各2点×2

② 1(1) 2点　　1(2)(操作)(結果1・結果2は完答)・2(1) 各3点×3　　2(2) 4点

　　3 5点

③ 1（本数） 2点　　1（言葉や式） 3点　　2・4(1)(2) 各4点×3　　3 5点　　計60点

＜総合問題Ⅱ解説＞

基本 ① （理科：台風，太陽の動き，水の蒸発）

1 台風は，基本的に南西から北東にむかって移動するので，い→え→あ→うの順番になる。

2 (1) 15度動くのに60分かかるから，60÷15=4より，4分が答え。

　(2) 太陽は東からのぼるので，午前中のかげは西にできる。12時ごろには太陽はちょうど南
にきて，かげは北にできるから，10時ごろのかげはあの位置にあり，Bの方向に動く。

3 (1) 会話文からスカーフが冷たく感じるのは，「打ち水」と同じく水が蒸発しているからだと
わかるので，水が蒸発して水蒸気（気体）になって重さが軽くなっていることを，解答らん
に合うかたちで答える。

　(2) スカーフと同じように，水が蒸発して地面の温度が下がることが考えられる。

② （理科：でんぷんの反応，植物の葉のつき方，電気回路）

1 (1) 資料から，麹菌は米のでんぷんを分解しているので，米と同じ炭水化物であるえのうど
んを選ぶ。

　(2) 【操作】では，でんぷんがあると青むらさき色を示す性質のあるヨウ素液を加えるとよい。
【結果1】では，麹菌を加えておらず試験管にでんぷんが残っていると考えられるので，青
むらさき色になるが，【結果2】では麹菌がでんぷんを分解したと考えられるので，色の変

化はないと考えられる。このことを【結果1】と【結果2】で比べられるように書く。

2　(1)　1周が360度なので，葉と葉の間は，360÷5=72(度)である。葉①から葉②までは2つ間が空いているので，72×2=144(度)だとわかる。

　　(2)　問題文のとおりに植物の成長と養分について考える。植物は光合成によって葉ででんぷんをつくり，それを使って成長している。よって，葉が規則的に重ならないようなつくりになっていることで，葉に日光が当たりやすく光合成が行われやすいという利点があると考えられる。

3　スイッチ①だけを入れたときよりも，スイッチ②だけを入れたときの方が速く回ることから，スイッチ①だけを入れたときには電池が1個，スイッチ②だけを入れたときには電池が2個使われるような回路を作ればよいとわかる。よって，まずスイッチ②を入れたら電池を2個つかう回路になるように●を線でつなぎ，次にスイッチ①について電池を1個使うような回路になるように●を線でつなぐと完成となる。

3　(算数：あまりのあるわり算，空間の体積，割合計算，折り紙のかたち)

1　資料1より，4食分で1本のにんじんが必要なので，9063÷4=2265.75より，にんじんは2266本必要だとわかる。答えの数字だけでなく言葉でも理由を説明する。

2　1ぱいで155mLすくえるおたまで15はいすくったので，155×15=2325(mL)すくってある。食かんのなかにあるスープの体積は，直方体EFGH-IJKLの体積と同じなので，25×16×12=4800(cm³)である。1mLは1cm³なので，初めに入っていたスープの容積は，4800+2325=7125(mL)だとわかる。

3　LサイズのオレンジとMサイズのオレンジの個数の比は，77：23である。

　　よって，LサイズのオレンジとMサイズのオレンジが配られる人数の比は，77×5：23×4=385：92だとわかる。ここから，Lサイズのオレンジが配られる人数は，$9063×\frac{385}{477}$=7315(人)，Mサイズのオレンジが配られる人数は，$9063×\frac{92}{477}$=1748(人)である。Lサイズのオレンジは5等分が一人分なので，必要なLサイズのオレンジの個数は，7315÷5=1463(個)である。Mサイズのオレンジは4等分が一人分なので，必要なMサイズのオレンジ個数は，1748÷4=437(個)である。これらより，LサイズとMサイズのオレンジは合わせて1463+437=1900(個)必要となる。

4　(1)　パンの袋を折っていくとき，点線①〜④まで折ると縦の長さが16cmの四角柱になる。さらに点線①〜④まで折ると縦の長さが8cmの四角柱になる。ここから点線①〜②まで折ると縦の長さが4cmの四角柱になり，さらに点線③の折り目で折るとぴったり図形が重なり，三角柱ができる。よって，折った回数は11回である。

　　(2)　資料2の手順1を見ると，谷折り，山折りの順番で3等分して折ってあることがわかるから，切り取った台形と線対称になるようにつなげていくと切り取ったものを開いた形となる。

★ワンポイントアドバイス★

①は生活の中で出てくる基礎的な知識を使った問題なので確実に答えられるようにしたい。②，③は数字の計算だけでなく理由や過程を答えさせる問題が出ているので，なぜこの計算をするのか理解しながら問題を解けるようにしたい。全体的に図や説明文が多いので，正確に読み取り，簡単な例を思い浮かべたり実際に書いてみたりして解こう。

＜作文解答例＞ 《学校からの解答例の発表はありません。》

問題

　筆者は，「やる気」とは人間の内部からの力であり，ある行動を引き起こし，その行動を持続させ，結果として一定の方向に導く心理的過程であると述べている。言いかえれば，行動を起こさせて，さらに持続させる力である。

　わたしが「やる気」を持って何かに取り組むとき大事にしていることは，最後まで「やる気」が続くように，小さな目標を立てながら取り組むことだ。例えば，わたしは書道を習っているが，はじめは書く枚数を決めて，その数を書ききるまで練習していた。しかしそれでは，「やる気」がなくなることも多かった。そこで，書道をするときは，自分が納得できる一枚を書くという目標を立てた。そうすることで，練習につかれてきても，目の前の一枚に集中すればよいので，最後まで「やる気」を保つことができた。

　筆者が主張するように，「やる気」はすべての行動を引き起こし持続させる，生きるための源ともいえるものだ。そのため，何かに取り組むときには，「やる気」を持続させるために工夫して物事に取り組むことが大切だと考えている。

○配点○
30点

＜作文解説＞

問題（国語：条件作文）

　筆者の考える人間にとっての「やる気」とはどういうことかをまとめ，本文を参考に，「やる気」を持って取り組むときに大事にしていることについて書く作文である。三段落構成にするよう指示があるため，最初の段落で筆者の考える「やる気」について，次の段落で自分自身の体験について，最後の段落で自分がどう考えるかについて，本文の内容を参考にしながらまとめられるとよい。筆者の考える「やる気」については，本文6段落目と，最後の段落に書かれている内容が参考になる。本文中の言葉をそのまま使うのではなく，文字数に合うように自分なりの言葉でまとめなおすと効果的である。

　体験では，自分自身が「やる気」を出してがんばった体験や「やる気」が出なかったことで失敗してしまった体験などを思い出すと書きやすい。

★ワンポイントアドバイス★

筆者の主張の要点と，自分自身の体験を一つの作文にまとめて書く必要がある。筆者の考えと自分自身の体験がつながる部分は何か考え，文章にしてみよう。本文の重要な主張には線を引いたり印をつけたりして，見やすくしておくと作文が書きやすい。

MEMO

2022年度
★★★★★★★★★★★★★★★★★★★★★★★

入　試　問　題

2022年度

市立仙台青陵中等教育学校入試問題

【総合問題Ⅰ】（45分）　＜満点：60点＞

（放送台本）

　これから**第１問の放送による問題**を行います。放送を聞いて　**１～３　の問題**に答えなさい。英語はそれぞれ２回放送されます。

　放送中に問題用紙にメモをとってもかまいません。答えはすべて**解答用紙**に記入しなさい。

　問題１　太朗さんは，来月ニュージーランドへの海外研修に参加する予定です。ホームステイ先から届いたビデオレターを見て，おみやげを用意することにしました。

　太朗さんが用意したおみやげを，下の　**あ～か**　の絵から**２つ**選び，記号で答えなさい。

　なお，チャイムの後に実際におみやげをわたしたときの会話が流れます。その会話も聞いて，答えなさい。では，始めます。

（英文１）

Hi! I'm Emma Smith. I'm fifteen. I live in New Zealand with my family and our friendly dog, Coco. My brother, George and I like soccer. My treasure is this soccer ball. Coco likes this soccer ball, too. How is your school life in Japan? My favorite subjects are Japanese and home economics. I'm making a Japanese kanji T-shirt for summer. I like cooking very much. I want to be a baker. Let's enjoy cooking together. See you next month.

（チャイム音）

（英文２）

Emma: Hi! Welcome to New Zealand.

Taro:　I'm Taro. Nice to meet you. This is for you. Here you are. Please open it now.

Emma: Thank you. Wow! This is so cute! Is this my name?

Taro:　It's your name in Japanese.

Emma: Cool! Can I wear this now? Oh? What's this? One more present? The shape is a triangle.

Taro:　At school in Japan, we usually wear it on our heads in cooking class. It's popular in Japan. This is for your dream, too.

Emma: You are kind. I'm so happy.

（この間約８秒）

繰り返します。

次に**問題2**に移ります。

太朗さんはニュージーランドの学校で授業を見学することになりました。太朗さんが見学した2つの授業の会話を聞いて，その教室として最もふさわしいものを，下の**校舎図のあ〜きから**1つずつ選び，記号で答えなさい。では，始めます。

授業1

Teacher: OK, class. How many legs do butterflies have?

Student: They have six. So butterflies are in the grasshopper group.
　　　　　They all have three body parts.

Teacher: Good job. How about spiders? Are they in the same group, too?

Student: Yes.

Teacher: Really? Let's check their legs. Come here. This is a good microscope.
　　　　　Can you see well?

Student: Yes. One, two, three, four. And four. So eight. Oh, I see.
　　　　　Spiders are in the different group, right?

Teacher: You got it!

授業2

Student: Excuse me, Mr. Brown. I want to use orange. But I don't have it today.

Teacher: Oh, I see. What is your vegetable?

Student: Carrots and tomatoes.

Teacher: Don't worry. OK, everyone. Can you make orange? What colors do you
　　　　　use? Let's try now.

Student: Wow. We can make many kinds of orange from red and yellow.
　　　　　This orange is perfect for my carrots.

（この間約8秒）

繰り返します。

次に**問題3**に移ります。

ニュージーランド研修から半年後，今度はエマが日本にやってきました。エマはレストランで昼食をテイクアウトし，太朗さんと食べようとしています。エマと店員の会話を聞き，エマが注文した商品の合計金額を，下の **あ〜え** から1つ選び，記号で答えなさい。では，始めます。

Emma: Hello. Do you speak English?

Clerk:　Yes. What would you like?

Emma: I'd like pizza and a salad.

Clerk:　OK. Pizza is five hundred yen and a salad is two hundred and fifty yen.

How about dessert?

Emma: Do you have ice cream?

Clerk:　No, but we have a special parfait today.

Emma: How much is the parfait?

Clerk:　It's four hundred yen.　Do you want the parfait?

Emma: Mmm… No thank you.　Do you have pudding?

Clerk:　Yes.　It's one hundred and thirty yen.

Emma: OK.　One pudding, please.　How much?

（この間約8秒）

繰り返します。

これで放送による問題を終わります。次の問題に移ってください。

1　放送による問題

　　放送を聞いて1～3の問題に答えなさい。英語はそれぞれ2回放送されます。放送中に問題用紙にメモをとってもかまいません。答えはすべて解答用紙に記入しなさい。

1　たろうさんは，来月ニュージーランドへの海外研修に参加する予定です。ホームステイ先から届いたビデオレターを見て，おみやげを用意することにしました。たろうさんが用意したおみやげを，次のページのあ～かの絵から2つ選び，記号で答えなさい。

　　なお，チャイムの後に実際におみやげをわたしたときの会話が流れます。その会話も聞いて，答えなさい。

【おみやげ】

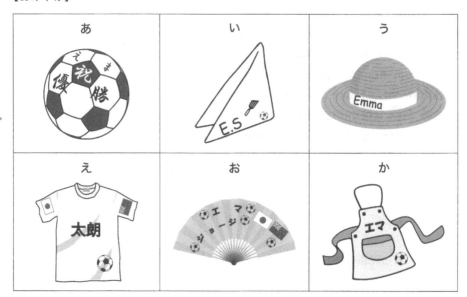

2　たろうさんはニュージーランドの学校で授業を見学することになりました。たろうさんが見学した2つの授業の会話を聞いて，その教室として最もふさわしいものを，下の校舎図の**あ〜き**から1つずつ選び，記号で答えなさい。

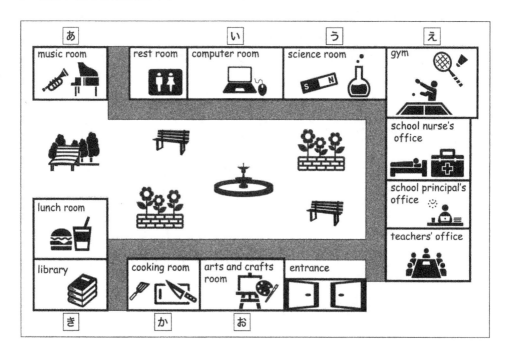

3　ニュージーランド研修から半年後，今度はエマが日本にやってきました。エマはレストランで昼食をテイクアウトし，たろうさんと食べようとしています。エマと店員の会話を聞き，エマが注文した商品の合計金額を，次のページの**あ〜え**から1つ選び，記号で答えなさい。

あ　750円　　い　880円　　う　1150円　　え　1280円

2　なみえさんたちは社会科の授業の中で，野菜のパプリカについて調べています。次の1〜5の問題に答えなさい。

なみえさん　パプリカについて，どんなことがわかったかな。

たけしさん　ピーマンの仲間で，赤色や黄色のカラフルな野菜だよ。ァ宮城県の生産量は全国1位で，3年前にはィ国際宇宙ステーションにいる宇宙飛行士の食料にもなったことがあるんだ。

あつしさん　宇宙にも行ってるの？すごいね。ぼくは大衡村の自動車工場に勤めるおじさんから，おもしろい話を聞いたよ。大衡村って知ってる？

たけしさん　知ってるよ。大衡村には大きな工業団地があって，工場や会社が集まっているんだよね。でも仙台のずっと北にあって，自動車を組み立てるのに不便だと思うんだ。

あつしさん　ところが，おじさんの話だとゥ自動車工場にとって便利な土地らしいよ。それに，ェ自動車工場なのにパプリカも育てているんだって。

1　下線部ァ「宮城県の生産量は全国1位」とあります。ある年の宮城県の生産量は茨城県より187 t 多く，茨城県は静岡県の4倍の生産量でした。長野県の生産量が378 t で静岡県の1.2倍であるとき，宮城県の生産量は何 t になるか答えなさい。

2　下線部ィ「国際宇宙ステーション」とあります。地球を半径6400kmの球と考え，国際宇宙ステーションが，地球の表面から一定の高さで，一周42704kmの円周上を回っているとするとき，地球の表面から宇宙ステーションまでの高さは何kmになるか答えなさい。ただし，円周率は3.14とし，答えは整数で表すこととします。

3　下線部ゥ「自動車工場にとって便利な土地」とあります。次のページの資料，図1，図2から読み取れることをもとに，便利な土地であることの理由を答えなさい。

資料 大衡村の自動車工場に勤める，あつしさんのおじさんの話

　　1台の自動車は小さなネジをふくめて，2～3万個の部品からできているんだ。小さな部品を作る工場，その小さな部品を使ってエンジンやハンドルなどの大きな部品を作る工場がそれぞれ別な地域にあるんだよ。おじさんの自動車工場では，大きな部品を組み立てて自動車にするんだ。おじさんはエンジンを取り付ける係なんだ。工場で組み立てた自動車は，日本全国だけでなく，世界中ではん売されているんだ。

図1　自動車がはん売されるまで

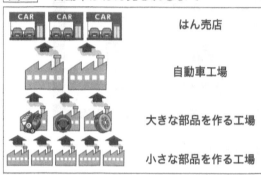

図2　大衡村の自動車工場の位置

4　図3は国内自動車メーカーの自動車製造台数について，図4は国内自動車メーカーが，国内で生産した自動車の輸出台数について，それぞれ平成21年から平成28年まで示したグラフです。あとの(1)，(2)の問題に答えなさい。

図3　国内自動車メーカーの自動車製造台数

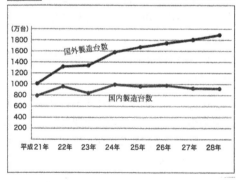

図4　国内自動車メーカーの自動車輸出台数

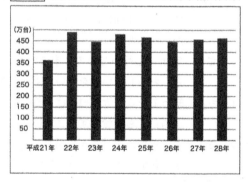

(1)　国内自動車メーカーの自動車製造台数と自動車輸出台数の間には，おおよそどのような関係がありますか。次の**あ～お**からあてはまるものを**すべて**選び，記号で答えなさい。

　あ　国外製造台数が増えると，輸出台数が減る。

　い　国外製造台数が減ると，輸出台数も減る。

　う　国外製造台数は，国内製造台数や輸出台数に関わらず増加している。

　え　国内製造台数が増えると，輸出台数も増える。

　お　国内製造台数が増えると，輸出台数が減る。

(2)　図5（次のページ）は平成30年にアメリカではん売された自動車の国別メーカーの割合を，

表は日本の自動車メーカーA社のアメリカ工場と従業員数を示しています。図5と表をもとに，日本の自動車メーカーがアメリカで生産することの利点と，アメリカが日本のメーカーの工場を受け入れる利点をそれぞれ答えなさい。

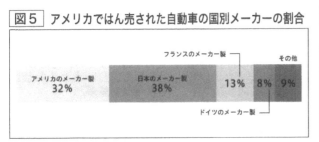

図5 アメリカではん売された自動車の国別メーカーの割合

アメリカのメーカー製 32%　日本のメーカー製 38%　13%　8%　9% その他
フランスのメーカー製
ドイツのメーカー製

表 日本のA社のアメリカ工場と従業員数

工　場	従業員数
ケンタッキー州の工場	約7600人
インディアナ州の工場	約4800人
テキサス州の工場	約2900人
ミシシッピー州の工場	約1500人

（出典　JETRO 地域分析レポート　データより作成）

5　下線部エ「自動車工場なのにパプリカも育てている」とあります。パプリカは低温としっ気が苦手なので，日本では主に温室でさいばいされます。大衡村のこの工場では，工場から出た熱を工場の暖ぼうに使ったり，温室を暖めてパプリカをさいばいしたりしています。このように，エネルギーを有効に活用することで，かん境にどのような効果をもたらすことができるか答えなさい。

3　ようたさんたちは，社会科の授業で8世紀の奈良時代の人たちの税や負担と出来事について調べています。
　あとの1～3の問題に答えなさい。

ようたさん　ゆうかさん，奈良時代の人たちの税や負担について調べてくれた？

ゆうかさん　調べて表と資料にまとめてみたよ。租・調・庸などのアさまざまな税や兵役の義務があったみたい。そのかわり，当時は年れいや性別によって，田んぼがもらえたみたいだよ。資料を見れば，どれくらいもらえたか分かるよ。

かんたさん　もらえる田んぼは平等ではなかったんだね。それに税の負担にたえかねて，中にはにげ出す人もいたみたい。

ようたさん　かんたさん，出来事についてはどうだった？

かんたさん　年表を作ったけど，イ全国各地で災害や反乱が起こり，社会全体に不安が広がっていたようだよ。そのころ国を治めるのも大変だったんだね。

ようたさん　今と奈良時代ではだいぶちがうね。今はウ政治を行う人は選挙で選ばれるし，議会などの話し合いでいろいろなことが決まるからね。

表1　ゆうかさんがまとめた表

租	稲の収かく高の約3％を納める。
調	織物や地方の特産物を納める。
庸	年間10日都で働くかわりに，布を納める。
兵役	都や九州を守る兵士の役を務める。

資料　ゆうかさんがまとめた資料

田んぼは360歩で1段とする。10段を1町とする。田んぼを与えるのは，男に2段。女は男より3分の1減らして与える。5さい以下には田んぼを与えない。
（注）歩，段，町とは当時の面積の単位

（出典　令義解　現代語訳）

1　下線部ア「さまざまな税や兵役の義務」とあります。表1や資料を参考に，次のページの(1)～(3)

の問題に答えなさい。

(1)　1段は現在の12aに相当します。このとき，$\frac{38}{3}$段とは現在の何haに相当するか答えなさい。ただし，答えは小数第二位を四捨五入して，小数第一位まで表すこととします。

(2)　6さい以上の7人の家族が$\frac{38}{3}$段の田んぼをあたえられたとき，男女それぞれの人数を答えなさい。

(3)　田んぼ1段につき，収かく高の約3％の稲を租として納めます。田んぼ1町で稲が720束収かくできたとき，(2)の家族が税として納める稲の合計は何束になるか答えなさい。ただし，答えは小数第二位を四捨五入して，小数第一位まで表すこととします。

　〔注〕　束とは当時の稲の収かく量の単位

2　下線部イ「全国各地で災害や反乱が起こり，社会全体に不安が広がっていた」とあります。この時代はどのように国を治めようとしていましたか。表2を参考に答えなさい。また，表2のエに当てはまる天皇の名前を答えなさい。

表2	かんたさんがまとめた奈良時代の主な出来事

年	主な出来事
720	九州で反乱が起こる
724	エ 天皇が天皇の位につく
737	このころ都で病気が流行する
740	貴族の反乱が起こる
741	国分寺を建てる命令を出す
743	大仏をつくるよう天皇が命令する
747	奈良で大仏づくりが始まる
749	エ 天皇が天皇の位を退く
752	大仏開眼式

3　下線部ウ「政治を行う人は選挙で選ばれる」とあります。ようたさんは選挙について調べ，過去の仙台市長選挙の投票率と，仙台市の世代別人口についての資料を作成しました。あとの(1)〜(3)の問題に答えなさい。

> ようたさん　仙台市長選挙の投票率を調べました。10代から30代の投票率が低いですね。
> 先　　　生　そうですね。それが選挙の課題の一つと言われています。
> ようたさん　ぼくも自分の一票で，そんなに社会が変わることはないと思います。
> 先　　　生　そういう意見で投票に行かない人も多いかもしれません。でも，市長や市議会議員を選ぶのは市民です。市民は選挙によって　オ　ということになります。
> ようたさん　選挙や政治について，もう少し調べてみます。

(1)　平成29年に行われた仙台市長選挙では，20代の何人が投票に行ったと考えられますか。次のページの表3と図をもとに答えなさい。ただし，答えは上から2けたのがい数で表すこととします。なお，仙台市の総人口は106万人とします。

(2)　次のページの表4は仙台市内に住むかんたさんの家族を表しています。令和3年8月1日に行われた仙台市長選挙について，かんたさんの家族の中で，選挙に投票できる人と立候補できる人はだれですか。当てはまる人物について，解答用紙にある名前をすべて◯で囲みなさい。なお，年れい以外の投票や立候補に必要な条件は全員満たしていることとします。

(3)　選挙の目的として　オ　に当てはまる言葉を答えなさい。ただし，政治という言葉を用いて答えることとします。

表3　仙台市長選挙過去３回の
　　　年代別投票率（％）

	平成21年	平成25年	平成29年
10代	－	－	31
20代	25	17	22
30代	33	21	31
40代	42	27	39
50代	53	33	48
60代	65	41	59
70代以上	54	41	54
全体	44	30	43

（ 出典 仙台市ホームページより作成）

図　仙台市年代別人口比率
　　（平成29年８月１日現在）

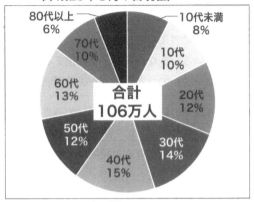

（ 出典 仙台市ホームページより作成）

表4　かんたさんの家族（年れいは令和３年８月１日現在のもの）

名前	としこ	まさき	はるこ	まこと	みなみ	かんた
投票日の年れい	79	55	51	26	18	12
職業	無職	弁護士	会社員	学生	高校生	中学生

【総合問題Ⅱ】 （40分）　＜満点：60点＞

1 　かおりさんは仙台青陵中等教育学校で行われている２つの実験教室に参加しました。
　　次の１，２の問題に答えなさい。

1 　かおりさんは，いろいろなふりこが１往復する時間を調べる実験教室に参加しました。先生とか
　おりさんの会話文を読んで，あとの(1)～(4)の問題に答えなさい。

先　　　生	みんなの結果を黒板に書いてみましょう。結果から分かることはありませんか。
かおりさん	ァふりこの長さと１往復する時間にはきまりがあることが分かります。ふりこの長さが４倍になると時間は２倍，ふりこの長さが９倍になると時間は３倍となっています。
先　　　生	そうですね。ィこのきまりを用いると，いろいろな長さのふりこが１往復する時間が計算できます。
ひろしさん	先生，少しゥ変わったふりこを作ってみました。
先　　　生	面白いですね。実験結果をうまく使うと，このふりこが１往復する時間が予想できます。

表1 　黒板に書かれたみんなの実験結果

	かおりさん	Aさん	Bさん	Cさん	Dさん	Eさん	Fさん	Gさん
おもりの重さ(g)	30	30	30	50	30	50	50	30
ふりこの長さ(cm)	5	20	45	180	80	45	80	20
ふれはば	10°	30°	30°	30°	20°	20°	20°	20°
１往復する時間(秒)	0.45	0.90	エ	2.70	1.80	1.35	1.80	0.90

(1) 　表1の エ にあてはまる数字を答えなさい。

(2) 　下線部ア「ふりこの長さと１往復する時間にはきまりがある」とあります。このきまりを用い
　ると，ふりこの長さが16倍になると１往復する時間は何倍になるか答えなさい。

(3) 　下線部イ「このきまりを用いると，いろいろな長さのふりこが１往復する時間が計算できます」
　とあります。青森県のある大学には１往復する時間が13.5秒の日本で一番大きなふりこがありま
　す。このふりこの長さは何mになるか答えなさい。

(4) 　下線部ウ「変わったふりこ」とあります。ひろしさんは，図
　1のように，天井からつるした，おもりの重さ50ｇ，ふりこの長
　さ180cmのふりこを用意し，Bの位置にくぎを打ち付けました。
　ふれはば30°になるようにAの位置からおもりをはなすと，Bの
　位置で糸がひっかかり，おもりはCの位置までいき，ふたたび
　Aの位置までもどりました。このふりこが１往復する時間を答
　えなさい。

図1 　変わったふりこ

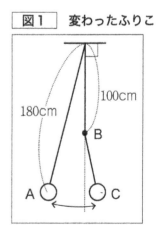

2 かおりさんは次に，気体の重さについての実験教室に
参加しました。あとの(1)～(3)の問題に答えなさい。

図2 実験装置

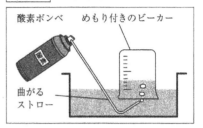

(1) かおりさんは，**図2**のような実験装置を用いて，下
の実験操作①～④をおこない，酸素１Lあたりの重さ
を調べました。かおりさんの実験結果から，酸素１L
の重さを答えなさい。

資料1	実験操作

操作① 酸素ボンベの重さを調べる。
操作② 水で満たしためもり付きのビーカーを水
中で逆さにする。
操作③ ビーカーのめもりの500mLまで酸素を入
れる。このときビーカーの内側と外側の
水面が同じになるようにする。
操作④ 酸素ボンベの重さを再び調べる。

資料2	実験結果

実験日：8月31日
室　温：27℃
実験結果：

操作①で測った 酸素ボンベの重さ	243.28 g
操作④で測った 酸素ボンベの重さ	242.62 g

(2) かおりさんの実験結果から計算した酸素１Lの重さは，本で調べたものよりも重くなりまし
た。この理由として考えられることは何ですか。次の**あ～え**から**すべて**選び，記号で答えなさ
い。
あ 操作①の実験結果に実際よりも大きな数値を記録してしまった。
い 操作①の実験結果に実際よりも小さな数値を記録してしまった。
う 操作③で500mLよりも少なく酸素を入れてしまった。
え 操作③で500mLよりも多く酸素を入れてしまった。

(3) 実験の中で先生は，空中にうかぶ，ヘリウムガスの入った風船を見せてくれました。かおりさ
んはその理由を考えるため，１Lあたりの気体の重さを調べ，次のような表にまとめました。か
おりさんがまとめた表を用いて，次の**(問い)**に答えなさい。

表2	１Lあたりの気体の重さ(0℃)			
空気	ちっ素	ヘリウムガス	メタンガス	プロパンガス
1.29 g	1.25 g	0.18 g	0.72 g	2.02 g

(問い) 家庭用ガス警報器の取り付け場所
は使用するガスによって，**図3**のＡ，Ｂの
２か所あります。都市ガス（メタンガス）
用はＡで，プロパンガス用はＢに設置しま
す。その理由を**表2**をもとに説明しなさ
い。

図3 家庭用ガス警報器の取り付け場所

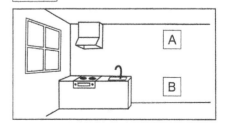

2 　あきらさんと妹のあかりさんは夏休みに家族でキャンプに出かけました。

　　次の1，2の問題に答えなさい。

1　次の会話文を読んで，あとの(1)，(2)の問題に答えなさい。

> おとうさん　さあ，キャンプで試してみたかったことをやってみようか。
>
> あきらさん　テレビで見たけど，水を入れたポリエチレンのふくろを火にかけると水が暖（あたた）められるんだって。ふくろに穴（あな）が開かないのかな。
>
> おとうさん　試してごらん。災害の時も役に立つかもしれないよ。
>
> あきらさん　すごいや。本当にァ火にかけているのにふくろに穴が開かないよ。
>
> あかりさん　私（わたし）はアイスクリームを作りたい。ィ氷に塩を加えると，アイスクリームが固まる－15℃以下になるから，材料が固まるまで冷やせるの。
>
> おとうさん　やってみようか。塩はどれだけ加えるの？
>
> あかりさん　おうちにあった36ｇ入りの食塩を持ってきたよ。

(1)　下線部ア「火にかけているのにふくろに穴が開かないよ」とあります。図1のように火にかけてもふくろに穴が開かなかったのはなぜですか。表1をもとにして説明しなさい。

図1	水を入れたポリエチレンのふくろを火にかけたようす

表1　あきらさんが使ったポリエチレンのふくろの表示

品質表示	
原料樹（じゅ）し	ポリエチレン
たい冷温度	-30度
たい熱温度	100度
寸（すん）法（ほう）・外形	ヨコ約260mm
	タテ約340mm
厚さ	約0.03mm

(2)　下線部イ「氷に塩を加えると，アイスクリームが固まる－15℃以下になる」とあります。あかりさんは，資料の材料を使って手順の通り，アイスクリームを作ろうとしましたが，うまく固まりませんでした。その原因が塩の量にあると考えたあかりさんは，家に帰ってから，氷100ｇに加えた食塩の量と温度の関係を調べ，図2のようにまとめました。キャンプのとき，アイスクリームがうまく固まるには，最低でもあと何ｇの食塩が必要でしたか。図2をもとに答えなさい。

資料　アイスクリーム作りの材料と手順

> 【材料】卵黄（らんおう），グラニュー糖（とう），牛乳，生クリーム，バニラエッセンス
>
> 【手順】
> ① 卵黄とグラニュー糖を小さいボウルに入れて，牛乳を少しずつ加えて混ぜる。
> ② 大きいボウルに，氷300ｇと食塩36ｇを入れてかき混ぜる。
> ③ ②のボウルに①のボウルを入れて生クリームとバニラエッセンスを加えてあわ立て器で混ぜる。

図2　氷100ｇに加えた食塩の量と温度

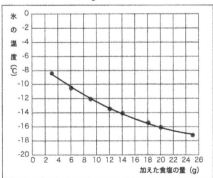

2 次の会話文を読んで，あとの(1)〜(3)の問題に答えなさい。

> あきらさん　ア太陽がしずんで月がきれいに見えるね。
> おとうさん　そうだね。暗くなってきたから，明かりをつけようか。
> あかりさん　私，ランタンを作ってきたの。使ってみて。中のろうそくに火を着ければ明かり
> 　　　　　　になるよ。
> あきらさん　がんばって作ったね。火を着けてみようか。あれ，イすぐに火が消えてしまった
> 　　　　　　ね。どうしてだろう。

(1) 下線部ア「太陽がしずんで月がきれい」とあります。あきらさんは，夏休み明けの図工の授業で，キャンプで見た日ぼつ直後の月の絵をかきました（図3）。しかし，この月の絵にはまちがいがあります。表2を参考に，この絵の日時の正しい月の位置と形を図で示しなさい。

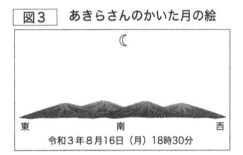

図3　あきらさんのかいた月の絵

東　　　　　　南　　　　　　西
令和3年8月16日（月）18時30分

表2　令和3年8月の新月と満月の日

日	月	火	水	木	金	土
1日	2日	3日	4日	5日	6日	7日
8日	9日/新月	10日	11日	12日	13日	14日
15日	16日	17日	18日	19日	20日	21日
22日	23日	24日/満月	25日	26日	27日	28日
29日	30日	31日				

(2) 下線部イ「すぐに火が消えてしまったね」とあります。あかりさんが作ったと考えられるランタンは次のうちのどれですか。図4のあ〜うから1つ選び，記号で答えた上で，その理由も合わせて答えなさい。ただし，ランタンは風のないところでつり下げて使うこととします。

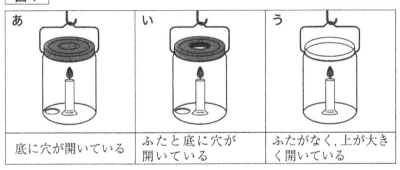

図4

あ	い	う
底に穴が開いている	ふたと底に穴が開いている	ふたがなく，上が大きく開いている

(3) (2)の火が消えてしまったランタンの中で増えた気体は何ですか。また，その気体を説明しているものとして正しくないものをあとのあ〜えから1つ選び，記号で答えなさい。

あ　植物が日光に当たると多く取り入れる
い　石灰水を白くにごらせる

う　温室効果ガスの一つ

え　心臓から全身に流れる前の血液中に多くふくまれている

③　ひとみさんは家族で福岡に旅行に行くことについて，ともやさんと話をしています。2人は飛行機が飛ぶ速さや高さに興味を持ち，調べることにしました。

次の1～4の問題に答えなさい。

> ひとみさん　今度の休みに家族と福岡県に行くんだ。友達とも遊ぶ約束をしているの。仙台から福岡までは飛行機で移動するんだけど，仙台空港から福岡空港までの水平方向の道のりは1070.4kmもあるみたい。
>
> ともやさん　飛行機が離陸してからどのように飛ぶのかな。
>
> ひとみさん　飛行機は離陸してから，こう配40％で上昇するみたい。その後，高度が10000mに達したら高度を保ったまま飛び，着陸のときはこう配10％で下降するみたいだよ。
>
> ともやさん　こう配を図で表してみるね。こう配40％だと水平方向に100m進んだときは，高度が40m上昇するんだったよね。計算してみると，意外にア高度10000mに達するまでに水平方向に進んだ道のりは短いね。
>
> ひとみさん　イ高度10000mで飛んでいる道のりを計算すると，水平方向に進んでいる道のりは長いから，空の旅が十分楽しめそうだね。
>
> ともやさん　飛行機が時速892kmで飛び続けたとすると，飛行機が飛んでいる時間は，1070.4÷892＝1.2となるから，1時間12分かな。
>
> ひとみさん　ウそれは少しちがっているよ。1時間12分以上飛んでいるはずだよ。

1　下線部ア「高度10000mに達するまでに水平方向に進んだ道のり」とあります。**資料1，資料2**をもとに，高度10000mに達するまでの間に水平方向に進んだ道のりが何kmになるか答えなさい。

2　下線部イ「高度10000mで飛んでいる道のり」とあります。**資料1**をもとに，高度10000mを飛んでいた間に水平方向に進んだ道のりは何kmになるか答えなさい。ただし，答えは小数第一位まで表すこととします。

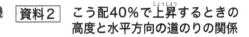

| 資料1 | 仙台空港から福岡空港までの飛行機の高度と水平方向の道のりの関係 | 資料2 | こう配40％で上昇するときの高度と水平方向の道のりの関係 |

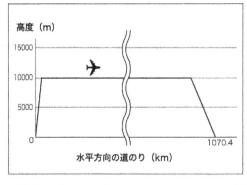

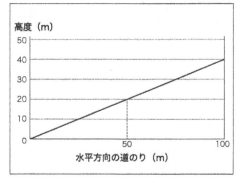

3　下線部ウ「それは少しちがっているよ。1時間12分以上飛んでいるはずだよ。」とあります。ひとみさんがそのように考えた理由を説明しなさい。ただし，飛行機は離陸から着陸まで時速892km

で飛び続けるものとします。

4 ひとみさんは，福岡に住む友達と遊ぶために，サイコロを使った問題を考えることにしました。あとの(1)～(3)の問題に答えなさい。

(1) 向かい合った面の目の和が7となるサイコロ8個を，図1のようにゆかの上に積み上げました。このとき，左と右の方向からサイコロを見たとき，左と右の縦一列の面の目の数は全て1でした。

　　ゆかと接している面とサイコロの面同士が接している面以外の全ての面の目の数の合計が69になるとき，AとBの面の目の数は何と何になりますか。2つの数字を答えなさい。ただし，AとBの順番は考えなくてよいこととします。

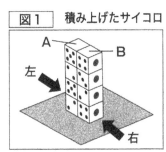

図1　積み上げたサイコロ

(2) ひとみさんは図2のような文字が書いてある展開図から，図3のようなサイコロを作りました。図3のサイコロを左から見たときに，面に書いてある文字を解答用紙に書きなさい。ただし，文字の向きも考えて答えることとします。

図2　サイコロの展開図

(3) ひとみさんは図3のサイコロを使って，図4の手順にそって，10段目までサイコロを積み上げることを考えました。あとの①，②の問題に答えなさい。

① 外から見えている面のうち，E，I，Sが書かれている面の数は全部でいくつあるか答えなさい。

② 外から見ることのできないサイコロは全部で何個あるか答えなさい。

図3　サイコロの完成図

図4　サイコロを積み上げた図

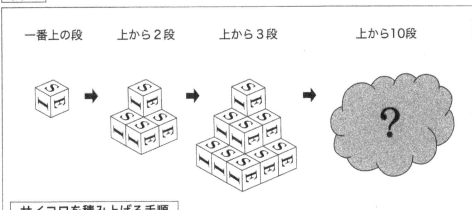

一番上の段　　上から2段　　上から3段　　上から10段

サイコロを積み上げる手順

（あ）一番上の段は1個，上から2段目は4個，上から3段目は9個となるように，サイコロを積み上げる。上からa段目は（a×a）個のサイコロが並ぶ。

（い）一番下の段はゆかと接していて，角をそろえて，サイコロの面が接するように積み上げる。

い記録を出していた。その結果、国の代表という責任も果たすとい
う、ちょっとパラドックスを感じる光景もずいぶん目の当たりにし
た。

（中公新書ラクレ 新装版 『「遊ぶ」が勝ち』 為末大より）

〈注〉 パラドックス…意図に反した結果

【作　文】（四〇分）〈満点：三〇点〉

問　題

◎次の文章は二〇〇〇年に開催されたシドニーオリンピックに陸上の四〇〇mハードルで出場した為末大さんの『「遊ぶ」が勝ち』の一節です。この文章で筆者は「そういう発想は、選手として危ないのではないかと僕は思っていた。」と述べていますが、それはなぜだと思いますか。また、本文を参考に、自分自身の体験を交え、何かにチャレンジする場面で大切にしていきたいと考えることを書きなさい。ただし、文章は四百字以上五百字以内で、三段落構成で書くこととします。

当時は、今とはずいぶん雰囲気が違っていた。

選手が「オリンピックを楽しんできます」と言うことなんて、許してもらえない雰囲気もあった。実際、「楽しんできます」と言った選手に、ものすごい批判が集まったりしていた。

もともと、国なんて背負えるものではないはずだ。

ところがオリンピックに出ると、つい背負わされてしまうのだ。オリンピックとは、そうした雰囲気を漂わせている、怖い場所でもあった。

出場選手へのインタビューでは、決意表明とでも言えるような言葉が求められていた。多くの選手から発せられる「結果を出すべきだ」「良い結果を残さなければ」という言葉を聞くたびに、こっちの心もますます緊張していった。

勝負に負けた時、「申し訳ない」と口にする選手もいた。

公には、そう表明してもいい。裏ではちょこっと舌を出しながら、表でそう語る分には心配はいらないだろう。だが、心の底から結果について「申し訳ない」と思い、謝罪してしまうのは、ちょっと違うのではないかと僕は思っていた。そういう発想は、選手として危ないのではないかと僕は思っていた。

負けた選手だって、子どもの頃は楽しく楽しくてしょうがなかった時代があったはずだ。負けた時は、そういう原点に立ち戻ったほうが、今後の結果はいいものにつながるはずだ。それなのに、真剣に反省をしたり謝罪したりするタイプの選手には、次にスランプが口を開けて待っていたりする。それは、僕自身にもそういう要素があったからこそ見えてくる姿だった。

一方で、オリンピックの選手村ではいろいろな発見があった。

日本選手団の外に出て、外国選手の言葉や雰囲気やノリを見ていると、日本人と外国人のものすごい違いが見えてきた。海外の選手たちには、国を背負っているという悲壮感が少なかった。

むしろ「楽しんでやっている」ように見えた。

その姿は「自分らしくそのまま行きゃいいよ」というノリに近い。もし、本当に苦しくなった時は、天を仰いで祈るだけ。神に自分を預けるような、そんな人もいた。なんともシンプルなのだ。失敗に対しても、ネガティブなイメージがなく「また次にやればいい」みたいな感じだろうか。チャレンジすることに価値がある、という選手も多かった。

「国を背負わない」外国人たちが、結果的にはいきいきと楽しく良

2022 年 度

解 答 と 解 説

《配点は解答欄に掲載してあります。》

＜総合問題Ⅰ解答例＞

1　1　か，い（順不同）

　　2　授業1　う

　　　　授業2　お

　　3　い

2　1　1447（t）

　　2　400（km）

　　3　工場の近くに高速道路のインターチェンジがあり，必要な部品や製造した自動車の輸送が容易である。また，高速道路が仙台港につながっていて，部品や製造した自動車を大量に輸送できる環境にある。

　　4　(1)　う

　　　　(2)　【日本の自動車メーカーの利点】　アメリカでは日本のメーカーの自動車が一番多く販売されているので，現地で生産した方が効率が良い。

　　　　　　【アメリカの利点】　現地で働く人を増やすことができる。

　　5　熱を有効に使うことで，温室や工場を温めるための燃料を減らすことができるので，二酸化炭素の排出量を減らすことができる。

3　1　(1)　1.5（ha）

　　　　(2)　男　5（人）

　　　　　　女　2（人）

　　　　(3)　27.4（束）

　　2　どのように国を治めたか　仏教の力で社会の不安をしずめて国を治めようとした。

　　　　天皇の名前　聖（しょう）武（天皇）

　　3　(1)　28000（人）

　　　　(2)　投票できる人　⦿としこ　⦿まさき　⦿はるこ　⦿まこと　⦿みなみ　かんた

　　　　　　立候補できる人　⦿としこ　⦿まさき　⦿はるこ　⦿まこと　みなみ　かんた

　　　　(3)　・政治に参加する　・自分の意見を政治に反映させる

○配点○

1　1・2　各2点×4　　3　5点

2　1・2・3・4(1)・5　各3点×5　　4(2)　各2点×2

3　1・2・3(1)(3)　各4点×6　　※1(2)は両方できて○

　　3(2)　各2点×2　　計60点

＜総合問題Ⅰ解説＞

重要 ① （英語：リスニング）

1　チャイム後のエマさんとたろうさんの会話の中で，It's your name in Japanese.やCan I wear this now?といった部分から一つ目は，かのエプロンだとわかる。また，エマの The shape is a triangle.という発言やたろうさんのWe usually wear it on our heads in cooking class.という発言から二つ目がいの三角きんだと分かる。

〈放送全文（日本語訳）〉

・英文1

Hi! I'm Emma Smith. I'm fifteen. I live in New Zealand with my family and our friendly dog, Coco. My brother, George and I like soccer. My treasure is this soccer ball. Coco likes this soccer ball, too. How is your school life in Japan? My favorite subjects are Japanese and home economics. I'm making a Japanese kanji T-shirt for summer. I like cooking very much. I want to be a baker. Let's enjoy cooking together. See you next month.

こんにちは。私は，エマ・スミスです。15才です。私は，家族と人なつっこい犬のココと共にニュージーランドに住んでいます。私の弟であるジョージと私は，サッカーが好きです。私の宝物はこのサッカーボールです。ココもこのサッカーボールが好きです。あなたの日本での学校生活はどうですか？私が好きな科目は，国語と家庭科です。私は，夏に向けて日本の漢字のTシャツを作っています。私は料理が大好きです。私は，パン屋さんになりたいです。一緒に料理を楽しみましょう。また，来月。

・英文2

Emma: Hi! Welcome to New Zealand.

Taro: I'm Taro. Nice to meet you. This is for you. Here you are. Please open it now.

Emma: Thank you. Wow! This is so cute! Is this my name?

Taro: It's your name in Japanese.

Emma: Cool! Can I wear this now? Oh? What's this? One more present? The shape is a triangle.

Taro: At school in Japan, we usually wear it on our heads in cooking class. It's popular in Japan. This is for your dream, too.

Emma: You are kind. I'm so happy.

エマ：こんにちは！ようこそニュージーランドへ。

たろう：私はたろうです。はじめまして。これをあなたに。どうぞ。今，それを開けてみてください。

エマ：ありがとうございます。おお！これはとてもかわいい！これは私の名前ですか？

たろう：それがあなたの日本語の名前です。

エマ：かっこいい！今これを着てもいいですか？お？これは何ですか？もう1つプレゼント？この形は三角形ですね。

たろう：日本の学校では，私たちはふだん，料理の授業で私たちの頭にこれをつけます。これは

日本ではいっぱん的です。これは，あなたの夢のためでもあります。

エマ：あなたは優しいですね。私はとても幸せです。

2　授業1　How many legs do butterflies have?という発言やThis is a good microscope.という発言から理科の授業をしていることが分かる。よって，答えは**う**のscience roomとなる。

授業2　What colors do you use?という発言やWe can make many kinds of orange from red and yellow.という発言からorangeが果物のことではなく色のことを意味していることが分かる。よって，美術の授業を行っていると考えられるので，答えは**お**のarts and crafts roomとなる。

〈放送全文（日本語訳）〉

・授業1

Teacher: OK, class. How many legs do butterflies have?

Student: They have six. So butterflies are in the grasshopper group. They all have three body parts.

Teacher: Good job. How about spiders? Are they in the same group, too?

Student: Yes.

Teacher: Really? Let's check their legs. Come here. This is a good microscope. Can you see well?

Student: Yes. One, two, three, four. And four. So eight. Oh, I see. Spiders are in the different group, right?

Teacher: You got it!

先生：はい，みなさん。チョウの足は何本ありますか？

生徒：彼らは6本持っています。だから，チョウはバッタの仲間です。彼らは全て3つの体の部分をもっています。

先生：よくできました。クモはどうでしょう。彼らも同じグループなのでしょうか？

生徒：はい。

先生：本当に？彼らの足を見てみましょう。こっちへ来てください。これはよいけんび鏡です。よく見えますか？

生徒：はい。1，2，3，4。さらに4本。全部で8本。おお，分かりました。クモは異なるグループですね？

先生：その通り！

・授業2

Student: Excuse me, Mr. Brown. I want to use orange. But I don't have it today.

Teacher: Oh, I see. What is your vegetable?

Student: Carrots and tomatoes.

Teacher: Don't worry. OK, everyone. Can you make orange? What colors do you use? Let's try now.

Student: Wow. We can make many kinds of orange from red and yellow. This orange is perfect for my carrots.

生徒：すみません，ブラウン先生。私はオレンジ色が使いたいです。しかし、私は今日持っていません。

先生：おお，わかりました。あなたの野菜は何ですか？

生徒：ニンジンとトマトです。

先生：心配ありません。はい，みなさん。オレンジ色は作れますか？何色を使いますか？今やってみましょう。

生徒：おお。私たちは赤と黄色からさまざまな種類のオレンジ色を作ることができます。このオレンジ色は，私のにんじんにぴったりです。

3　エマさんは初めにピザとサラダを注文し，デザートにプリンを注文した。値段は店員の発言からピザが500円，サラダが250円，プリンが130円であるので合計金額は880円。よって，答えはいとなる。

〈放送全文（日本語訳）〉

Emma: Hello. Do you speak English?

Clerk: Yes. What would you like?

Emma: I'd like pizza and a salad.

Clerk: OK. Pizza is five hundred yen and a salad is two hundred and fifty yen. How about dessert?

Emma: Do you have ice cream?

Clerk: No, but we have a special parfait today.

Emma: How much is the parfait?

Clerk: It's four hundred yen. Do you want the parfait?

Emma: Mmm... No thank you. Do you have pudding?

Clerk: Yes. It's one hundred and thirty yen.

Emma: OK. One pudding, please. How much?

エマ：こんにちは。あなたは英語を話せますか？

店員：はい。何になさいますか？

エマ：ピザとサラダをお願いします。

店員：わかりました。ピザは500円，サラダは250円です。デザートはどうなさいますか？

エマ：アイスクリームありますか？

店員：ありません，しかし，今日は特別なパフェがございます。

エマ：パフェはいくらですか？

店員：それは400円になります。あなたはパフェを頼みますか？

エマ：うーん…結構です。プリンはありますか？

店員：はい。それは130円です。

エマ：わかりました。プリンを１つお願いします。お会計はいくらですか？

重要▶ ② **（社会：資料の読み取り，算数：文字を使った計算）**

1　宮城県の生産量をxtとおく。宮城県の生産量は茨城県の生産量より187t多いので，茨城県の生産量はxを使って$x-187$(t)と表すことができる。茨城県の生産量は静岡県の生産量の４倍であり，長野県の生産量378tは静岡県の生産量の1.2倍である。これを式に表すと，$(x-187)÷4=378÷1.2$となる。これを解くと

$$(x-187)\div4=378\div1.2$$
$$x-187=378\div1.2\times4$$
$$x-187=315\times4$$
$$x=1260+187$$
$$x=1447$$

よって，宮城県の生産量は1447tとなる。

2　国際宇宙ステーションが回っている円の半径を$x$kmとおく。円周が42704kmであるため，式に表すと$2\times x\times3.14=42704$となる。これを解いて$x=6800$となる。この半径は地球の半径をふくんだ長さであるため，地球の表面から国際宇宙ステーションまでの高さを求めると$6800-6400=400$（km）。よって，答えは400kmとなる。

3　図2から工場の地図記号の近くに高速道路や大衡インターチェンジ，仙台港があることが読み取れる。図1や資料から部品や自動車を輸送することが必要であると分かるので，その輸送に近くの高速道路や港を使うことができるという利点があることを解答すればよい。

4　(1)　国外製造台数と輸出台数の間に関連性は見られないため，あといは適切でない。図3から，うは正しいと分かる。図3と図4から一見えは正しいように思えるが，平成25年から26年にかけての製造台数と輸出台数の増減の動きが同じではないため，えは適切でない。図3と図4を比較して，おは適切でない。よって，答えはうのみである。

(2)　【日本の自動車メーカーの利点】　図5からアメリカで販売されている自動車のうち，日本のメーカーのものが最も割合が多いことが読み取れる。そのため，日本で生産し輸出するよりも，アメリカで生産した方が効率が良いということを述べればよい。

【アメリカの利点】　表の従業員数に着目し，アメリカに工場を置けば現地の工場で働く人を増やすことができる点を述べればよい。

5　工場から出る熱を暖ぼうやパプリカのさいばいに使うことでそのために使っていた燃料を節約し，はい出される二酸化炭素の量を減らすことができるという点を述べればよい。

3　（社会：資料の読み取り，奈良時代の歴史，政治　算数：分数の計算，面積）

1　(1)　1段は12aなので，$\frac{38}{3}$段は$12\times\frac{38}{3}=152$（a）と表せる。100a＝1haなので，152aは1.52haとなる。答えは小数第二位を四捨五入して，小数第一位まで表すので，1.5haとなる。

(2)　7人家族のうち，男の人数をxとする。男は2段，女はその$\frac{2}{3}$なので$\frac{4}{3}$段与えられる。これを式に表すと$2\times x+\frac{4}{3}\times(7-x)=\frac{38}{3}$となる。これを解くと

$$2\times x+\frac{4}{3}\times(7-x)=\frac{38}{3}$$
$$2\times x\times3+4\times(7-x)=38$$
$$6\times x-4\times x=38-28$$
$$2\times x=10$$
$$x=5$$

よって，男の人数は5人，女の人数は2人となる。

(3)　10段で1町となるため，$\frac{38}{3}$段は$\frac{38}{3}\div10=\frac{38}{30}$（町）と表せる。田んぼ1町で720束の稲

が収かくできるので，この家族が収かくした稲は$720×\frac{38}{30}=912$（束）となる。このうち

3 ％を税として納めるので，家族が納める稲の合計は$912×0.03=27.36$（束）。答えは小数第二位を四捨五入して小数第一位まで表すので，27.4束となる。

重要

2　表2から，741年に国分寺を建てる命令が出されていることや，743年に大仏を作る命令が天皇から出されていることが分かる。つまり，仏教の力を使って，都で流行した病気や貴族の反乱をしずめようとしていたと考えられるため，それを述べればよい。奈良に大仏を建てるように命令を出した天皇は聖武天皇であるので，エに当てはまる人物は聖武天皇となる。

3 (1)　仙台市の人口のうち，20代の人口の割合は図から読み取れるように12％なので，その人数は$1060000×0.12=127200$（人）である。表3から，20代の選挙の投票率は22％なので，人数を求めると$127200×0.22=27984$（人）となる。答えは上から2けたのがい数で表すので，上から3けた目を四捨五入して，28000人となる。

(2)　選挙に投票できる権利は18さい以上に与えられているため，投票できるのはとしこさん，まさきさん，はるこさん，まことさん，みなみさんの5人である。市長の選挙に立候補できる権利は25さい以上に与えられているため，立候補できるのはとしこさん，まさきさん，はるこさん，まことさんの4人である。

(3)　選挙に参加することで政治に参加したり，自分が支持する立候補者に投票することで自分の意見を政治に反映させたりするというような内容を書けるとよい。

★ワンポイントアドバイス★

英語のリスニングはわからない単語があってもあせらずに落ち着いて聞いて，二回目の放送で自分の考えている答えがあっているか確認できるとよい。算数は問題文が複雑なものがあるが，計算自体はそこまで難しい内容ではない。単位や四捨五入に気をつけて，落ち着いて計算することが大切である。表やグラフなどの資料は，見た目にだまされることなく正確に読み取り，それについて説明したり，理由を考えたりする力が求められる。

＜総合問題Ⅱ解答例＞

1　1 (1)　1.35（秒）
(2)　4（倍）
(3)　45（m）
(4)　2.25（秒）
2 (1)　1.32（g）
(2)　あ，え（順不同）
(3)　メタンガスは空気よりも軽いので都市ガス用は高い位置に，プロパンガスは空気より重いので，プロパンガス用は低い位置に検知器を設置する。

2　1 (1)　ポリエチレンのふくろには水が入っていて，（沸騰）ふっとうしても（耐）たい熱温度の100℃をこえないので，穴があかない。
(2)　12（g）

2 (1)

(2) 記号　あ
　　理由　外から新しい空気が入ってこないので，ランタンの中の物が燃え続けるの
　　　　　に必要な酸素が少なくなったため

(3) 気体　二酸化炭素
　　記号　え

③　1　25(km)

2　945.4(km)

3　上昇や下降するときに必要な道のりが加わるから，飛行機が進む道のりは1070.4km
　　より長くなる。

4　(1)　2 (と) 3 (順不同)

(2)

(3)　①　210(面)　　②　204(個)

○配点○
① 1(1)　2点　　　1(2)(4)・2(1)(2)(3)　各3点×5　　1(3)　4点
② 1(1)(2)・2(1)　各3点×3　　　2(3)　完答3点　　2(2)　完答4点
③ 1・2・3・4(2)(3)①　各3点×5　　　4(1)(3)②　各4点×2　　　計60点

＜総合問題Ⅱ解説＞

① （理科：ふりこのきまり，気体の重さ）

1 (1)　表1より，AさんとGさんの結果を比べると，ふれはばを変えても1往復する時間は変
　　化しないことが分かる。また，DさんとFさんの結果を比べると，おもりの重さを変えて
　　も1往復する時間は変化しないことも分かる。よって，1往復する時間にはふりこの長さ
　　のみが関わっている。ここで，BさんとEさんの結果より，ふりこの長さが同じであるた
　　め，1往復する時間も同じである。よって，Bさんのふりこが1往復する時間は1.35秒で
　　ある。

(2)　ふりこの長さが4倍になると，1往復する時間は2倍，ふりこの長さが9倍になると時
　　間は3倍になることから，ふりこの長さと1往復する時間にあるきまりを考える。4＝2×
　　2，9＝3×3であるため，1往復する時間が○倍になると，ふりこの長さは○×○倍になる
　　というきまりがあることが分かる。よって，16＝4×4より，ふりこの長さが16倍になる
　　と，1往復する時間は4倍になる。

(3)　表1ときまりを用いて，答えを計算する。Eさんの結果に着目すると，日本で一番大き
　　なふりこの1往復する時間は，Eさんのふりこの13.5÷1.35＝10(倍)である。ふりこの長

さと１往復する時間のきまりより，日本で一番大きなふりこの長さは，Ｅさんのふりこの長さの10×10＝100（倍）であることがわかるので，答えは，45×100＝4500cm＝45m。

(4)　この変わったふりこは，Ａ側を長さ180cmのふりこ，Ｂ側を長さ180−100＝80（cm）のふりことして考えることができる。**表１**より，長さ180cmのふりこの１往復する時間は2.70秒，長さ80cmのふりこの１往復する時間は1.80秒。それぞれ，変わったふりこでは，１往復の半分しか動かないので，変わったふりこの１往復する時間は2.70÷2＋1.80÷2＝2.25（秒）。

2　(1)　実験の**操作③**でビーカーのめもりの500mLまで酸素を入れていることから，**操作①**での酸素ボンベの重さと**操作④**での酸素ボンベの重さの差は，酸素500mLの重さと等しい。**資料２**より，酸素500mLの重さは243.28−242.62＝0.66（g）。酸素1（L）＝1000（mL）の重さは，0.66×（1000÷500）＝1.32（g）。

(2)　**操作①**と**操作③**に注目して考える。酸素の重さは**操作①**で測った酸素ボンベの重さから**操作④**で測った酸素ボンベの重さをひいて出したものなので，**操作①**で大きな数値を記録すると酸素の重さは実際よりも重くなる。また**操作③**について，500mLよりたくさん入れてしまうと，500mLより多い量の酸素の重さを500mLのものだとしてしまうので，このときも実際より重くなる。よって，答えは**あ，え**である。

(3)　**表２**において，都市ガス（メタンガス）は空気よりも軽いこと，プロパンガスは空気よりも重いことに着目する。空気より軽い気体は上に行き，空気より重い気体は下に行くことに着目する。

基本 ② 　（理科：水の温度，月の満ち欠け，気体の性質）

1　(1)　ポリエチレンのふくろの中に水が入っていること，**表１**にふくろのたい熱温度が100度であると書かれていることに着目する。ふくろに穴が開かないということは，火をかけても，温度がたい熱温度より低いということである。

(2)　**図２**のグラフより，氷の温度を−15℃以下にするためには，氷100gあたり16gの食塩が必要なことがわかる。**資料**より，使った氷は300gであるため，必要な食塩は16×3＝48（g）である。使った食塩は36gであったため，食塩はあと48−36＝12（g）必要だったということになる。

2　(1)　**図３，表２**より，あきらさんが月をみた日である８月16日の月は，新月と満月のちょうどまん中の時期の月であるため，上弦の月となる。また，上弦の月は，昼に東の空にのぼり，夕方ころに南中し，真夜中に西の空からしずむ。あきらさんの言葉より，時間帯は夕方であるため，図には南中している上弦の月をかく。

(2)　火が燃え続けるためには，外から新しい空気が入ることが必要。よって，新しい空気の入らないランタンが，火が消えてしまうものである。

(3)　ろうそくが燃えると，酸素が使われて減り，二酸化炭素が増える。したがって，選たくしから二酸化炭素の説明ではないものを選ぶ。二酸化炭素は空気より重く，水にとけやすい気体で，特ちょうとしては，石灰水を白くにごらせること，温室効果ガスであることなどがあげられる。よって，**い，う**は二酸化炭素を示す。また，植物が日光に当たると多く採り入れる気体は，光合成に必要な気体であるため，**あ**は二酸化酸素を示す。心臓から全身に流れる前の血液中は，養分や肺から取り入れた酸素をふくんでいるため，**え**は酸素を示す。

<u>3</u>　（算数：道のりの計算，面積の求め方，三角形の成立条件）

1　**資料2**より，こう配40％のとき，飛行機は高度40mにつき，水平方向に100m進むことがわかる。よって，飛行機は高度を10000mあげると，水平方向に $10000 \div 40 \times 100 = 25000$ （m）＝25（km）進む。

2　着陸のときに水平方向に進む道のりは，こう配が10％であるため，上昇<ruby>上昇<rt>じょうしょう</rt></ruby>のときの $40 \div 10 = 4$ （倍）になる。よって，(1)の答えより，$25 \times 4 = 100$（km）。したがって，水平方向の道のりは全部で1070.4kmであるため，高度10000mで飛んでいる道のりは，上昇したときと下降したときに水平方向に進んだ道のりをひいて，$1070.4 - 25 - 100 = 945.4$（km）となる。

3　1070.4kmはあくまで水平方向の道のりであり，飛行機が実際に進んだきょりではないことに気をつける。**資料1**のグラフの線の長さが実際に進んだきょりである。

4　(1)　左と右の面の目の数は全て1であることから，左と右の列の数の合計は $1 \times 8 = 8$。また，サイコロでは向かい合った面の和が7になるため，正面と裏側の列の数の合計は $7 \times 8 = 56$。よって，左，右，正面，裏の列の数の合計は $8 + 56 = 64$ となる。ゆかと接している面とサイコロの面同士が接している面以外の全ての面の目の数が69であることから，AとBの面の数の和は，$69 - 64 = 5$。よって，AとBの組み合わせは1と4，2と3（順不同）の2通りが考えられる。しかし，Bの面のあるサイコロはすでに1と4の面が見えているため，1と4の組み合わせはありえない。よって，AとBの面の数は2と3になる。

(2)　頭の中でサイコロを組み立てて考える。頭の中で考えるのが難しい場合は，問題用紙を回転させたり，自分で図をかいてみるといい。**図3**より，左側から見える面はEと向かい合った面であるため，書かれている文字は展開図よりRである。文字の向きは，面の左側が文字の下側になるような向きである。

(3)　①　上から10段積み上げたときの，上からの図はたてに10個，横に10個のサイコロが並んだ正方形の形となる。全てのサイコロでSは上側にあるため，外から見えているSの数は上からの図で見えている数と同じである。よって，$10 \times 10 = 100$（個）。Eについて，横から見た図を考えると，右の図のように階段の形にサイコロが並べられる。一番下の段が10個で，1つ段が

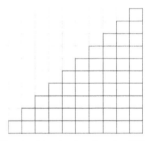

上がると1つサイコロが減るため，全部で $10 + 9 + 8 + 7 + 6 + 5 + 4 + 3 + 2 + 1 = 55$（個）。また，Iも右の図を反転させた階段の形にサイコロが並べられるため，Iの数も同様に55個であると分かる。よって，EとIが外から見えている数はそれぞれ55個であるため，E，I，Sが書かれている面の数は全部で $100 + 55 + 55 = 210$（個）。

② 上から a 段目について考える。外から見ることができるのは，正方形に並んでいるサイコロのうち，一番外側のサイコロのみである。一番外側にあるサイコロの数は上から 1 段目は 1 個，それより下の段は $(a-1)\times4$ によって求められる。a 段目のサイコロの数と見えているサイコロ，見えていないサイコロの数をまとめると表のようになる。よって，外から見ることのできないサイコロは全部で，$0+0+1+4+9+16+25+36+49+64=204$（個）。

上から a 段目	サイコロの数	見えているサイコロ	見えていないサイコロ
1	1	1	0
2	4	4	0
3	9	8	1
4	16	12	4
5	25	16	9
6	36	20	16
7	49	24	25
8	64	28	36
9	81	32	49
10	100	36	64

★ワンポイントアドバイス★

どの問題でも表や図，グラフから，きちんと情報を読みとる力が大切となってくる。また，規則性を見つける問題も多いため，条件などを整理して考えよう。理科では，気体の性質や月の満ち欠けなど，知識も問われる。算数では，サイコロなどの立体を空間的にとらえる必要がある。

＜作文解答例＞ 《学校からの解答例の発表はありません。》

　筆者は，オリンピック選手が勝負に負けた時，心から謝罪するという発想は，スポーツを楽しむという原点から離れており危ない発想だと考えている。責任に負い目を感じすぎないほうが，かえって良い結果が出せるのではないかと筆者は主張している。

　去年，私は以前からやりたいと思っていた放送委員になることができた。しかし，自分の放送が全校の時間を左右するという緊張から，原こうを読むときにかんだり，早口になったりしてしまった。放送委員の仕事に責任ばかり感じてしまい，うまくやらなければと思うほど，失敗してしまうことがとても苦しかった。

　本文を読んで，当時の私は本文内の日本人選手たちのように，責任感を強く持ちすぎてしまい，活動を楽しめなかったのだと気づいた。今後何かにチャレンジするときは，責任に負い目を感じすぎず，自分らしく楽しむことを大切にしたい。そうすれば，「国を背負わない外国人選手」たちのように，結果的に良い成果を出せるのではないだろうか。

○配点○
30点

＜作文問題解説＞

重要 （作文：条件作文）

　　筆者の考えの理由をまとめ，本文を参考に，自分自身の体験を交えながら自分の意見を書く作文である。三段落構成にするよう指示があるため，①筆者の考えの理由，②自分自身の体験，③自分の意見，という構成だと書きやすい。一段落目に書いた筆者の考えと関連づけて書くことができる自分の経験を探し，指定の字数内で順序立ててまとめるとよい。

　　自分が何かにチャレンジする場面で大切にしていきたいことを問われているので，本文や自分の経験から，何を大切にしたいと考えたかを必ず明記する。

── ★ワンポイントアドバイス★ ──

字数制限や段落指定がある文章を書くときには，いきなり原稿用紙に書き始めるのではなく，書きたいことをかじょう書きにして整理してから取り組むと良い。

大切なことはメモしておこうネ!

2021年度
★★★★★★★★★★★★★★★★★★★★★

入 試 問 題

2021
年度

2021年度

市立仙台青陵中等教育学校入試問題

【総合問題Ⅰ】 （40分）　＜満点：60点＞

1　かおりさんは，夏休みにＡ市に住むおばさんの家に遊びに行き，いとこのたけしさんと話をしています。
　　次の１～３の問題に答えなさい。

たけしさん	今日も暑いよね。
かおりさん	本当だね。私(わたし)の住んでいる仙台市も，真夏日が続いていたわ。私は，ア真夏日の日数と年間最高気温に関わりがあると思って調べてみたの。私がまとめたグラフを見て。
たけしさん	うーん，でも，ィこの２つのグラフには，関わりがあるとは言えないかな。もう少しちがう考え方で調べてみたら。
かおりさん	そうだね。ほかにもいろいろと調べてみるね。そういえば，たけしさんは暑い中，毎日ランニングしているって聞いたよ。私も自転車を借りて走ってみようかな。よかったらゥ走るコースを教えて。
たけしさん	いいよ。あとでコースを教えるね。ェ走るコースは，毎日同じで10kmなんだ。
かおりさん	暑い日は，水分補給(ほきゅう)などじゅうぶんに気をつけて走ってね。

1　下線部ア「真夏日の日数」とあります。**資料１**をもとに，あとの(1)～(3)の問題に答えなさい。

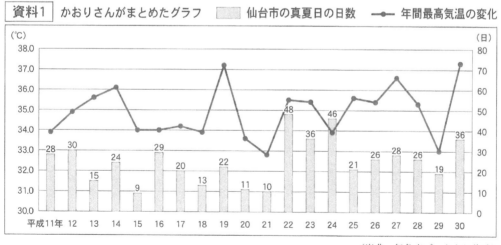

資料1　かおりさんがまとめたグラフ　□ 仙台市の真夏日の日数　●─ 年間最高気温の変化

（出典　気象庁データより作成）

(1)　平成11年から10年間の真夏日の日数の平均を答えなさい。ただし，答えは小数第一位まで表すこととします。

(2)　平成21年から10年間の真夏日の日数の合計は，平成11年から10年間の真夏日の日数の合計と比

べると，何倍に増えているか答えなさい。ただし，答えは小数第二位を四捨五入して，小数第一位まで表すこととします。

(3) 下線部**イ**「この２つのグラフには，関わりがあるとは言えない」とあります。たけしさんがそのように考えた理由を，次の**語句**を使って説明しなさい。ただし，**語句**はどちらも使うこととします。

　　　語句　　真夏日の日数　　年間最高気温

2　下線部**ウ**「走るコースを教えて」とあります。かおりさんは，たけしさんから走るコースの説明を聞きました。**資料２**は，その説明の一部です。**資料２**をもとに，**見本**を参考にして，たけしさんが走るコースの一部を解答用紙の図に記入しなさい。ただし，コースは①～⑦の順番で走ることとします。

　資料２　　たけしさんが走るコースの一部の説明

> ①　分かれ道を右側に進み，小学校を通過したら，交差点を左折する。
> ②　そのまま直進して病院を通過したら，交差点を左折する。
> ③　老人ホームを通過したら，交差点を右折してそのまま直進する。
> ④　鉄道の下の道を通ったら，交差点を右折する。
> ⑤　裁判所を通過したら，交差点を右折する。
> ⑥　鉄道の高か橋をわたり，市役所を通過したら，交差点を左折する。
> ⑦　あとはしばらくまっすぐ北に進む。

　図　　Ａ市の市街地の地図

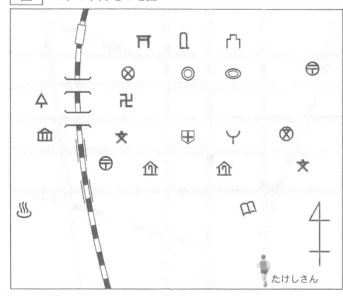

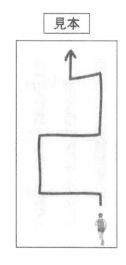

見本

3　下線部**エ**「走るコースは，毎日同じで10㎞」とあります。たけしさんは，毎朝６時に自宅を出発し，50分後に自宅にもどってきます。あとの(1)，(2)の問題に答えなさい。

(1) かおりさんは，たけしさんに飲み物を届けようと，６時35分にたけしさんの自宅を自転車で出発しました。教えられたコースを逆に進むと，９分後にたけしさんと会いました。このとき，か

おりさんが自転車で走った道のりは何mになるか答えなさい。ただし，たけしさんとかおりさんがそれぞれ走る速さは一定で，信号で止まる時間は考えないものとします。

(2) 別の日，たけしさんはいつものように自宅を出発したところ，コースのと中で友だちと出会いました。5分間立ち止まって話をしたあと，二人で話をしながら1分間に40mの速さで500m歩いたところで友だちと別れ，そこからいつもと同じ速さで走りました。たけしさんが自宅にもどってきた時刻（じこく）は何時何分になるか答えなさい。ただし，たけしさんが走る速さは一定で，信号で止まる時間は考えないものとします。

2 ゆうたさんとなおみさんのクラスでは，社会の授業で「日本の国土や都道府県について調べよう」という課題に取り組んでいます。
次の1～4の問題に答えなさい。

ゆうたさん	ぼくは，父の仕事の関係で，出身地から仙台市に引っこしてきたんだけど，都道府県の移動人口がどうなっているか知りたくて，調べたことをまとめてみたよ。ちなみに，ぼくの出身地から宮城県に移動した人の数と，宮城県からぼくの出身地に移動した人の数の差を調べたら，ァ20人以下だったよ。
なおみさん	そうなんだ。私も気づいたんだけど，東京都には，ィ他の都道府県にはない特ちょうがあるみたいね。
ゆうたさん	よく気づいたね。
なおみさん	それと，ゥ都道府県の特ちょうについて，私もまとめてみたよ。
ゆうたさん	よし，じゃあぼくは，ェ日本の国土についても調べてみるよ。

1 下線部ア「20人以下だった」とあります。ゆうたさんの出身地を，表1の都道府県から1つ選び，A～Dの記号で答えなさい。

2 下線部イ「他の都道府県にはない特ちょう」とあります。表1をもとに，東京都の移動人口の特ちょうについて説明しなさい。

表1 ゆうたさんがまとめた移動人口（平成27年度）

転出前の都道府県	転入後の都道府県					
	宮城県	東京都	A	B	C	D
宮城県	—	20078	5750	965	478	228
東京都	17095	—	6523	11506	4717	4438
A	10324	8834	—	388	304	180
B	1047	13169	306	—	505	1744
C	493	6147	207	574	—	274
D	264	5167	154	2300	275	—

（単位：人）

（出典　総務省統計局「平成27年国勢調査」より作成）

3 下線部ウ「都道府県の特ちょう」とあります。ゆうたさんが調べた表1のA～Dの都道府県の特ちょうについて，なおみさんが次のページの表2にまとめました。表2の空らんにあてはまるものを，語群からそれぞれ1つずつ選び，あ～えの記号で答えなさい。ただし，同じ記号を2回以上使ってもかまいません。

表2 なおみさんがまとめた都道府県の特ちょう

	都道府県名	地図	土地の特色や産業	土地の文化・歴史など
A	あ			
B		え		
C			あ	
D				あ

語群 表に入る語句や説明

都道府県名

あ 青森県（あおもり） い 岐阜県（ぎふ） う 広島県（ひろしま） え 長崎県（ながさき）

地図

あ    い    う    え

土地の特色や産業

あ 海や川よりも低い土地で、堤防（ていぼう）に囲まれた輪中（わじゅう）と呼ばれる地域での農業がさかん。

い 養しょく漁業やさいばい漁業などの「つくり育てる漁業」とりんごさいばいがさかん。

う カキの養しょくや、海に面した地域での自動車、造船、鉄鋼（てっこう）などの工業がさかん。

え 大陸だなが広がり、魚の種類が豊富で、近海での沖合漁業（おきあい）がさかん。

土地の文化・歴史など

あ 南蛮貿易（なんばん）が行われた。鎖国（さこく）のころに外国との貿易が許された出島（でじま）がある。

い 日本三景の１つとして知られる「安芸の宮島」（あき みやじま）には、厳島神社がある。

う 白川村（しらかわ）の集落は世界遺産（いさん）としても有名である。

え 縄文時代（じょうもん）の三内丸山遺跡（さんないまるやまいせき）がある。

4 下線部エ「日本の国土」とあります。表3をもとに、あとの(1)、(2)の問題に答えなさい。

(1) 日本の海岸線の長さが、他の国々と比べて長い理由について説明しなさい。ただし、説明には、日本の国土の特ちょうを２つ以上入れて答えることとします。

(2) 図のように 日本の国土の面積を 10㎝×10㎝ の正方形で表したとき、日本の森林面積は、□ ㎝×□ ㎝ほどになります。表3の日本の国土に対する森林の割合（わりあい）をもとに □ に入る数字を答えなさい。ただし、□ には同じ数字が入ることとし、答えは小数第一位まで表すこととします。

表3 ゆうたさんがまとめた国土の特ちょう

国名	国土の面積（万㎢）	海岸線の長さ（km）	国土に対する森林の割合（%）
日本	37.8	35307	68.5
アメリカ	962.9	19924	33.9
中国	960.0	14500	22.4
ブラジル	851.5	7491	58.9

（出典 国土交通省ホームページより作成）

図 国土に対する森林の割合

国土面積 10 cm × 10 cm

森林面積
□cm × □cmほど

③　小学校6年生のまりなさんとたくみさんのクラスでは，「わたしたちの生活と政治」について学習しています。

次の1〜3の問題に答えなさい。

> まりなさん　令和元年の10月に消費税が10％になったね。
> たくみさん　うん。ア平成元年に3％だった消費税率は，30年後に10％になったんだ。
> まりなさん　私たちも買い物をすると消費税をはらっていることになるんだ。
> たくみさん　そうだね。ところで，国の収入は，消費税だけではなくて，イいろいろな税金があることを授業で習ったね。
> まりなさん　うん。それに国の収入の約3分の1は借金だというのも心配だなあ。
> たくみさん　収入に借金が多いということは，そのぶん借金を返すための支出が必要になるということだもんね。ウ国の予算がどのように使われるのかも気になるね。
> まりなさん　そうだね。支出で最も多いのは，医療や健康診断などの社会保障の費用だね。次に借金を返したり利子をはらったりするための費用で，少ないのは，道路の整備や教育にあてる費用みたいだよ。
> たくみさん　そうか。ぼくたちがじゅうぶんに学べなくなったら困るなあ。
> まりなさん　私が調べた資料によると，社会保障や借金を返したり利子をはらったりする費用，それに都道府県や市区町村の財政をおぎなうための費用を合わせると，支出の約7割だって。
> たくみさん　国の税金の集められ方や使われ方は，国民の代表である国会議員が国会で話し合って決められるから，生活と政治のつながりに関心を持つことが大事だね。

1　下線部ア「平成元年に3％だった消費税率は，30年後に10％になった」とあります。まりなさんは，年代別の人口の割合の変化と消費税率の変化について調べました。資料1，資料2をもとに，消費税率が上がった理由を説明しなさい。ただし，資料1では，15〜64才を「働く人」とし，65才以上を「高れい者」とします。

資料1　年代別人口の割合と消費税率の変化

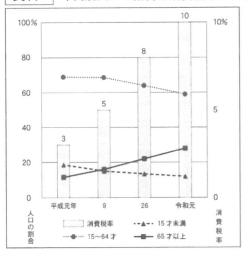

資料2　税金の種類

消費税	物を買ったときにかかる税金。
所得税	働く人の収入にかかる税金。
法人税	会社のもうけにかかる税金。

（出典　総務省「平成28年度情報通信白書」より作成）

2 　下線部イ「いろいろな税金がある」とあります。**資料3**をもとに，国の収入にしめる税金は何兆
　何億円か答えなさい。ただし，答えは四捨五入して，上から6けたのがい数で答えなさい。

資料3 国の収入（平成29年度）

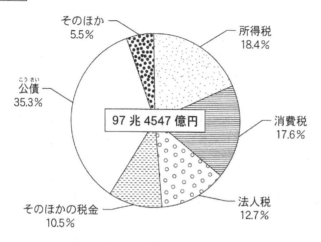

［注］公債とは，国や地方公共団体の借金のこと

（出典　財務省「平成29年度日本の財政関係資料」より作成）

3 　下線部ウ「国の予算がどのように使われるのか」とあります。**資料4**のグラフのA～Dにあては
　まるものを，次からそれぞれ1つずつ選び，①～④の番号で答えなさい。
　　① 　国の借金を返したり利子をはらったりする　　② 　私たちの健康や生活を守る
　　③ 　教育や科学技術をさかんにする　　　　　　　④ 　都道府県や市区町村の財政をおぎなう

資料4 国の支出（平成29年度）

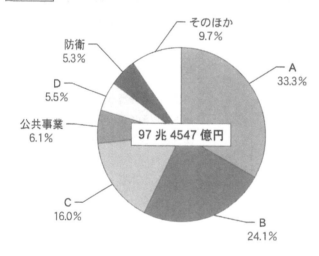

（出典　財務省「平成29年度日本の財政関係資料」より作成）

【総合問題Ⅱ】 （40分）　＜満点：60点＞

1 えみこさんとたくやさんは，学校行事の農業体験活動に参加するために山形県にある農場に行きました。

次の1〜3の問題に答えなさい。

えみこさん	広い畑ね。いろいろな野菜が植えてあるよ。花も咲いている。花の周りには，アゲハチョウが飛んでいるよ。
たくやさん	本当だ。自然豊かな場所だから，ほかにも<u>ァいろいろなこん虫</u>がいるかもしれないね。
えみこさん	どんなこん虫がいるかな。探しながら畑を観察しようよ。
たくやさん	そうだね。ぼくは絵が得意だから，見つけたこん虫をスケッチするよ。あとで，えみこさんが見つけたこん虫を教えて。
えみこさん	わかった。あっ見て。これから植える**野菜のなえ**をよく見ると，どの葉も重ならないように生えているわ。
先　　生	どの葉にも日光が当たるように生えているんだよ。ヨウ素液を使った実験で学んだように，<u>ィ葉に日光が当たると，</u>　□　が作られるからね。でも，それだけではないんだよ。学校にもどってから日光と植物のはたらきを調べる実験をしてみましょう。

野菜のなえ

1 下線部ア「いろいろなこん虫」とあります。たくやさんは，スケッチしたこん虫を，育ち方に注目して図1のようにAとBに分けました。えみこさんが見つけた図2のセミは，図1のA，Bどちらに入りますか。記号で答えた上で，その理由も合わせて答えなさい。

図1　たくやさんがスケッチしたこん虫

A		B	
カブトムシ	アゲハチョウ	トンボ	バッタ

図2　セミ

2 下線部イ「葉に日光が当たると，□が作られる」とあります。□にあてはまる言葉を答えなさい。

3 えみこさんとたくやさんは，学校にもどって日光と植物のはたらきを調べる実験をしました。あとの(1)〜(4)の問題に答えなさい。

【手順】
① 植物にしぼませたポリエチレンのふくろをかぶせ，ふくろの口の部分をひもでとめる。次にふくろにあなを開け，ストローを使って<u>ゥ息をふきこ</u>み，その空気を4〜5回吸ったりはいたりした後，ふくろをふくらませた状態でストローをぬいてあなをふさぐ。

② ふくろの中の空気について，気体検知管で酸素と二酸化炭素それぞれの体積の割合を調べる。

③ １時間ぐらい日光に当てる。

④ ふくろの中の空気について，気体検知管で酸素と二酸化炭素それぞれの体積の割合を調べる。

⑤ 図３のように箱をかぶせて，次の日まで暗い場所に置いておく。

⑥ ふくろの中の空気について，気体検知管で酸素と二酸化炭素それぞれの体積の割合を調べる。

図3

← 箱

(1) 下線部ウ「息をふきこみ，その空気を４～５回吸ったりはいたりした」とあります。この手順を行うと，ふくろの中の空気はどのように変化するか答えなさい。

(2) たくやさんは実験の結果を表にまとめました。**手順②の結果から手順④の結果に変化した理由を説明しなさい。**

表	気体検知管を使って体積の割合を調べた結果	
	酸素	二酸化炭素
手順②の結果	16％ぐらい	5％ぐらい
手順④の結果	18％ぐらい	3％ぐらい

(3) **表の手順④の結果で，酸素の体積の割合を「18％」と読んでいる気体検知管はどれですか。**次から１つ選び，**ア～エ**の記号で答えなさい。

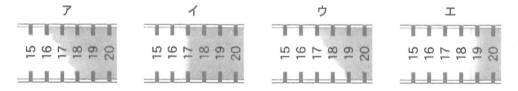

(4) **手順⑥の結果は，手順④の結果と比べてどのように変化しますか。**次の**ア～オ**から１つ選び，記号で答えた上で，その理由も合わせて答えなさい。

ア 酸素の体積の割合は増え，二酸化炭素の体積の割合は減った。

イ 酸素の体積の割合は減り，二酸化炭素の体積の割合は増えた。

ウ 酸素の体積の割合も，二酸化炭素の体積の割合も増えた。

エ 酸素の体積の割合も，二酸化炭素の体積の割合も減った。

オ 酸素の体積の割合も，二酸化炭素の体積の割合も変わらない。

2 みどりさんとまゆみさんのクラスは，リサイクル施設の見学に行きました。見学のあと学校にもどり，２つの班に分かれてそれぞれテーマを決め，見学のまとめを作成しています。

次の１，２の問題に答えなさい。

1 みどりさんの班は，物の体積と重さを調べることにしました。次の会話文を読んで，あとの(1)，(2)の問題に答えなさい。

みどりさん　リサイクル施設には，いろいろな物が運びこまれていたね。

まもるさん　空きかん，空きビン，新聞紙やペットボトルなどがあったよ。作業員の方は，物

　によって重さが全然ちがうって教えてくれたよね。

みどりさん　そうだったね。私たちの班は物によってどのようなちがいがあるのか，身近な物で具体的に調べてみようよ。

(1)　みどりさんの班は，表の①～④の体積と重さを量りました。①～④の体積を同じにしたとき，2番目に重い物を1つ選び，番号で答えなさい。

表	みどりさんの班が調べた物の体積と重さ		
調べた物	体積(cm³)	重さ(g)
① アルミニウム	8	21.6
② ポリエチレンテレフタレート	62	86.8
③ 鉄(スチール)	2	15.8
④ ガラス	105	262.5

[注] ポリエチレンテレフタレートとは，ペットボトルの原材料のこと

(2)　みどりさんが理科室で見つけた物を量ると，体積が13cm³，重さが35.1gでした。みどりさんが見つけた物と同じ物を，表から1つ選び，①～④の番号で答えなさい。

2　まゆみさんの班は，磁石の性質について調べることにしました。次の会話文を読んで，あとの(1)，(2)の問題に答えなさい。

まゆみさん　リサイクル施設では，アルミかんとスチールかんを選別する機械があったけど，どうやって分けているのかな。

じゅんさん　リサイクル施設のパンフレットによると，磁石が使われているみたいだよ。

まゆみさん　じゃあ，磁石の性質についてくわしく調べてみましょうよ。

(1)　リサイクル施設のパンフレットにのっていた図1を見て，機械がアルミかんとスチールかんを選別できるしくみについて説明しなさい。

図1　空きかんを選別する機械の断面図

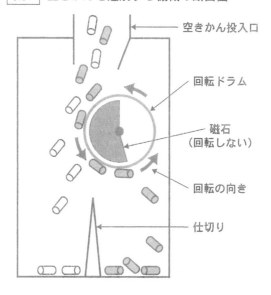

(2) まゆみさんの班は，図2のような手順で実験を行いました。手順3の結果，方位磁針A，Bの針はどのような向きになりますか。あてはまるものを，図3からそれぞれ1つずつ選び，ア～エの記号で答えた上で，その理由も合わせて答えなさい。なお，同じ記号を使ってもかまいません。また，図2，図3はすべて真上から見たものとします。

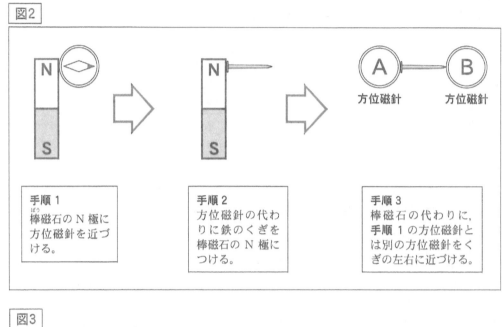

図2

手順1
棒磁石のN極に方位磁針を近づける。

手順2
方位磁針の代わりに鉄のくぎを棒磁石のN極につける。

手順3
棒磁石の代わりに，手順1の方位磁針とは別の方位磁針をくぎの左右に近づける。

図3

ア　イ　ウ　エ

3 さとしさんとみちこさんは，それぞれが考えた算数の問題を，冊子にまとめようとしています。使用するA3用紙は，A4用紙を2枚並べた大きさです。

次の1，2の問題に答えなさい。

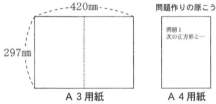

1 さとしさんとみちこさんが，説明書を見て冊子の作り方について話をしています。あとの(1)，(2)の問題に答えなさい。

説明書 【例】A3用紙を3枚使ってA4用紙サイズの冊子を作るとき

① A4用紙に書いた原こう12枚を，12ページと1ページ，2ページと11ページ…となるように並べ，A3用紙3枚の表と裏に印刷する。

② 印刷したA3用紙を3枚重ねて2つに折る。折り目を左側にすると，表の面が1ページになる。

③ 矢印の向きに開くと，左側が2ページ，右側が3ページ，順に4ページ，5ページ…，

となる12ページの冊子ができあがる。

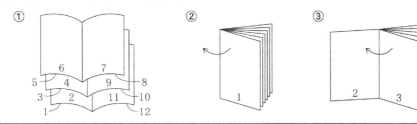

みちこさん　Ａ３用紙を５枚使うと，[あ]ページ分の冊子になるね。

さとしさん　そのときは，４ページと[い]ページを並べて印刷しないといけないね。

みちこさん　今のところ，原こうは25ページ分だから，Ａ３用紙は少なくとも[う]枚必要になるよね。でも，何も印刷されない白紙のページが[え]ページ分できてしまうから，白紙のページを少なくできないかしら。

さとしさん　図1のようにＡ３用紙１枚のかわりにＡ４用紙１枚を冊子の真ん中にはさむと白紙のページを減らすことができるよ。

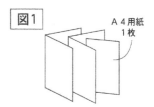

みちこさん　そうか。そうすると，この場合は白紙のページは１ページ分だけですむね。

(1) [あ]～[え]にあてはまる数を答えなさい。

(2) ２人が用意した問題の原こうは34ページ分になりました。なるべく白紙のページを作らずに140人分の冊子を作るためには，Ａ３用紙とＡ４用紙はそれぞれ何枚必要になるか答えなさい。ただし，Ａ４用紙を使う場合は，冊子１冊あたり１枚のみを使うこととし，原こうに使ったＡ４用紙はふくまないものとします。

2　さとしさんとみちこさんが，それぞれ考えた算数の問題について話をしています。あとの(1)，(2)の問題に答えなさい。

みちこさん　私は，ア正方形と円の間の面積を求める問題を考えたわ。面積を求めるにはちょっとした工夫が必要なの。

さとしさん　ぼくは，イ三本の棒で三角形を作る問題を考えているんだ。2cm，3cm，4cmの棒を使うと三角形が作れるけど，2cm，3cm，6cmの棒では三角形が作れないんだよね。

みちこさん　どうしてかな。三角形が作れるときには，ウ棒の長さに決まりがあるのかしら。

(1) 下線部ア「正方形と円の間の面積を求める問題」とあります。図2のように１辺が４cmの正方形ABCDの内部に中心がOである半径２cmの円があり，辺AB，BC，CD，DAのそれぞれの真ん中の点を通っています。また，円の内部には正方形EFGHがあり，正方形の各頂点は円の周上にあります。あとの①，②の問題に答えなさい。ただし，円周率は3.14とします。

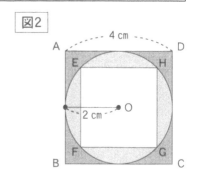

① 正方形ABCDと円の間の[ ]の部分の面積を求めな

さい。ただし，答えは小数第二位まで表すこととします。

② ①で求めた ▩ の部分の面積を㋐，円と正方形EFGHの間の ▩ の部分の面積を㋑とするとき，㋐と㋑ではどちらの方が何cm²大きいか答えなさい。ただし，答えは小数第二位まで表すこととします。

(2) 下線部イ「三本の棒で三角形を作る問題」とあります。2 cm，3 cm，4 cm，6 cm，8 cmの棒が1本ずつあり，その5本の棒の中から3本の棒を使って，三角形を作るとき，あとの①，②の問題に答えなさい。

① さとしさんは，2 cm，3 cm，4 cmの棒を使って図3の三角形を作りました。このほかに，三角形を作れる3本の棒の長さの組を2つ答えなさい。ただし，棒は，はしとはしをくっつけることとし，太さは考えないものとします。

図3

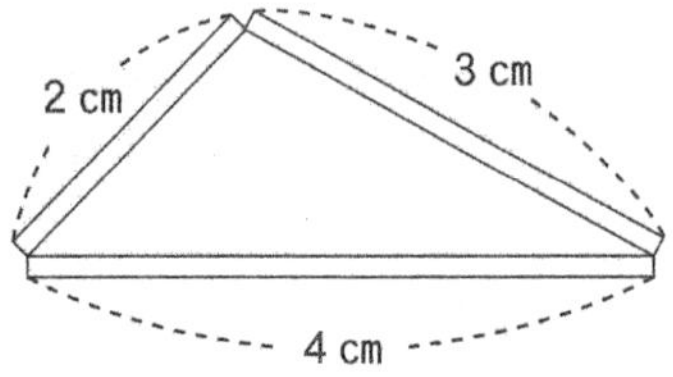

2 cm　3 cm

4 cm

② 下線部ウ「棒の長さに決まり」とあります。3本の棒で三角形が作れるときの，3本の棒の関係について，次の □ にあてはまる言葉を答えなさい。ただし，□ には同じ言葉が入ります。

　最も長い棒の長さと，□ の長さを比べたとき，□ の長さの方が長くなるときに三角形が作れる。

【作文】 （四〇分）　（満点：三〇点）

問題

◎次の文章は、吉本ばななさんの『おとなになるってどんなこと？』の一節です。この文章で筆者は、どのようなことだと述べていますか。また、筆者の考えを参考に、あなたが「将来」のことを考えるときに大事にしたいことについて、体験を交えながら書きなさい。ただし、四百字以上五百字以内で、三段落構成で書くこととします。

「将来」のことを考えるということは、○○になりたいという「夢」のことだと思う人は多いでしょう。

たとえば、自分は人より少しかわいいし、少し歌も上手いからアイドルになりたい、なれるんじゃないか……とか。

もちろん可能性はゼロではないけれど、アイドルになるような人は、小さい時から人を集めて歌っていたり、かわいくて注目されたりしています。気がついた時にはとっくに道ができていると思うんです。

夢を持つということは素敵なことですが、何もないところに道を作るのは大変なことです。そういう意味で、自分の身の回りや興味の範疇にないものを将来像として願っていても、あまり現実的ではないように思います。それに、今まで自分が好きだったことやものを全部否定することにもなってしまいます。

私は基本的に、それはあまりしてほしくないと思っています。これまで自分が積み上げてきたものが、今の自分を作っているので、それを生かすということにもっと目を向けてほしいです。

なぜ自分はここに生まれたのかとか、どうして自分はこれが好き

なのかとか、自分の身の回りから考えていくと、将来というのは、そんなにうすぼんやりしたものではなくなってくるように思います。

たとえば、身近なところに将来の職業があるという意味で、親の仕事は継ぎやすいということはあると思います。もともとあるものに関して、人は意外とありがたみを感じないものですが、大変さも含めて雰囲気を知っていることは強みです。

自分の好きなことを見つけたり、知ったりすることは、とても大切なことです。どこまで好みを貫くかも自分で決めていくことだから大事です。

将来やりたいことを探すためには時間が必要です。自分の向き不向きを見極めていくのはいくら早くてもいいんです。夢と自分との距離が開き過ぎていると、それでも切り拓ける人はいるけど大変です。

何事も一日にしてならず、ですから。少なくとも今まで積み上げてきたものがどんな人にもあって、十歳には十歳の、十五歳には十五歳の積み重ねがあるでしょう。それを親にお願いしてでも見てもらってほしいし、自分でも見つめてほしいです。それだけでも相当なことが分かると思います。もうその人の得意なことは十歳でも明らかに出現していますから。

そうやって、小学校、中学校、高校と将来のことが、だんだんとリアルになっていくのが理想的な形なのかなと思います。

本当に自分にぴったりの仕事というのも、探していけば必ずみつかります。

（ちくまプリマー新書『おとなになるってどんなこと？』吉本ばなな より）

〈注〉範疇…同じような特ちょうのものがふくまれる範囲。

大切なことはメモしておこうネ！

2021 年 度

解 答 と 解 説

《配点は解答欄に掲載してあります。》

＜総合問題Ⅰ解答例＞

1　1　⑴　20.1（日）

　　　⑵　1.5（倍）

　　　⑶　真夏日の日数が多くても，年間最高気温が低い年があるから。

　　2

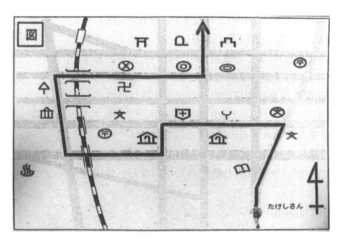

　　3　⑴　1200（m）

　　　⑵　7（時）5（分）

2　1　C

　　2　他のすべての地域との人の移動において，転出する人の数よりも転入する人の数の方
　　　が多いという特ちょう

　　3

	都道府県名	地図	土地の特色や産業	土地の文化・歴史など
A	あ	い	い	え
B	う	え	う	い
C	い	あ	あ	う
D	え	う	え	あ

　　4　⑴　日本は，大小さまざまな島がたくさんあり，海岸線が複雑に入り組んでいるとい
　　　　う国土の特ちょうがあるから。

　　　⑵　8.3（cm）

3　1　高れい者が増え働く人が減ると，収入にかかる所得税が減ってしまう。これをおぎな
　　　うために，年れいに関係なく物を買った人にかかる消費税にたよる必要があるから。

　　　2　　57(兆)6932(億円)
　　　3　　A　②　　　B　①　　　C　④　　　D　③

○配点○
1　1(1)(2)(3)　各3点×3　　　2・3(1)(2)　各4点×3
2　1　2点　2・3ＡＢＣＤ・4(2)　各3点×6　　　4(1)　4点
3　1　4点　2　3点　　　3ＡＢＣＤ　各2点×4　　　計60点

＜総合問題Ⅰ解説＞

1　(理科，社会，算数：グラフの読み取り，地図記号，きょりの計算など)
　　1　(1)　平成11年から平成20年までの真夏日の日数の平均を計算する。
　　　　　　(28＋30＋15＋24＋9＋29＋20＋13＋22＋11)÷10＝20.1
　　　　　答えは小数第一位まで表すので20.1日である。
　　　(2)　まず平成21年から平成30年までの真夏日の日数の合計を計算する。
　　　　　　10＋48＋36＋46＋21＋26＋28＋26＋19＋36＝296
　　　　　平成11年から10年間の真夏日の日数の合計は201日なので，
　　　　　　296÷201＝1.4726…
　　　　　答えは小数第二位を四捨五入するので，1.5倍である。
　　　(3)　資料1からは，年間最高気温と真夏日の日数に関わりがあるとはいえない。

基本　2　小中学校と高等学校のちがいや市役所と県庁のちがいなど，地図記号をしっかりと理解して
　　　おくことが重要である。
　　3　(1)　たけしさんは50分で10km走るので，
　　　　　　10000÷50＝200
　　　　　より，たけしさんの走る速さは分速200mである。
　　　　　たけしさんはかおりさんに出会うまで44分間走るので，
　　　　　　200×44＝8800(m)
　　　　　10kmのうち8800m走っていることになる。よってかおりさんが自転車で進むきょりは，
　　　　　　10000－8800＝1200(m)
　　　　　より，1200mである。
　　　(2)　たけしさんが走ったきょりは，
　　　　　　10000－500＝9500(m)
　　　　　9500mを分速200mで走るときにかかる時間は，
　　　　　　9500÷200＝47.5(分)
　　　　　たけしさんが友達と一緒に歩いた時間は，
　　　　　　500÷40＝12.5(分)
　　　　　たけしさんが出発してからもどってくるまでにかかる時間は，
　　　　　　47.5＋5＋12.5＝65(分)
　　　　　たけしさんは6時に出発するので答えは6時の65分後で，7時5分である。

2　(社会：表の読み取り，地域の特色)
　　1　Ａ～Ｄの各都道府県から宮城県に移動した人数と，宮城県から各都道府県に移動した人数の

差を求める。

    A $10324-5750=4574$(人)， B $1047-965=82$(人)， C $493-478=15$(人)，

    D $264-228=36$(人)

より，ゆうたさんの出身地は移動した人数の差が20人以下なのでCがあてはまる。

2   どの都道府県においても東京都へ移動した人の数は，東京都から移動した人の数を上回っていることが表1から読み取れる。

3   Aの青森県はりんごさいばいだけでなく，養しょく漁業やさいばい漁業もさかんである。また，三内丸山遺跡も有名である。Bの広島県は瀬戸内工業地域の一部にふくまれていて工業がさかんである。また，厳島神社は世界遺産に登録されている。Cの岐阜県は，家や田を水害から守るために作られた輪中が土地の特色である。なお，世界遺産の白川村の集落は合しょう造りが有名である。Dの長崎県は多くの島から構成されており，複雑に入り組んだ海岸線が特ちょう的な地形である。

4   (1)   日本の国土の特ちょうとしては，大小さまざまな島がたくさんあることや，海岸線が複雑に入り組んでいることがあげられる。

        (2) $10×10=100$より，$100cm^2$の68.5％は$68.5cm^2$である。□には同じ数字が入るので$8×8=64$，$9×9=81$より，□に入る数字の1の位は8である。小数第一位まで求めると，

            $8.1×8.1=65.61$， $8.2×8.2=67.24$， $8.3×8.3=68.89$

        なので，答えはかけ合わせて68.5にもっとも近い値になる8.3である。

3   （社会：資料の読み取り，社会問題，税制）

1   働く人の人口が減ると，国の収入において所得税がしめる割合は減ってしまう。

2   国の収入にしめる税金の割合は，

        $18.4+17.6+12.7+10.5=59.2$（％）

小数に直すと0.592となる。

    国の収入は97兆4547億円であるので，

        $97454700000000×0.592=57693182400000$（円）

上から6けたのがい数にするので，一千万の位を四捨五入して答えは57兆6932億円である。

3   国の支出の中でもっとも多いのは私たちの健康や生活を守る社会保障費で，およそ3割をしめている。

★ワンポイントアドバイス★

計算は複雑なものが多いが単位や四捨五入に気をつけて，落ち着いて計算することが大切である。表やグラフなどの資料は見た目にだまされることなく正確に読み取り，それについて説明したり，理由を考えたりする力が求められる。

＜総合問題Ⅱ解答例＞

1 1 記号　B
　　　理由　成虫になるまでにさなぎになる虫がAで，さなぎにならない虫がBである。セ
　　　　　ミはさなぎにならないのでBに入る。
　　2 でんぷん
　　3 (1)　二酸化炭素の割合が増える
　　　(2)　日光に当たった植物が，二酸化炭素をとり入れ，酸素を出したから。
　　　(3)　ウ
　　　(4)　記号　イ
　　　　　理由　日光に当てなかったため，植物が二酸化炭素を酸素を吸って出すことがで
　　　　　　　きず，酸素を吸って二酸化炭素を出す呼吸を行ったから。

2 1 (1)　①
　　　(2)　①
　　2 (1)　磁石に引き寄せられるスチール(鉄)かんと，引き寄せられないアルミニウムかん
　　　　　という，それぞれの金属の性質を利用して選別するしくみになっている。
　　　(2)　A　ア　　B　ア
　　　　　理由　手順2で棒磁石のN極につけたくぎの部分がS極になり，くぎのとがった
　　　　　　　部分がN極になったから。

3 1 (1)　あ　20
　　　　　い　17
　　　　　う　7
　　　　　え　3
　　　(2)　A3用紙　1120(枚)　A4用紙　140(枚)
　　2 (1)　①　3.44(cm²)
　　　　　②　◎(の方が)1.12　(cm²大きい。)
　　　(2)　①　3(cm)，4(cm)，6(cm)
　　　　　　　4(cm)，6(cm)，8(cm)
　　　　　②　ほかの2つの棒の合計

○配点○
1 1・3(4)　各4点×2　　2　2点　　3(1)(2)(3)　各3点×3
2 1(1)(2)　2(1)　各3点×3　　2(2)　4点
3 1(1)あいうえ　各2点×4　　1(2)　2(1)①(2)①②　各3点×5　　2(1)②　5点　　　計60点

＜総合問題Ⅱ解説＞

1 (理科：虫の分類，植物の成長)

重要　1　成虫になるまでにさなぎになるこん虫には，幼虫と成虫で姿や食べるもの，すむ場所が大き
　　く変わるものが多い。トンボやセミは幼虫と成虫で姿が大きく変わるが，さなぎにはならない
　　こん虫なので注意が必要である。

2　葉に日光が当たることによってでんぷんという養分が作られる。このでんぷんが植物の成長を助けている。でんぷんをヨウ素液にひたすとむらさき色になる。

3　(1)　人間のはいた息には二酸化炭素が多くふくまれていて，ふくろの中の空気は呼吸によって酸素の割合（わりあい）が減り，二酸化炭素の割合が増える。

(2)　植物を日光に当てたことによって，植物は二酸化炭素をとり入れ，酸素を出す光合成を行った。

(3)　気体検知管の目盛りを読みとるときは，色が変わった先たんの目盛（も）りを読む。変色がなめになっているときはその真ん中の目盛りを読む。

(4)　日光に当たらなかったため，植物は二酸化炭素をとり入れ酸素を出す光合成を行うことができず，酸素をとり入れ二酸化炭素を出す呼吸だけを行った。よって，酸素の体積の割合は減り，二酸化炭素の体積の割合は増える。

2　**（理科：金属の性質・磁石（じしゃく）の性質）**

1　(1)　体積を同じにしたときに2番目に重いものを選ぶので，①～④の体積と重さから1cm³あたりの重さを計算して比べる。

①　アルミニウム　　　　　　　　：$21.6÷8=2.7(g)$
②　ポリエチレンテレフタレート：$86.8÷62=1.4(g)$
③　鉄（スチール）　　　　　　　：$15.8÷2=7.9(g)$
④　ガラス　　　　　　　　　　　：$262.5÷105=2.5(g)$

より，2番目に重いのは①のアルミニウムである。

(2)　みどりさんが見つけた物の1cm³あたりの重さは，
　　$35.1÷13=2.7(g)$
より，表の中の①のアルミニウムと同じであることがわかる。

2　(1)　図1より回転ドラムの中には回転しない磁石があり，空き缶は必ず磁石の上に落ちてくるようなしくみになっている。スチール缶は磁石にくっつく性質があるが，アルミ缶は磁石にはくっつかないという性質のちがいを利用して選別することができる。

(2)　鉄のくぎは磁石につけることによって磁石の性質をもつようになり，その鉄のくぎにはS極とN極ができる。手順2で棒（ぼう）磁石のN極につけたくぎの部分はS極になり，反対側のとがっている方はN極の性質をもつようになる。方位磁針（じしん）は赤い針の方がN極の性質をもち，S極と引き合うので，くぎのとがっていない方と接している方位磁針Aは赤い針が右を指しているアの状態になり，くぎのN極側と接している方位磁針Bも赤い針がくぎとは反対方向を指すアの状態になる。

3　**（算数：紙の厚さの計算，面積の求め方，三角形の成立条件）**

1　(1)　A3用紙1枚で4ページ分を作ることができるので，5枚使うと20ページ分の冊子を作ることができる。4ページはA3用紙の下から2枚目に印刷することになるので，並べて印刷するのは最後のページの20ページから4ページ前のページにあたり，17ページである。A3用紙を6枚使うと24ページ分の冊子になり，1ページ分足りないので，少なくとも7枚はA3用紙が必要である。このとき28ページ分できるので3ページ分白紙のページができる。

(2)　34ページ分の冊子を白紙を作らずに作ろうとするとき，A3用紙は1枚で4ページ作れることから，A3用紙は少なくとも8枚必要である。このときA3用紙のみで32ページ分作れ

るので，残りをA4用紙でおぎなうと考える。A4用紙は1枚で2ページ分作れるので，冊子を34ページにするのに必要なA4用紙は1枚である。一人分の冊子を作るのにA3用紙が8枚，A4用紙が1枚必要なので140人分をそれぞれ計算すると，

A3用紙：8×140＝1120（枚）

A4用紙：1×140＝140（枚）

よって，A3用紙は1120枚，A4用紙は140枚必要である。

2 (1) ① 求める部分の面積は正方形ABCDの面積から円の面積をひいたものである。

$(4×4)-(2×2×3.14)=3.44(cm^2)$

よって，求める部分の面積は3.44cm²である。

② ⓘの面積は円の面積から正方形EFGHの面積をひいたものである。正方形EFGHは線分EG，FHを対角線とするひし形と考えることができ，対角線の長さは円の直径4cmと等しいので，ⓘの面積は，

$(2×2×3.14)-(4×4÷2)=4.56(cm^2)$

ⓐの面積は①より3.44cm²であるので，差は，

$4.56-3.44=1.12(cm^2)$

よって，ⓘの方が1.12cm²大きい。

(2) ① 短い2辺の長さの和が，最も長い辺より長いとき三角形を作ることができる。5本の棒の中から3本を選んだ組み合わせと長さの関係を調べると，

2+3>4 …三角形は作れる。

2+3<6 …三角形は作れない。

2+3<8 …三角形は作れない。

2+4=6 …三角形は作れない。

2+4<8 …三角形は作れない。

3+4>6 …三角形は作れる。

3+4<8 …三角形は作れない。

4+6>8 …三角形は作れる。

となる。よって，三角形を作れる組み合わせは，(2cm，3cm，4cm)の組み合わせ以外では，(3cm，4cm，6cm)と(4cm，6cm，8cm)である。

② 最も長い棒の長さとほかの2本の棒の合計の長さを比べたとき，ほかの2本の棒の合計の長さの方が長くなるときに三角形が作れる。

★ワンポイントアドバイス★

理科では磁石や金属の性質を正しく理解し，説明できるようになることが大切。生活の中でどのように利用されているかにも目が向けられるとよい。問題文中の実験からどのようなことが言えるのかを考えながら問題を解く。算数では，あまり複雑な計算はないものの，与えられた条件をうまく使い，落ち着いて問題を解くことが大切。図形の問題に関しては基本的な定理をしっかりとおさえて，使えるようになっておくとよい。

＜作文解答例＞ 《学校からの解答例の発表はありません。》

問題

「『将来』のことを考える」とは，何もないところに道を作ることではなく，自分の身の回りから考え，これまで自分が積み上げてきたことを見つめ直すことだと筆者は述べている。今の自分は，生い立ちや環境，好きなものから作られている。それらを考えていくと将来の形は現実的になってくる。

この筆者の意見を読み，私は将来を考えるとき「好き」を大事にしたいと考える。私には七つ下の弟がいる。小さいころからめんどうをみてきたため子どものお世話は得意である。弟のほかに親せきの小さい子のお世話も進んで行っていた。この経験から，私は子どもが好きであり，お世話が得意でやりがいを感じているということに気づいた。そこで私は，子どもたちのお世話をすることができる保育士を目指していきたい。

筆者の述べているとおり，自分の身の回りを見ていくと，将来を考えるヒントがたくさん転がっていることに気づいた。これからも，自分の「好き」を大事にし，自分だけの「好き」を積み重ねて，将来の自分を作っていきたい。

○配点○

30点

＜作文解説＞

問題（国語：条件作文）

筆者の考えをまとめ，自分自身の体験を交えながら自分の考えを書く作文である。三段落構成にするよう指示があるので，①筆者の考え，②自分の体験，③自分の考え，今後について，という構成が書きやすい。自分のどの経験が筆者の考えに近い経験なのか，よく考えて書き始め，最後は自分の考えだけでなく，これからどう生かしていくかなどにふれて書くとよい。

あなたが「将来」を考えるときに大事にしたいことを問われているので，自分の経験や希望だけでなく何を大事にしたいかを明記するよう気をつける。

★ワンポイントアドバイス★

字数が限られているので，筆者の意見は短く要点をおさえて書こう。段落指定されている場合は，全体の流れを確認しながら，段落ごとにどのような内容を書くかまとめてから書くとよい。

大切なことはメモしておこうネ！

2020年度
★★★★★★★★★★★★★★★★★★★★★

入 試 問 題

2020
年
度

2020年度

仙台市立中等教育学校入試問題

【総合問題Ⅰ】 （40分） ＜満点：60点＞

1 仙台青陵中等教育学校では，毎年秋に泉ヶ岳から学校まで歩く「秋に鍛えよう～歩こう会～」を行っています。学校から出発地点に向かうバスの中で，みなみさんとあきなさんが会話をしています。
次の１～３の問題に答えなさい。

みなみさん	いよいよ歩こう会が始まったね。天気が良いとうれしいな。
あきなさん	そうだね。私は，山の紅葉を楽しみにしていたんだけど，ァまだ色づき始めていないみたい。
みなみさん	確かに，紅葉にはまだ早いかもしれないね。ところで，泉ヶ岳の方を見て。残念だけど，ィ天気は悪そうだね。
あきなさん	そういえば，今朝の天気予報でも，天気は下り坂で気温も低くなるって言ってたなあ。ゥ出発地点の気温は何度なのかな。

資料1 紅葉の見ごろ予想（カエデ） [注]札幌はヤマモミジ

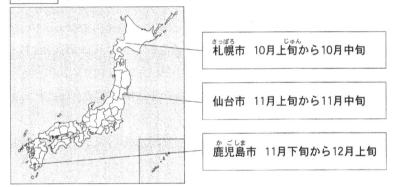

札幌市 10月上旬から10月中旬

仙台市 11月上旬から11月中旬

鹿児島市 11月下旬から12月上旬

資料2 各市の雨温図（1981-2010 年の平均） ▨ 降水量 ━●━ 平均気温

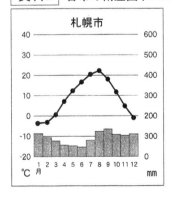

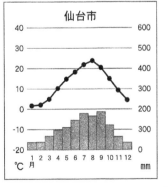

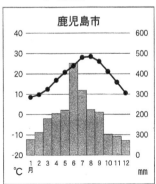

（出典 weather.time-j.netより作成）

1 下線部ア「まだ色づき始めていない」とあります。資料1（前のページ）は，紅葉の見ごろを予想したものです。紅葉の見ごろが，日本列島の北の方が早く，南の方が遅い理由を，資料1，資料2（前のページ）をもとに説明しなさい。

2 下線部イ「天気は悪そうだね」とあります。二人が乗るバスの窓から見えた泉ヶ岳の様子として最もふさわしいものを，図の中から1つ選び，A～Cの記号で答えた上で，その理由も合わせて答えなさい。ただし，当日は風がないものとします。

図 泉ヶ岳の様子

A

B

C

3 下線部ウ「出発地点の気温」とあります。あとの(1)，(2)の問題に答えなさい。

(1) みなみさんは，資料3をもとに，○印の出発地点の気温を推測しました。当日の出発地点の気温に最も近いと考えられるものを，次の①～⑤から1つ選び，番号で答えなさい。ただし，標高が100m上がると，気温は0.6℃下がるものとします。

①3.3℃　②4.1℃　③7.6℃　④9.9℃　⑤13.0℃

(2) 資料3は2万5千分の1の縮尺の地図であるとします。出発地点から最初の休けい所までの地図上の長さが6㎝であるとき，実際のきょりは何mか答えなさい。ただし，高低差は考えないものとします。

資料3 泉ヶ岳周辺の地図

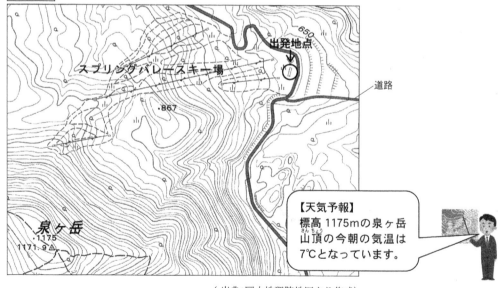

【天気予報】
標高1175mの泉ヶ岳山頂の今朝の気温は7℃となっています。

（出典：国土地理院地図より作成）

2 かなでさんとちあきさんは，江戸時代の学問や文化を調べるため，図書館に来ました。次の１〜
３の問題に答えなさい。

かなでさん　この本の浮世絵（うきよえ）を見て。美しい色づかいの浮世絵を，多くの人々が買えるように
　　　　　　なって，ァ人気が高まったと授業で習ったね。

ちあきさん　でも，浮世絵師が紙やびょうぶなどに手で直接えがいた物は高価で，一部の人し
　　　　　　か買えなかったと聞いたことがあるよ。

かなでさん　そうなんだ。ところで，教科書にのっていた『東海道五十三次（とうかいどうごじゅうさんつぎ）』は，江戸から京
　　　　　　都に向かう進行方向の風景画の中に，１つだけィ進行方向と逆向きの風景がえがか
　　　　　　れているらしいよ。

ちあきさん　それは興味深いね。あとで調べてみよう。私は，ゥ江戸時代の「新しい学問のひ
　　　　　　ろがり」について書いてある本を見つけたよ。

1　下線部ァ「人気が高まった」とあります。二人が，浮世絵の歴史について調べたところ，同じ
美しい色づかいの浮世絵でも，図１よりも図２の方が，多くの人々が買い求めていたことがわか
りました。資料１をもとに，その理由を説明しなさい。

図1　「見返り美人図」

菱川師宣（ひしかわもろのぶ） 作
（1693年ごろ）

図2　「三世大谷鬼次の奴江戸兵衛（さんせいおおたにおにじ やっこえどべえ）」

東洲斎写楽（とうしゅうさいしゃらく） 作
（1794年ごろ）

（出典：東京国立博物館）

資料1　浮世絵の歴史

年代	種類	説明
1555年ごろ〜	肉筆浮世絵	手で紙などに直接えがいた浮世絵
1670年ごろ〜	すみずり絵	すみ一色でえがいた版画による浮世絵
1765年ごろ〜	にしき絵	多くの色でえがいた版画による浮世絵

2　下線部ィ「進行方向と逆向きの風景」とあります。図３をもとに，進行方向とは逆向きでえが
かれた風景画を，図４から１つ選び，①〜③の番号で答えた上で，その理由も合わせて答えなさ
い。　　　　　　　　　　　　　　　　　　　　　　（図３，図４は次のページにあります。））

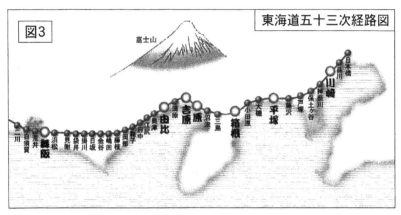

（出典：国土交通省中部地方整備局富士砂防事務所「ふじあざみ」より作成）

図4　風景画

①川崎

②吉原

③由比

（出典：東京国立博物館）

3　下線部**ウ**「江戸時代の『新しい学問のひろがり』」とあります。資料2の内容に最もふさわしい江戸時代の学問を，資料3を参考に，次の①～③から1つ選び，番号で答えた上で，その理由も合わせて答えなさい。　　　　　　　　（資料2，資料3は次のページにあります。）

①儒学（じゅがく）
②国学（こくがく）
③蘭学（らんがく）

資料2 ちあきさんが見つけた本の内容

　　日本の上代の本を読むと，ずいぶん前の時代に書かれたものなので，なかなか理解することができない。また，内容がはば広く，意味も深いものが多いので，その優れた内容をはっきり理解することが難しい。最近の人々は，上代の本に書かれている興味深い内容をよく理解できずに誤解したり，外国から入ってきた儒教思想などにひかれたりして，本来の日本のことについて忘れてしまっている。そのような中で，古くから受けつがれている日本のうたは，長い月日がたったとしても全く変わることのない美しい自然のように，昔から今に至るまで，同じように人々を感動させるものだ。

資料3 ちあきさんが「新しい学問のひろがり」についてノートにまとめたもの

　　儒学…中国の儒教の考え方を取り入れた学問のこと。
　　国学…古典を研究し，日本の昔からの考え方を明らかにしようとする学問のこと。
　　蘭学…オランダ語を通じてヨーロッパの考え方を知ろうとする学問のこと。

3 あきなさんは，みなみさんと岩手県釜石市に住むいとこのはやとさんと，ラグビーの国際試合の観戦に出かけました。

　次の1〜4の問題に答えなさい。

はやとさん	ぼくの住む釜石市は，ラグビーを通して震災からの復興をアピールしようと考えているんだよ。
みなみさん	東京でア56年ぶりに開かれるオリンピックも「復興」をテーマにしていて，太平洋沿岸部をコースにした聖火リレーも話題になっているね。
あきなさん	ラグビーの国際試合にしても聖火リレーにしても，世界規模のイベントが地元で開かれるなんて，何だか夢みたいだなあ。
はやとさん	ぼくは，イたがいのエリアをうばい合うラグビーが大好きで，体の大きな選手同士がぶつかり合う姿を見ているととても興奮するんだ。
みなみさん	あっ，そろそろ試合開始30分前だよ。始まる前に，ウ飲み物とおかしを買いに行こう。

1 下線部ア「56年ぶりに開かれるオリンピック」とあります。みなみさんは，東京オリンピック2020のエンブレムの形に近い，正十二角形のパズルを作ろうと考えました。あとの(1)，(2)の問題に答えなさい。

(1) みなみさんは，はじめに図1の正十二角形の角Aの角度について調べました。角Aの角度は何度か，答えなさい。

図1

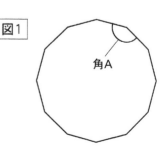

角A

(2) みなみさんは，正方形と正三角形のピースをすきまなく並べることで，**図2**の正十二角形の
パズルを作ることにしました。正方形のピースを6個使う場合，正三角形のピースは何個使う
か答えなさい。ただし，正三角形と正方形の1辺は，正十二角形の1辺と同じ長さとします。

　　　[注]　ピースとは，パズルの部品

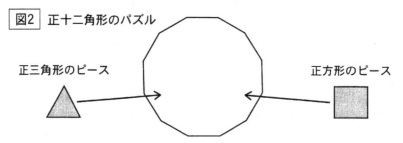

2　あきなさんは，オリンピック東京大会の開会式が行われた1964年10月10日の曜日を知りたいと
思いました。そこで，お父さんの生年月日である1964年2月11日をもとに**表**を作りました。2月
11日が火曜日であることをもとに，開会式の曜日を計算で求めなさい。ただし，1964年はうるう
年で，2月は29日までとします。

表 1964年2月

日	月	火	水	木	金	土
9	10	11	12	13	14	15

3　下線部イ「たがいのエリアをうばい合うラグビー」とあります。あとの(1)，(2)の問題に答えな
さい。

(1) 試合の前半40分で，各チームのエリア支配率は，Aチーム：Bチーム＝5：3でした。この
割合をもとに，両チームがエリアを支配していた時間は，それぞれ何分か答えなさい。

　　　[注]　エリア支配率とは，試合中，相手チームのエリアにボールがある時間の割合

(2) 前半，後半合わせて80分の試合を通
して各チームのエリア支配率は，A
チーム：Bチーム＝7：9でした。こ
の割合をもとに，Bチームがエリアを
支配していた時間は，前半に比べて何
分増えたか答えなさい。

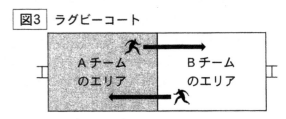

図3 ラグビーコート

[注]前半と後半ではエリアが入れかわります

4　下線部ウ「飲み物とおかしを買いに行こう」とあります。3人はそれぞれ売店で飲み物とおか
しを買い，代金をはらいました。あとの(1)，(2)の問題に答えなさい。

(1) はやとさんが代金の480円をおつりが出ないようにはらったとき，使った10円玉は3枚，
100円玉は50円玉よりも多い枚数になりました。このときそれぞれ何枚ずつ使ったか答えなさ
い。ただし，100円玉も50円玉も最低1枚は使ったものとします。

(2) あきなさんが代金の520円を1000円札ではらったところ，売店の人から，「100円玉が足りなく
なってしまったので」と言われ，おつりを10円玉と50円玉合わせて20枚でもらいました。この
とき，10円玉と50円玉は何枚ずつだったか答えなさい。

【総合問題Ⅱ】　（40分）　　＜満点：60点＞

1　かけるさんとらんさんは，仙台市が政令指定都市30周年をむかえたことについて話しています。
　　次の1～3の問題に答えなさい。

> かけるさん　仙台市が政令指定都市30周年をむかえたね。
> らんさん　そうだね。ァ人口も108万人をこえてずいぶん大きな街になったね。
> かけるさん　1年を通してイベントもたくさんあるし，県外や海外からの観光客も増えている
> 　　　　　　ね。ぼくのおすすめのイベントは，8月のィ「仙台七夕まつり」かな。色とりどり
> 　　　　　　の七夕かざりの中を歩くとわくわくするんだ。
> らんさん　私のおすすめは12月の「光のページェント」かな。イルミネーションがきれいだ
> 　　　　　　し，2009年から，それまで使っていた豆電球をゥ発光ダイオードにかえて，環境
> 　　　　　　にも配りょしているんだよ。

1　下線部ァ「人口も108万人をこえて」とあります。かけるさんは，仙台市の5つの区について
　表にまとめました。あとの(1)，(2)の問題に答えなさい。
(1)　5つの区のうち，人口密度の最も高い区を，表のA～Eから1つ選び，記号で答えなさい。
(2)　5つの区のうち，人口の最も多い区を，表のA～Eから1つ選び，記号で答えなさい。

表　仙台市各区の人口・面積・人口密度（2018年）

区	人口（人）	面積（k㎡）	人口密度
A	214104	147	
B		302	1030
C		228	1005
D	136980	48	
E	196159	58	

（出典　Data仙台2018より作成）

2　下線部ィ「仙台七夕まつり」とあります。らんさんたちの学校では，仙台七夕まつりのために，
　折りづるやふき流しを作ります。あとの(1)，(2)の問題に答えなさい。
(1)　はじめに，1辺の長さが10㎝の正方形の折り紙を使って折りづるを作ります。図1の〇で囲
　んだ図形の面積を答えなさい。

図1　折りづるの作り方の一部

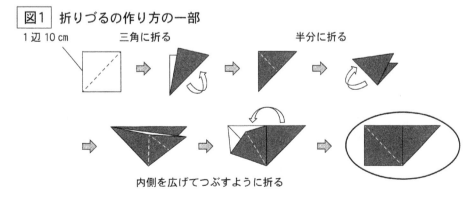

1辺 10㎝　　　三角に折る　　　　　半分に折る

内側を広げてつぶすように折る

(2)　次に，1辺の長さが4㎝の正方形の色紙を使って，次のページの図2のようなふき流しを作

ります。のり付けするために重ねる部分を 1 ㎠ の正方形にして50枚つなぎました。できあがったふき流しの太線で示した周囲の長さは何㎝になるか答えなさい。

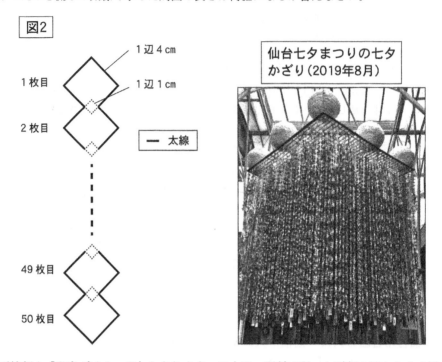

図2

1枚目
2枚目

1辺 4 ㎝
1辺 1 ㎝

── 太線

49 枚目
50 枚目

仙台七夕まつりの七夕かざり（2019年8月）

3　下線部ウ「発光ダイオード」とあります。二人は，理科で習った電気のはたらきを思い出し，発光ダイオードを使った実験をしました。図3の実験では，発光ダイオード①だけが光りました。図4の実験では，すべての発光ダイオードが光りませんでした。この2つの実験結果をもとに，図4のA～Dの4つすべての発光ダイオードを光らせるには，どのように工夫すればよいか説明しなさい。

　　ただし，使用する発光ダイオードはすべて同じ明るさで，使用する電池はすべて新しいものとします。

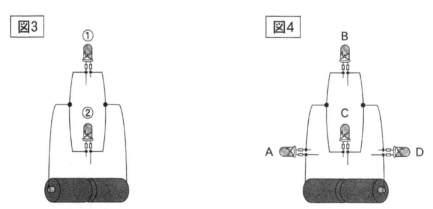

図3
①
②

図4
B
C
A　　　　　D

2 　かけるさんとらんさんは，秋休みを利用して，様々な観察・実験教室が行われている科学館にやってきました。次の1，2の問題に答えなさい。

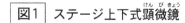

図1 　ステージ上下式顕微鏡

1 　二人は，はじめに観察教室に参加しました。図1の顕微鏡を使って水中の生き物を観察し，その記録として表を完成させました。あとの(1)〜(4)の問題に答えなさい。

らんさん	観察教室が始まるよ。どんな生き物が観察できるか楽しみだね。理科の授業で観察したミジンコもいるのかな？
かけるさん	あれはすごかったな。心臓が動いている様子にびっくりしたよ。 さあ，早く顕微鏡をのぞいてみようよ。
らんさん	わあ，すごい！よく見えるよ。いろいろな生き物がいるね。
先　生	顕微鏡で観察した生き物をスケッチしましょう。観察するときは，ア最初は低い倍率で観察し，少しずつ倍率を上げていきましょう。観察した時の倍率も記録しておくといいですよ。
かけるさん	イ動く生き物を顕微鏡で観察するのは難しいね。

表

生き物	①ゾウリムシ	②ミカヅキモ	③ワムシ	④クンショウモ
スケッチ				
倍率	150倍	150倍	100倍	400倍

(1)　二人が顕微鏡で観察した生き物は，どれも同じくらいの大きさに見えました。この4種類の生き物の中で，実際の大きさが1番小さな生き物を，表の①〜④から1つ選び，番号で答えた上で，その理由も合わせて答えなさい。

(2)　クンショウモを観察したとき，接眼レンズに「10×」と書いてありました。このときに使用した対物レンズの倍率は何倍か答えなさい。

(3)　下線部ア「最初は低い倍率で観察し，少しずつ倍率を上げて」とあります。この手順で観察する理由を，「見えるはん囲」という言葉を用いて説明しなさい。

(4)　下線部イ「動く生き物を顕微鏡で観察する」とあります。かけるさんが顕微鏡をのぞくと図2のように見えました。かけるさんが，ゾウリムシを中心で見るためには，プレパラートをどの方向に動かしたらよいか，図3のa〜hから1つ選び，記号で答えなさい。

（図2，図3は次のページにあります。）)

図2
移動したゾウリムシ

かけるさんの位置

図3

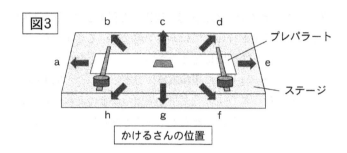

プレパラート
ステージ

かけるさんの位置

2 観察教室を終えた二人は，次に実験教室に参加しました。あとの(1)～(3)の問題に答えなさい。

> らんさん　次の教室は，ミョウバンを使った実験みたいだね。
>
> かけるさん　ア水にミョウバンをとかして作ったミョウバン水は，生ごみのにおい消しやお
> ふろ場のカビ予防にも効果があるんだって。
>
> らんさん　そうなんだ。今度作って使ってみようかな。
>
> かけるさん　いけない！ミョウバンが別な実験の材料と混ざってしまった！
>
> 先　　生　だいじょうぶですよ。混ざった材料を分ける方法を考えてごらん。
>
> かけるさん　う～ん，イこの手順でやれば全部分けられるかな。
>
> らんさん　やってみよう！先生，器具をお借りしてもいいですか？
>
> 先　　生　いいですよ，やってみてください。

(1) 下線部ア「水にミョウバンをとかして作ったミョウバン水」とあります。かけるさんは，資料1をもとに，600mLの水を用意してミョウバン水を作りました。このときに必要なミョウバンの量は何gになるか答えなさい。ただし，資料1で作るミョウバン水と同じ温度とします。

(2) かけるさんは，(1)で作ったミョウバン水200mLを40℃まで温めました。資料1，資料2をもとに，このミョウバン水にあと何gのミョウバンがとけるか，次のA～Dから1つ選び，記号で答えなさい。

A　約17g　　B　約21g　　C　約42g　　D　約45g

資料1　ミョウバン水の作り方

【材　料】水　1500mL　　ミョウバン　50g
【作り方】水とミョウバンをペットボトルに入れ，よくふって混ぜる。

資料2　水の温度とミョウバンのとける量との関係（水の量100mLの場合）

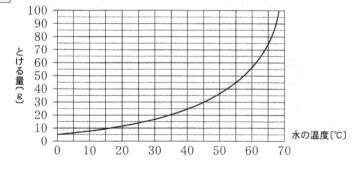

(3) 下線部**イ**「この手順でやれば全部分けられる」とあります。かけるさんの考えた**手順1～4**で作業する場合，**A～D**の材料にあたるものを，次の①～④からそれぞれ1つ選び，番号で答えなさい。ただし，混ざってしまった4つの材料は，それぞれ5g程度とします。

① ミョウバン
②砂鉄
③砂
④発ぽうスチロールの小さなつぶ

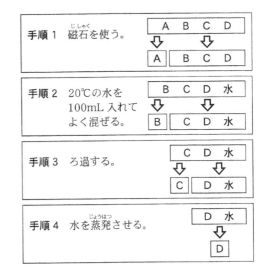

---

③ かけるさんとらんさんは，職場体験学習で保育園に行くことになりました。二人は，子どもたちと何をして遊ぶか話し合っています。

次の1，2の問題に答えなさい。

かけるさん	ぼくは，プラスチックレールの上を走るおもちゃの電車で子どもたちと遊ぼうと思うんだ。
ら ん さ ん	それは子どもたちが喜ぶね。
かけるさん	いろいろなコースを作って楽しく遊びたいな。
ら ん さ ん	たとえばどんな？
かけるさん	レールの長さがちがう**A～C**のコースを作り，ア3台のおもちゃの電車を同時に走らせたいと思っているんだ。らんさんは子どもたちと何をして遊ぶのかな？
ら ん さ ん	私は，イ「ぶんぶんゴマ」を作って遊ぼうと思っているよ。
かけるさん	「ぶんぶんゴマ」ってどんなコマ？
ら ん さ ん	円の中心部分に穴を2つ開けて，そこにたこ糸を通して結ぶんだ。糸の両はしを手で持ってぐるぐると回してから，縮めたりのばしたりすると，ぶんぶんと音を立ててコマのように回るんだ。
かけるさん	これも子どもたちが喜ぶね。じゃあさっそく準備を始めよう。

1 下線部**ア**「3台のおもちゃの電車を同時に走らせたい」とあります。次のページの**図1**のコース**A**を走る電車は1周14秒，コース**B**を走る電車は1周21秒，コース**C**を走る電車は1周18秒，それぞれかかります。あとの(1)，(2)の問題に答えなさい。

(1) 3台の電車を駅から同時に出発させると，次に3台の電車が駅に並ぶのは，出発してから何分何秒後になるか答えなさい。ただし，電車の長さは考えないこととします。

(2) コース**A**を走る電車とコース**B**を走る電車の速さは同じです。コース**C**を走る電車は，その1.6倍の速さです。コース**A**の1周の長さを294cmとすると，コース**B**の1周の長さとコース**C**の1周の長さは，それぞれ何cmになるか答えなさい。

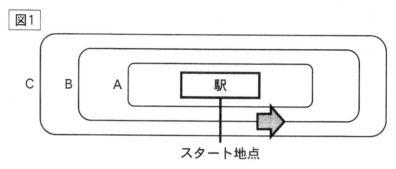

図1

C B A 駅

スタート地点

2　下線部イ「『ぶんぶんゴマ』を作って遊ぼう」とあります。二人は，図2のぶんぶんゴマを作る準備を始めました。あとの(1)，(2)の問題に答えなさい。

(1)　縦30cm横42cmの工作用紙から，半径3cmの円を切りぬくことができる正方形を，最大で何個切りぬくことができるか答えなさい。

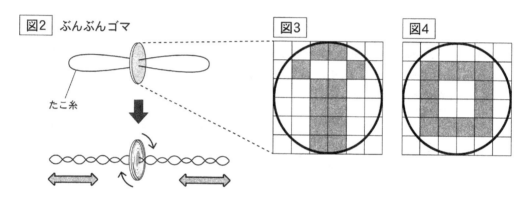

図2　ぶんぶんゴマ

たこ糸

図3

図4

(2)　らんさんは，図2のコマの部分に，図3の線対称の模様と，図4の線対称にも点対称にもなる模様をデザインしました。この二つの図を参考に，点対称ではあるが線対称ではない模様を，解答用紙のマス目をぬりつぶしてデザインしなさい。ただし，10マス以上使うこととし，マスの一部を使った場合も1マスと数えることとします。

【下書き用】

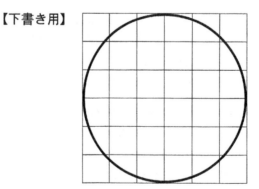

【作文】　（四〇分）　（満点：三〇点）

問題

◎次の文章は、宮下聡さんの『中学生になったら』の一節です。この文章で筆者は、「はたらく」とは、どのようなことだと考えていますか。この文章で筆者は、「はたらく」とは、どのようなことだと考えていますか。また、筆者の考えを参考に、あなたの「はたらく」ことについての考えを、体験を交えながら書きなさい。ただし、文章は四百字以上五百字以内で、三段落構成で書くこととします。

「はたらく」という言葉は「傍」を「楽」にするということなんだよ、という話をある人から聞いて納得しました。もちろん「傍楽」なんて漢字はありません。でも、周りの人に迷惑をかけることを「傍迷惑」と言いますから、すぐ「側」とか「近く」の意味を持つ「傍」を使って、迷惑ではなく反対に助けるという意味で「傍楽」という言葉があってもいいと思いませんか。みんながそれぞれいろんな場所で働き合うということによってお互いが助かってハッピーになっていく、それが働くということなんだ。私はこの言葉でとっても納得しているのです。イチロー選手や本田選手はスポーツで活躍することで私たちに夢を与えて励ましてくれています。絵を描いて見る人の心を癒してくれる、そういう「はたらく」もあります。お医者さん、ラーメン屋さん、警察官、新聞記者、大工さん……。自分一人ではできないことだけれど、それぞれが仕事を受け持ってやってくれている。あなたの周りにいる人はどんな「はたらく」をしてくれているのでしょうか。今自分が手にしている「楽」にはどん

な人の「はたらく」があるのかと、一度考えてみませんか。そしてこの先あなたはどんな「はたらく」で「傍」を「楽」にしていくのでしょうね。いいえ、実はもうすでにあなたは「はたらく」をしているはずです。だって周りを見てごらんなさい。あなたの家族、親戚、友だち、先生、あなたがもし誰かのために何かを手伝ってあげようと思ったり、こうしたら喜ぶだろうなと思って何かをしていたとしたら、その人にとってあなたは特別な意味のある人です。なぜなら、もし自分が予定していたときに予定していたところにいるはずのあなたがいないと、ポツンと穴が空いたような気持ちになるでしょう。今のあなたが他の誰かにとってあてにされる存在であれば、それはもう十分働いていることになるのです。だって、赤ちゃんを見てごらんなさい。泣いたり笑ったりしているだけで、掃除もしないしお金も稼ぎません。けれど赤ちゃんの存在がどれだけ周りを温かくしていることか。赤ちゃんはその存在自体が「はたらく」になって周りの人に「安らぎ」を与えてくれているのです。いやいや、うちの親は「お前は親に苦労ばっかりかけて……」っていつも言っているし、ボクの場合は、とても「安らぎ」を与える「はたらく」になっているなんて思えない。そんな声が聞こえてきそうですね。でも、そうではありません。この子のためにがんばらなくっちゃってきっと思っていますよ。この「誰かのためになっている」「自分が誰かにとって意味のある存在」、それが幸せのキーワードなんですから。

（岩波ジュニア新書『中学生になったら』宮下　聡より）

MEMO

大切なことはメモしておこうネ！

2020 年 度

解 答 と 解 説

《配点は解答欄に掲載してあります。》

＜総合問題Ⅰ解答例＞

1. 1 資料１と資料２をみると，各市の見ごろの時期の平均気温がほぼ10℃であることがわかる。よって，平均気温が10℃になる時期が早い北の方が紅葉の見ごろが早く，遅い方が見ごろが遅いと考えられるため。

  2 記号：Ｃ
    理由：雨を降らせる黒い雨雲がたくさんあるため。

  3 (1) ④
    (2) 1500m

2. 1 資料１から，図１は直接手でかいたもので，図２は版画だとわかる。版画だと量産できるので安く手に入れることができたと考えられるため。

  2 番号：③
    理由：図３から考えると，進行方向の右側に富士山があるはずなのに，図４の③の風景画は富士山が左側にあり，進行方向と逆向きの風景と考えられるため。

  3 番号：②
    理由：資料２は，古典である日本のうたの良さが書かれていて，資料３の古典を研究し本来の日本の考え方を明らかにしようとする国学の考え方に一致するため。

3. 1 (1) 150度
    (2) 12個

  2 計算式　18＋31＋30＋31＋30＋31＋31＋30＋10＝242
    242÷7＝34　余り4
    余り4ということは，火曜日から4日後なので土曜日とわかる。
    　　　　　　　　　　　　　　　　　　　　　　　　　　　　答え：土曜日

  3 (1) Ａチーム　25分　　　Ｂチーム　15分
    (2) 15分

  4 (1) 50円玉　1枚　　　100円玉　4枚
    (2) 10円玉　13枚　　　50円玉　7枚

○配点○
1 1 5点　　2 5点　　3(1) 4点　　(2) 3点
2 1 4点　　2 6点　　3 6点
3 1(1) 3点　　(2) 4点　　2 4点　　3(1) 4点　　(2) 4点
  4(1) 4点　　(2) 4点　　計60点

＜総合問題Ⅰ解説＞

1 （理科，社会：資料の読み取り，きょりの計算など）

基本

1 紅葉が見られるにはどのような条件が必要になるのかを考える。資料1と資料2の気温に着目すると，月の平均気温が10℃以下になると紅葉が起こることがわかる。

2 「天気は悪そう」とあるため，雨雲が見られると考えられる。AからCのうち雨雲の画像はCがあてはまる。

3 (1) 資料3より，出発地点の標高は650～700mで，泉ヶ岳山頂との標高差は約500mあるとわかる。標高が100m上がると気温が0.6℃下がることから，出発地点の気温は
$$7+0.6×5=10（℃）$$
より，10℃ほどであると考えられる。①～⑤の中でこの値に最も近いのは④。

(2) 実際のきょりを求めるには地図上の長さ6cmを25000倍する。
$$6×25000=150000（cm）$$
100cm＝1mより，実際のきょりは1500m。

2 （社会：資料の読み取り）

1 資料1をみると，初期の浮世絵は手でかかれていたが時代が後になるにつれて版画でかかれるようになったことがわかる。また，図1・2のかかれた年代を比べると，図2の方が後である。このことから推測し，解答を考えていけばよい。

2 富士山の位置に着目して考えよう。問題文より『東海道五十三次』は江戸から京都に向かってかかれたとわかる。このことと，図3の地図から，富士山は絵の右手側にかかれることになる。①～③のうち，富士山が右手側にないものは③であり，これが答えとなる。

3 資料2を読むと，筆者は日本の古典について述べている。資料3であげられている学問のうち，資料2の内容にふさわしいものは国学。よって，②が正解。資料中の「儒学」にまどわされず，文章をよく読もう。

3 （算数：図形，割合など）

1 (1) 正十二角形の内角の和は，$180×(12-2)=1800$（度）
よって，角Aの大きさは，$1800÷12=150$（度）

(2) (1)より，正十二角形の内角は150度。$60+90=150$（度）であるから，正十二角形の辺にそってピースを並べると正三角形6個と正方形6個を順に組み合わせてうめられる。すると，内側に残った部分は正6角形になるため，正三角形6個でうめることができる。よって，正三角形のピースは，$6+6=12$（個）

2 まず，2月11日から10月10日までの日数を求める。2月は$29-11=18$（日），3～9月はそれぞれ31，30，31，30，31，31，30日，そして10月1日から10日は10日ある。これらをすべて足すと，$18+31+30+31+30+31+31+30+10=242$（日）となる。続いて，曜日を求めるため242を7で割る。$242÷7=34$　余り4　余りが4ということは，火曜日から4日後なので土曜日である。よって，開会式の日は土曜日とわかる。

3 (1) 問題文より，Aチーム：$40÷8×5=25$（分），Bチーム：$40÷8×3=15$（分）と求められる。

(2) Bチームのエリアを支配していた割合は，$80÷16×9=45$（分）。これより，後半でBチームは，（$45-15=$）30分支配していたことがわかる。よって，Bチームがエリアを支配し

ていた時間は前半に比べて，30−15＝15(分)増えた。

4 (1) 問題文より10円玉を3枚使ったことがわかるため，残りの450円を作る100円玉と50円玉
の組み合わせを考える。このとき100円玉は50円玉より多い枚数にならなければならないた
め，50円玉1枚，100円玉4枚の組み合わせとなる。

(2) あきなさんがもらったおつりは，1000−520＝480(円)である。すべて10円玉でもらっ
たとすると，480÷10＝48(枚)になる。10円玉5枚を50円玉１枚にかえると，合計の枚数
は４枚少なくなる。いま，48−20＝28(枚)多いので，28÷4＝7(枚)を50円玉にかえれば
よい。よって，50円玉は7枚，10円玉は13枚となる。

───★ワンポイントアドバイス★───

多くの計算問題に加えて，くわしく知識を問う問題，資料を読み取って答える問
題など，問題のはばがとても広い。検査時間は40分であるので，わかる問題から
落ち着いてこなしていく必要がある。

＜総合問題Ⅱ解答例＞

1 1 (1) E(区)

(2) B(区)

2 (1) 37.5(cm²)

(2) 604(cm)

(3) 発光ダイオードAの上下の向きを入れかえる。

2 1 (1) **番号：**④

理由：見える大きさが同じくらいであれば，倍率が大きいものの方が実際には小
さいということになるため。

(2) 40(倍)

(3) 見えるはん囲を広くして観察したいものを見つけ，そのあと観察したいものを大
きくするため。

(4) d

2 (1) 20(g)

(2) C

(3) A ②

B ④

C ③

D ①

3 1 (1) 2(分)6(秒後)

(2) B   441(cm)

C   604.8(cm)

2 (1) 35(個)

(2)

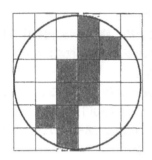

○配点○

1　1・2　各3点×4　　3　5点

2　1(1)　4点　　(2)　2点　　(3)　3点　　(4)　2点　　2(1)　3点　　(2)　5点　　(3)　4点

3　1(1)　4点　(2)B　3点　　C　4点　　2(1)　4点　　(2)　5点　　　　計60点

＜総合問題Ⅱ解説＞

1　（算数・理科：人口の計算・図形・電気）

1　(1)　表のA区・D区・E区の人口密度（みつど）のらんが空白なので，計算して求めなければならない。人口密度は人口÷面積(km²)で求められるので，それぞれ小数第一位を四捨五入すると，

A区：214104÷147＝約1456　　　D区：136980÷48＝約2854

E区：196159÷58＝約3382　　　となる。

これより，人口密度が最も高い区はE区だとわかる。

(2)　B区とC区の人口のらんが空白なので，計算して求めなければならない。人口は面積×人口密度で求められるので，それぞれ計算すると，

B区：302×1030＝311060　　　C区：228×1005＝229140　　　となる。

これより，人口が最も多い区はB区だとわかる。

2　(1)　○で囲まれた図形を直角二等辺三角形3つ分として考える。折り方の5段階目においてこの3つの三角形は重なっていることがわかり，これらはすべて同じ面積だといえる。さらに，この三角形は正方形の折り紙を8分の1に折ったものであるから，10×10÷8で求めることができる。この式を解くと12.5となり，これが三角形1つの面積である。図形全体の面積を求めるにはこの数を3倍すればよい。12.5×3＝37.5なので，求めるべき面積は37.5cm²である。

(2)　正方形の色紙50枚分の周囲の長さの合計から重ねる部分の長さの合計を引けばよい。まず重ねる部分が何か所か求める。色紙が2枚の場合1か所，3枚の場合2か所，4枚の場合3か所となることがわかるので，重ねる部分の数は「色紙の枚数−1」といえる。これより，色紙50枚の時重なった部分は49か所あるといえる。次に正方形50枚分の周囲の長さの合計−重ねる部分49か所の周囲の長さの合計を求める。（4×4×50）−（1×4×49）＝800−196＝604となるので，答えは604cmである。

3　電気はプラスからマイナス・マイナスからプラスに流れ，回路が成立しなければ電気は流れないことに注目する。図3で電気が流れたのは，乾電池のプラスから流れた電流が発光ダイオードの長い端子（たんし）（発光ダイオードの下に伸びている線）に行き，短い端子を通って乾電池のマイナスにもどったときである。つまり，プラスの電流は長い端子につなぎ，発光ダイオードを通るとマイ

ナスになって短い端子を出るということがわかる。これをふまえて図4を見ると，B・C・Dは電流のプラス・マイナスと端子の長短が合っているが，Aは逆であるため回路が成立していないことになる。これより，長短を逆にすることですべてのダイオードを光らせることができるといえる。

2 （理科：生物の観察・よう解の実験・磁石の性質）

1 (1) 顕微鏡は倍率を上げるほど対象を大きく見せることができる。①～④のすべての生き物が同じくらいに見えたということは，一番倍率の高い④が一番小さいといえる。

(2) 接眼レンズと対物レンズの倍率の値をかけあわせたものが，観察したときの倍率であることに注目する。クンショウモの倍率は400倍なので400÷10＝40となり，対物レンズの倍率は40倍だといえる。

(3) 最初から倍率を高くしてしまうとせまいはん囲しか見えない。対象を探すときは広いはん囲の方が探しやすいので，最初は低い倍率で観察する。

(4) 顕微鏡では対象物が上下左右さかさまに見える。ゾウリムシを図2の位置よりも左下で見たいときは，逆にプレパラートを右上のdの方向に動かすとよい。

2 (1) 比で求める。求めるミョウバンの量をA gとすると，1500：50＝600：Aとなる。A＝50×600÷1500＝20となり，答えは20gである。

(2) 資料を見ると水の量100mLで40℃のとき，約25gのミョウバンがとけることがわかる。水の量100mLの時のミョウバン水の量をBmLとし，ミョウバン水と水の比を考えると620：600＝B：100が成り立つ。これを計算するとB＝約103となる。問題ではミョウバン水の量は200mLであり，このときのミョウバンのとける量をCgとすると，103：25＝200：Cが成り立つ。これよりC＝約49である。さらに，200mLのミョウバン水に溶けているミョウバンの量をDとし，ミョウバン水とミョウバンの量の比を考えると，620：20＝200：Dが成り立つ。これを計算するとD＝約6である。求める値はC－Dであるので49－6＝43となり，最も答えが近いのはCだといえる。

(3) 手順1より磁石を使って金属かそうでないかがわかる。Aだけ分けられているが，ここで①～④の材料を見ると②の砂鉄だけ金属であることがわかるので，Aは②砂鉄といえる。次に手順2によって20℃の水100mLに溶けるかどうかがわかる。ここではBだけ溶けていないが，4つの材料を見ると発ぽうスチロールは絶対に水に溶けないものなのでBは④だといえる。次に，手順3ではろ過できるかどうかがわかる。ここで4つのA～Dのうち残っているのはミョウバンと砂だが水に溶けたミョウバン水をろ過してもミョウバンは残らない。これよりDは①，Cは③だとわかる。

3 （算数：速度・図形）

1 (1) コースAとコースBとコースCにかかる秒数の最小公倍数を考える。14と21と18の最小公倍数は126である。126秒は2分6秒なのでこれが答えとなる。

(2) あたえられた情報から，まずコースAを走る電車の速度がわかる。速度はきょり÷時間で求められるので，294÷14＝21よりコースAを走る電車の速度は秒速21cmとわかる。コースAとコースBを走る電車の速度は同じであり，コースBを走る電車は1周21秒なので，21×21＝441よりコースBの1周の長さは441cmといえる。次にコースCでは電車の速度が他の2つの電車の1.6倍なので，21×1.6＝33.6より秒速33.6cmとわかる。よって，1周の長さは33.6×18＝604.8より604.8cmとなる。

2(1) 半径3cmの円は1辺6cmの正方形にぴったりとおさまることを利用する。この正方形は，工作用紙の縦30cmから30÷6＝5（個），工作用紙の横42cmから42÷6＝7（個）となることができるので，計5×7＝35（個）切りぬくことができる。

(2) 解答例のように，上下あるいは左右をひっくり返しても同じにはならないが，180°ずつ回転させても同じになるように作図する。

★ワンポイントアドバイス★

図や表などの情報をどのように用いるかを考える必要がある。1つ前の問いの答えを用いる問題もあるので，情報の見落としがないか確認する。小数点の計算が多いので計算ミスをしないようにしよう。

＜作文問題解説＞ 《学校からの解答例の発表はありません。》

問題

　筆者は「はたらく」を，「傍楽」という字を当てはめて，近くの人を楽にすることだと考えている。実際に仕事をしている人ではなくても，自分が誰かのための存在になっているのであれば「はたらく」といえるのだ。

　この筆者の意見を読み，わたしは誰かの喜ぶ顔を想像して何かをすることが「はたらく」ことだと考えた。わたしは小学校でさいばい委員会に入っている。さいばい委員会では，学校の草花に水をあげたり，花だんの雑草をぬいたりして植物の世話をする。去年「みんなが喜ぶといいな」と思いながら育てた朝顔の花がさいた時，クラスの友だちや先生が「季節の花を楽しめていいね」と言ってくれた。わたしの行ったことがまわりの人を楽しませたり幸せにしていることが分かって，やりがいを感じうれしかった。

　このように，誰かの喜ぶ顔を想像して行動すると，自分もまわりの人も幸せになれることがある。これが「はたらく」なのだ。わたしは，近くにいる人のために，そのことを意識しながら毎日を過ごしていきたいと思う。

○配点○

30点

＜作文問題解説＞

（国語：条件作文）

　筆者の考えをまとめ，自分自身の体験を交えながら自分の考えを書く作文である。三段落構成にするよう指示があるので，①筆者の考え，②自分の体験，③自分の考え，という構成が書きやすい。自分の体験を書き始める前に，筆者の意見に対する自分の意見を述べると書きやすい。

　問われているのが，「はたらく」ことについての自分の考えなので，文章を読んでの感想になってしまわないよう気をつける。

★ワンポイントアドバイス★

字数が限られているので，筆者の意見は短くまとめて書こう。今回のように複数の問いがふくまれている時は，何に重点を置いて字数をさくべきか考えて書こう。

MEMO

大切なことはメモしておこうネ！

2019年度

★★★★★★★★★★★★★★★★★★★★★★

入 試 問 題

2019年度

仙台市立中等教育学校入試問題

【総合問題Ⅰ】 （40分） ＜満点：60点＞

1　たけるさんとはるかさんは，泉中央駅から仙台市地下鉄に乗り，仙台駅で東西線に乗りかえ，八木山動物公園に向かいます。

　次の1～3の問題に答えなさい。

たけるさん	今日は，ァ自宅から駅までの1.4kmの道のりを歩いてみたけど，ふだん自転車では気づかなかった建物や街路樹の様子がよくわかったよ。
はるかさん	そうだね。慣れた道でも新鮮に感じたわ。そういえば，待ち合わせ場所の，新しく開店した商店はずいぶん混んでいたね。
たけるさん	はるかさんを待っている間，ぼくも買い物したんだ。レジは1か所しかなくて，ィレジの前に長い行列ができていたよ。

1　下線部ア「自宅から駅までの1.4kmの道のりを歩いてみた」とあります。たけるさんは，地図のように，自宅から待ち合わせ場所の商店までの600mの道のりを9分かけて歩き，その後はるかさんと駅まで歩きました。商店から駅まで何分で歩いたか答えなさい。ただし，2人が歩く速さは，たけるさんが自宅から商店まで歩いた速さと同じとします。

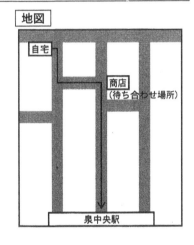

地図

2　下線部イ「レジの前に長い行列」とあります。たけるさんが買い物をしたとき，レジの前にはお客さんが60人いて，1分ごとに4人ずつ増えていました。この場合，2か所のレジで対応すると何分で行列がなくなるか答えなさい。ただし，1か所のレジで対応すると30分で行列がなくなるものとします。

3　はるかさんとたけるさんが乗った東西線は，建設するとき，広瀬川の上を走る路線Aと，広瀬川の下を走る路線Bの二つの計画案がありました。資料1，次のページの資料2から，必要な情報をそれぞれ一つ以上取り出し，それらをもとにして路線Aに決まったわけを答えなさい。

広瀬川横断略図

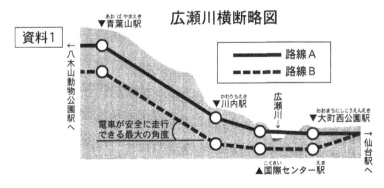

資料1

資料2	現在の仙台市地下鉄東西線各駅のホーム階			
駅　名	青葉山駅	川内駅	国際センター駅	大町西公園駅
ホーム階	地下6階	地下3階	地下1階	地下2階

（出典　仙台市交通局ホームページより作成）

2 たけるさんとはるかさんのクラスでは，総合的な学習の時間に，調べ学習の発表会を行いました。

次の1～3の問題に答えなさい。

先　　　生　ただいまの第1グループの発表は，県内の農業についてでした。**資料1**を見ると，ア地域によってさまざまなものが生産されていますね。表やグラフを見て気づいたことや感想はありますか。

はるかさん　私の家のまわりには，あまり田んぼがないのですが，仙台市の農業産出額の第1位が米だったのでとてもおどろきました。

たけるさん　父の実家がある登米市は，稲作を行う面積の広い田んぼが多いので，米の農業産出額が仙台市の3倍以上なのは理解できます。

先　　　生　私たちの主食でもある米ですが，イ生産量は年々減少しています。これからは，生産を見直すことも大切ですが，ウ農業・農村のさまざまな役割を生かしながら，農業をよりさかんにしていく必要もありますね。

1　下線部ア「地域によってさまざまなものが生産されています」とあります。**資料1**を見て，あとの(1)～(3)の問題に答えなさい。

(1)　三つの市町のうち，野菜の農業産出額が最も多いところを一つあげ，その農業産出額は約何億円か答えなさい。ただし，答えは四捨五入して，上から3けたのがい数で答えなさい。

(2)　山元町の表とグラフから，いちごは野菜にふくまれていることがわかります。その理由を，計算式と言葉を使って説明しなさい。

(3)　山元町の水田面積は646ha，いちご農地の面積は29haです。同じ耕作面積からは同じ量の作物が収穫できるものとして，次のページの①，②の問題に答えなさい。

資料1	市町別農業産出額と農産物の割合（平成28年度）

仙台市　総額 64.7 億円	登米市　総額 315.8 億円	山元町　総額 22.9 億円
花き 2.5%／その他 2.9%／米 43.3%／畜産 12.7%／野菜 38.0%／果実 0.6%	花き 1.0%／その他 1.6%／米 36.6%／畜産 48.3%／野菜 12.1%／果実 0.4%	畜産 2.2%／その他 0.9%／米 29.7%／果実 4.8%／野菜 62.4%

農業産出額（上位3品目）		農業産出額（上位3品目）		農業産出額（上位3品目）	
米	28.0 億円	米	115.7 億円	いちご	12.3 億円
生乳	5.0 億円	肉用牛	86.7 億円	米	6.8 億円
ねぎ	4.3 億円	豚	48.6 億円	りんご	0.7 億円

[注]花きとは，観賞用の植物のこと

（出典　東北農政局ホームページより作成）

① 水田１haあたりの米の農業産出額と，農地１haあたりのいちごの農業産出額は約何億円か答えなさい。ただし，答えは四捨五入して，それぞれ小数第二位までのがい数で答えなさい。

② 水田面積のうち，10haをいちご農地に転作した場合，いちごの農業産出額は約何億円になりますか，①の答えをもとに答えなさい。

2 下線部イ「生産量は年々減少しています」とあります。**資料２**，**資料３**を見て，米の生産量が減少している理由を，「生産調整」という言葉を使って説明しなさい。

資料2 国民一人１年当たりの品目別消費量の変化

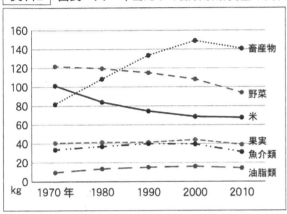

［注］
魚介類とは，魚類，貝類などの水産物のこと
油脂類とは，植物や動物からとれる油のこと

資料3 水田面積と転作面積の変化

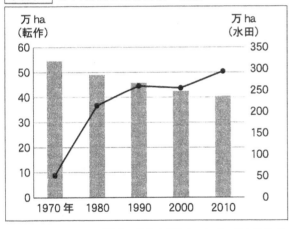

（出典　農林水産省ホームページより作成）

3 下線部ウ「農業・農村のさまざまな役割」とあります。**資料４**を見て，次の**語群**のうち，「農業・農村の有する多面的機能」に<u>当てはまらないもの</u>を一つ選び，①〜④の番号で，その理由もあわせて答えなさい。ただし，**資料４**にある言葉を使って説明しなさい。

語群 農業・農村の有する多面的機能の例

① 仙台青陵中等教育学校の生徒が，校外学習で田植え体験をすること
② 農地を管理し里山の風景を保つことで，住民や旅行者の心をいやすこと
③ 使われなくなった水田や農地を，住宅や公共施設として活用すること
④ 冬の間，使用しない水田に水を張り，わたり鳥のえさ場としていかすこと

資料4　農業・農村の有する多面的機能

　　農業・農村は，私たちが生きていくのに必要な米や野菜などの生産の場としての役割を果た
しています。しかし，それだけではありません。農村で農業が継続（けいぞく）して行われることにより，
私たちの生活に色々な「めぐみ」をもたらしています。このめぐみを「農業・農村の有する多
面的機能」と呼んでいます。例えば，水田は，雨水を一時的に貯留してこう水や土砂（どしゃ）くずれを
防いだり，多様な生きものを育んだりしています。

　　また，私たちにとって自然体験と教育，文化を伝承する機能も果たしています。さらに，美
しい農村の風景は，私たちの心を和ませてくれるなど，大きな役割を果たしており，そのめぐ
みは，都市住民をふくめて国民全体に及（およ）んでいます。

　[注]　貯留とは，水などをためておくこと　　　　　　　　　（出典　農林水産省ホームページ）

3　たけるさんとはるかさんは，それぞれ家族で出かけた時のことを話しています。
　　次の1～3の問題に答えなさい。

たけるさん　ぼくが行った岩出山（いわでやま）の旧有備館（きゅうゆうびかん）は，江戸時代に建てられた書院造（しょいんづくり）の建物で，内部の
　　　　　　つくりがァぼくの家の部屋のつくりによく似ていたんだ。文化が時代をこえて受け
　　　　　　つがれているんだね。
はるかさん　私は，2011年に世界遺産に登録された平泉（ひらいずみ）に行ってきたよ。似ているといえば，世
　　　　　　界文化遺産の一つに選ばれた無量光院跡（むりょうこういんあと）の無量光院は，平等院鳳凰堂（びょうどういんほうおうどう）をモデルに建
　　　　　　てられたんだって。ィ同じ時代に建てられた二つの建物にこめた貴族（きぞく）の思いが伝
　　　　　　わってきたよ。

1　下線部ア「ぼくの家の部屋のつくりによく似ていた」とあります。写真1，写真2に共通するつ
　くりについて，具体的に説明しなさい。

写真1　たけるさんの家の部屋

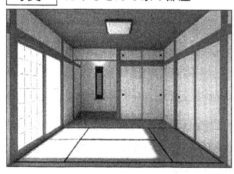

写真2　旧有備館

（出典　みやぎ大崎観光公社ホームページ）

2　はるかさんは，国内の世界文化遺産に登録された建物と，その建物の所在地やかかわりの深い人
　物，建てられたころの時代背景について次のページの表にまとめました。表の空らんに当てはまる
　ものを，あとの語群からそれぞれ一つずつ選び，ア～オの記号で答えなさい。ただし，同じ記号を
　2回以上使ってもかまいません。

表	世界文化遺産についてのまとめ			
時代	建物	所在地	かかわりの深い人物	時代背景
古い ⇩ 新しい	ウ			
		エ		
			ア	
				イ

語群　表に入る語句や説明

建物
ア　厳島神社(いつくしまじんじゃ)
イ　銀閣(ぎんかく)
ウ　法隆寺(ほうりゅうじ)
エ　平等院鳳凰堂(びょうどういんほうおうどう)

かかわりの深い人物
ア　平　清盛(たいらの きよもり)
イ　藤原道長(ふじわらのみちなが)
ウ　足利義政(あしかがよしまさ)
エ　聖徳太子(しょうとくたいし)

所在地

ア　岩手県
エ　京都府
オ　広島県
イ　群馬県
ウ　奈良県

時代背景
ア　貴族による朝廷(ちょうてい)を中心とする美しくはなやかな日本風の文化が栄えた。
イ　武士(ぶし)が将軍(しょうぐん)として政治を行うようになり，洗練(せんれん)された深みのある文化が栄えた。
ウ　仏教が広まるとともに，外国の学問や文化を取り入れた国づくりを進めた。
エ　武士が強い勢力を持ち，政治を思うように動かすようになった。

3　下線部イ「同じ時代に建てられた二つの建物にこめた貴族の思い」とあります。写真3，写真4と次のページの資料を見て，二つの建物にこめられた当時の貴族の思いを，「極楽浄土(ごくらくじょうど)」という言葉を使って説明しなさい。

写真3　平等院鳳凰堂

(出典　情報処理推進機構ホームページ)

写真4　無量光院の再現図

(出典　平泉町ホームページ)

資料　平等院鳳凰堂が建てられたころの社会の様子

・戦いなどの争いがたえず，また，ききんや地震(じしん)などの天災が続いて起こり，人々の気持ちや生活があれていた。

・仏教がすたれ，世の中が終わってしまうのではないかという不安や末法(まっぽう)の考え方が広まっていた。

【総合問題Ⅱ】 （40分） ＜満点：60点＞

1 夏休みのある日，ゆうたさんと妹のみゆきさんの家に，おじいさんが泊まりに来ました。
   次の1～3の問題に答えなさい。

1 その日の夕方，**図1**の月を見ながら，次のような会話をしました。あとの(1)，(2)の問題に答えなさい。

おじいさん	今日の月は三日月だが，小林一茶の作品で『名月をとってくれろと 泣く子かな』という句がある。
みゆきさん	よっぽどきれいな満月だったんだろうね。
ゆうたさん	月は満ち欠けするけど，満月から次の満月になるまで何日ぐらいかかるのかな？
おじいさん	月は約30日周期で同じ形になるよ。月の形だけでなく，一晩の月の動きを観察してみるとおもしろいよ。
ゆうたさん	次の満月のときに自由研究してみるよ。
おじいさん	観察する時は，月の動きがわかるように同じ条件でスケッチするといいよ。

図1 西の空に見えた月

(1) **図1**の月を観察した5日後，真南の空に見える月の形を書きなさい。

(2) 下線部「月の動きがわかるように，同じ条件でスケッチするといいよ」とあります。**図1**の月が満月になった日の夜，ゆうたさんは，**資料1**にしたがって，お母さんといっしょに午後8時から次の日の午前4時まで，2時間おきにスケッチしました。あとの①，②の問題に答えなさい。

① **資料1**を見て，一晩の月の動きを観察するのにふさわしくないものを一つ選び，A～Dの記号で，その理由もあわせて答えなさい。

② **図2**の3枚のスケッチを，観察した順に並べ，ア～ウの記号で答えなさい。

資料1 観察のきまり

A 月の方角がわかるよう，スケッチには方角と観察日時を記入する。
B 月の位置がわかるよう，目印となる建物なども書き入れる。
C 観察した時間ごとに，1枚のスケッチにまとめる。
D 月は時間とともに動くので，見やすい場所に移動してスケッチする。

図2 月のスケッチ

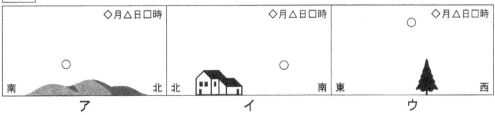

2 次の日，ゆうたさんとみゆきさんは，生き物観察のためにおじいさんと森林公園に出かけ，次のような会話をしました。あとの(1)，(2)の問題に答えなさい。

> おじいさん 『閑さや 岩にしみ入る 蝉の声』
>
> ゆうたさん 本当だ。静かな公園にセミの鳴き声がひびきわたっているね。
>
> みゆきさん セミの他にどんな生き物が見つかるかな。林もあるし，小川も池もあるよ。
>
> おじいさん スズメバチやヘビもいるかもしれないから注意してね。
>
> みゆきさん あっ，土の中から見たことのない生き物が出てきたよ。
>
> おじいさん この生き物は何の仲間かな？捕まえて観察してごらん。
>
> ゆうたさん <u>これはセミやスズメバチの仲間だ。</u>

(1) 下線部「<u>これはセミやスズメバチの仲間だ</u>」とあります。ゆうたさんが**写真**の生き物を，このように判断した理由を，**資料2**の中から三つ選び，**ア～キ**の記号で答えなさい。

資料2 見つけた生き物の特ちょう

> **ア** 前足は土を掘りやすい形です。
> **イ** 体が三つの節に分かれています。
> **ウ** 全身に細かい毛が生えています。
> **エ** 長い触角が生えています。
> **オ** 前足も含め，足が6本生えています。
> **カ** 体の真ん中の節から全ての足が生えています。
> **キ** 足には細かいトゲが生えています。

写真 みゆきさんが見つけた生き物

(2) ゆうたさんたち3人は，一日がかりで**資料3**にある生き物を見つけました。これらの生き物のうち，**みゆきさんが見つけた生き物と同じ仲間**を，**資料3**から全て選び，①～⑩の番号で答えなさい。

資料3 ゆうたさんたちが見つけた生き物

> ①カタツムリ ②バッタ ③ミミズ ④カブトムシ ⑤ダンゴムシ
> ⑥ザリガニ ⑦チョウ ⑧モグラ ⑨クモ ⑩トンボ

3 森林公園に行った次の日，おじいさんとお母さん，ゆうたさんとみゆきさん，いとこ2人と合わせて6人で遊園地に行きました。園内に入ったところで，子供会の行事で来ていた同じ学校のれいこさんに会いました。あとの(1)，(2)の問題に答えなさい。

(1) 遊園地の入口に，**図3**の看板がありました。この看板と，ゆうたさんとれいこさんの会話をもとに，大人と小学生の入園料をそれぞれ求めなさい。

図3 入口の看板

> **入園料の団体割引**
> ＜小学生＞
> ◆10名まで……割引なし
> ◆11名～20名…1名分無料
> ◆21名～30名…2名分無料
> 　以下10名増えるごとに1名分無料

ゆうたさん　私たちは，小学生4人と大人2人で，2000円の入園料をはらったよ。

れいこさん　私たちは，小学生11人と大人4人で，4500円の入園料をはらったよ。

(2)　ゆうたさんたちは，観覧車（かんらんしゃ）に乗る順番を待っています。次の会話と**図4**をもとに，あとの①〜③の問題に答えなさい。

ゆうたさん　すごく高い観覧車だね。

みゆきさん　観覧車の高さは何mあるの？

お母さん　さあ，何mだろう？この観覧車のゴンドラは，観覧車の円周上を1分間に20m進む速さで回るから…。

ゆうたさん　15秒ごとにゴンドラが乗り場にやってくるよ。

お母さん　それなら，ァゴンドラの間隔（かんかく）が分かるね。

ゆうたさん　ゴンドラは全部で60台あるよ。

　ィ観覧車が一周する時間も分かるね。

お母さん　ゥ観覧車の高さも分かるよ。

[注]　ゴンドラとは，観覧車の人が乗りこむ部分のこと

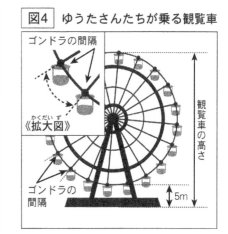

図4　ゆうたさんたちが乗る観覧車

ゴンドラの間隔

《拡大図（かくだいず）》

ゴンドラの間隔

観覧車の高さ

5m

①　下線部ア「ゴンドラの間隔」とあります。**図4**のゴンドラの間隔は何mか答えなさい。

②　下線部イ「観覧車が一周する時間」とあります。ゴンドラに乗った位置から，同じ位置に戻ってくるまでに何分かかるか答えなさい。

③　下線部ウ「観覧車の高さ」とあります。観覧車の高さは何mか答えなさい。答えは四捨五入（ししゃごにゅう）して小数第一位まで求めなさい。ただし，円周率は3.14とします。

2　ゆうたさんのクラスでは，葉の一部が白くなる「斑入り（ふいり）」になりやすい品種のアサガオを，一鉢（はち）ずつ育てています。同じ日に種を植え，同じ土や植木鉢（ひりょう）を使い，同じ場所で育てますが，肥料や水やりは自分の責任で行っています。

次の**1，2**の問題に答えなさい。

1　ある日，ゆうたさん，れいこさん，あつしさんの3人は，成長したアサガオを見て次のような会話をしました。あとの(1)〜(2)の問題に答えなさい。

れいこさん　どれも大きくなったね。最近は晴れて気温が高い日が続いているから，アサガオにとって良い環境（かんきょう）だったのかも。

あつしさん　芽が出てのび始めたころは同じだったのに，今ではれいこさんのアサガオのたけが一番のびたね。

ゆうたさん　ぼくのものびているけど，れいこさんにはおよばないな。れいこさんのアサガオが良くのびたのはなぜだろう。

れいこさん　アサガオに一日も欠かさず水をやったの。二人はどう？

あつしさん　水やりをわすれた日が多かったかな。

ゆうたさん　水やりをわすれる日はあったけど，水をやるときには，毎回肥料を入れた水をやったよ。

れいこさん　私は，毎日水やりはしたけど，肥料は入れてないよ。

あつしさん　そうなんだ。肥料をやるとよく成長すると思っていたのになあ。

(1)　下線部「肥料を入れた水」とあります。この肥料は液体で，肥料の体積が全体の$\frac{1}{8}$になるよう，水を加えます。全体の体積が0.2Lになるようにするためには，何dLの水が必要か答えなさい。

(2)　3人の会話をもとに，アサガオが最もよく育った条件を資料1から一つ選び，A〜Dの記号で答えなさい。

資料1　アサガオを育てた条件

A　気温の高い場所に置く	B　日光のよく当たる場所に置く
C　水を十分に与える	D　肥料を与える

2　れいこさんは，夏休みの自由研究で，斑入りで一部が白くなった葉を使って二つの実験をしました。あとの(1)，(2)の問題に答えなさい。

実験1

白く斑入りした部分

【手順】
① 斑入りの葉をつみ取り，ァお湯で温めたエタノールにつけた。
② 水でよく洗い，ペーパータオルで水分を吸い取った。
③ ②の葉をペトリ皿に入れ，ヨウ素液を全体にたらした。

【結果】
ィ斑入りの部分を除き，全体が青むらさき色に染まった。

実験2

アルミニウム箔

【手順】
① アサガオについている斑入りの葉に，左図のように葉の裏側までアルミニウム箔をしっかり巻きつけた。
② 2日間，葉が十分日光に当たるようにした。
③ 葉をつみ取り，アルミニウム箔を外して，お湯で温めたエタノールにつけた。
④ 水でよく洗い，ペーパータオルで水分を吸い取った。
⑤ ④の葉をペトリ皿に入れ，ヨウ素液を全体にたらした。

【結果】
斑入り以外の部分でも，青むらさき色に染まる部分と染まらない部分があった。

(1) **実験1**について，あとの①，②の問題に答えなさい。

① 下線部ア「お湯で温めたエタノールにつけた」とあります。この手順が必要な理由を答えなさい。

② 下線部イ「斑入りの部分を除き，全体が青むらさき色に染まった」とあります。斑入りの部分が染まらなかった理由を答えなさい。

(2) **実験1**，**実験2**の結果からわかることを，**資料2**から全て選び，**A〜D**の記号で答えなさい。

資料2 実験からわかること

> **A** 葉でデンプンが作られるためには，太陽の光が必要である。
> **B** 太陽の光がなくても，葉の緑色の部分ではデンプンが作られる。
> **C** 斑入りの部分は，太陽の光を当てないとデンプンが作られる。
> **D** デンプンが作られるのは，葉の緑色の部分である。

[3] 仙台青陵中等教育学校では，3年生のときに九州研修に行きます。たろうさんとはなこさんは長崎の自主研修で，凧作りとカステラ作りを見学しました。

次の1〜2の問題に答えなさい。

1 二人は，文化祭で長崎の凧を展示しようと考えました。そのために，**図1**の凧の辺や対角線の長さを測らせてもらいました。あとの(1)，(2)の問題に答えなさい。

(1) この凧の面積は何cm²か答えなさい。また，求め方がわかるように計算式も書きなさい。

(2) 辺AEの長さを測り忘れたため，お店の人に電話で確認したところ，次のようなヒントをもらいました。ヒントをもとに辺AEは何cmか答えなさい。また，求め方がわかるように計算式や言葉を使って説明しなさい。

資料 店員さんからもらったヒント

> 三角形ABDと三角形BCDの面積の比が，5：16 になる点がEです。

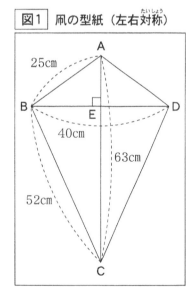

図1 凧の型紙（左右対称）

2 次に二人はカステラ作りを見学し，販売されるまでの流れを，次のページの**図2**のようにまとめました。あとの(1)，(2)の問題に答えなさい。

(1) ③のように切り分けた長方形のカステラの**辺a**は何cmか答えなさい。ただし，**辺a**，**辺b**の長さはともに整数とします。

(2) ④の箱の**辺c**の長さは60cmより短く，切り分けたカステラを同じ向きに箱の中に並べると，すきまなく入ります。④の**辺d**の長さは何cmか答えなさい。ただし，箱の紙の厚さは考えないもの

とします。

図2 カステラが販売されるまでの流れ

① 上面の1辺が60㎝の大きな正方形のカステラを焼きます。

60cm

② 上面が同じ大きさの長方形になるよう，むだなく切り分けます。

③ 切り分けたカステラは，**辺a**，**辺b**ともに5㎝以上で，**辺a**と**辺b**の長さをたすと16㎝になります。

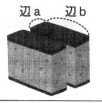

辺a　辺b

④ **辺c：辺d**の比が5：4の長方形の箱に，同じ向きにすきまなくつめて販売します。

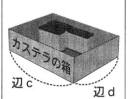

カステラの箱
辺c　　辺d

【作 文】 (四〇分) 〈満点：三〇点〉

問 題

◎次の文章は、池内了さんの『科学の考え方・学び方』の一節です。この文章で、筆者は、「なぜ」と疑問を持ち、確かめたり調べたりする時に何が大切だと言っていますか。また、このことを参考にして、あなたが疑問を解決する時に大切にしていることについて、体験を交えながら書きなさい。ただし、文章は四百字以上五百字以内で、三段落構成で書くこととします。

自然現象は、すべて〈注〉物質が〈注〉関与していますから、そこで主役を演ずる物質は何かを特定することがまず第一なのです。次に、考える現象が、その物質の性質によるものか、物質の運動や変化によるものかを考えるのです。ときには、その物質が何からつくられているかまで、考えなければならないかもしれません。研究とは、この段階で何が決定的に重要なのかを探りだし、その理由を明らかにし、実験や観察結果を再現すること、といえるでしょう。

例えば、包丁で野菜や魚を切る場面を考えてみましょう。ここにもたくさんの「なぜ」があります。野菜・魚に応じて、包丁の重さや刃の形は異なっていますね。なぜでしょうか。肉や魚は包丁を引きながら切り、野菜は押して切って切っていますが、それはなぜなのでしょうか。切れにくい包丁で切ると味がまずくなるといわれるけれど、本当でしょうか。包丁が切れなくなったとき、砥石でとぐとよく切れるようになるのはなぜでしょう。これだけの疑問に答えるに

は、包丁そのものが何でできているか（鉄かステンレスかによって、硬さや刃先の形・錆びやすいかどうかが異なる）、刃先がどのような角度になっているか（切る材料の硬さや〈注〉摩擦と関係している）、切ったとき材料の〈注〉細胞はどうなるか（細胞を壊さない方がきれいだし味もよい）、砥石でとぐと刃先はどうなるか（鋭くとがるとともに、鋸のような小さなすじもつく）などを考えねばなりません。

つまり、「切る」という現象には、包丁と材料という物質の性質、刃先の運動、細胞の〈注〉化学反応などがからんでいるのです。「切る」という簡単なことなのに、これだけの「なぜ」がからんでいるのです（まだ摩擦については、よくわかっているとはいえません。このような日常現象は、意外に難しく、わかっていないことが多いのです）。

このように考えると、「なぜ」に答えるのはそう簡単ではないとわかるでしょう。でも、こんなふうに考えて「なぜ」に答えるのは、楽しいと思いませんか？

（岩波ジュニア新書『科学の考え方・学び方』池内 了 著 より）

〈注〉 物質……もの
　　　関与……関係すること
　　　摩擦……ものとものがこすれ合うこと
　　　細胞……すべての生物がもつ、体を形づくるごく小さな組織のこと
　　　化学反応……ものとものがかかわることで起きる化学的な変化のこと

大切なことはメモしておこうネ！

2019 年 度

解 答 と 解 説

《配点は解答欄に掲載してあります。》

＜総合問題Ⅰ解答例＞

1　1　12（分）
　　2　7.5（分）
　　3　広瀬川の下を走る路線Bは，安全に走行できる最大角度の関係で，駅の位置が路線Aよりもかなり深くなってしまい，利用者にとって不便だから。

2　1(1)　**市町名**：登米市　　**農業生産額**：（約）38.2（億円）
　　(2)　**計算式**：いちご12.3億円÷農業産出額22.9億円×100＝53.71179…　約53.7％
　　　　　説明：山元町の農業産出額に占める果実の割合4.8％に対して，いちごの割合は約53.7％であることから，野菜に含まれることがわかる
　　(3)　①　米：（約）0.01（億円）　いちご：（約）0.42（億円）
　　　　　②　（約）16.4（億円）
　　2　国民1人あたりの米の消費量が減ったことと，生産調整によって水田を減らし，米以外の作物への転作を進めたから。
　　3　番号：③
　　　　理由：住宅や公共施設の建設のために使われない水田や農地を利用することは，農業を継続することによってもたらされる多面的機能にはあてはまらないから。

3　1　ふすまやたたみ，しょうじなどが使われている
　　2

時代	建物	所在地	かかわりの深い人物	時代背景
古い→新しい	ウ	ウ	エ	ウ
	エ	エ	イ	ア
	ア	オ	ア	エ
	イ	エ	ウ	イ

　　3　世の中のつらい出来事や不安からのがれ，はなやかな極楽浄土を願う思い

○配点○
1　1　3点　　2　4点　　3　5点
2　1(1)市町名　2点　　1(1)農業生産額・(2)計算式・(3)　各3点×5
　　1(2)説明　4点　　2　5点　　3　完答5点
3　1　3点　　2　完答各2点×4　　3　6点　　　　計60点

＜総合問題Ⅰ解説＞

1 （算数，社会：速さの計算，地形など）

基本

1 　自宅から駅までの道のりが1.4km，自宅から商店までが600mであることから，商店から駅までの道のりは1400－600＝800(m)。自宅から商店までの600mを9分かけて歩いたので，2人が歩く速さは600÷9＝$\frac{200}{3}$より，分速$\frac{200}{3}$mである。よって，商店から駅までの800mを歩くのにかかった時間は，800÷$\frac{200}{3}$＝800×$\frac{3}{200}$＝12(分)である。

2 　1か所のレジで対応したとき，30分で対応するお客さんは，すでに並んでいるお客さん60人に加えて1分ごとに4人ずつ増えていくので，60＋4×30＝180(人)。1分間で1か所のレジが対応できるお客さんの数は，180÷30＝6(人)であるので，2か所のレジが対応できるお客さんの数は，6×2＝12(人)。よって，2か所のレジで対応したとき，並んでいるお客さんの数は1分間で12－4＝8(人)減ることがわかるので，60÷8＝7.5(分)で行列はなくなる。

3 　**資料1**より，**路線B**は**路線A**よりも低い位置にあることがわかる。**資料2**より，**路線A**の青葉山駅でも地下6階と深いところにホームがある。安全に走行できる角度の関係で**路線B**の場合はさらに深いところにホームを作らざるを得なくなり，利用者にとっても不便になることが考えられる。

2 （社会，算数：資料の読み取り，割合の計算など）

1 　(1) 　農業産出額に野菜の割合をかけて計算する。
　　　　　　仙台市の野菜の農業産出額は，64.7×38.0÷100＝24.586(億円)
　　　　　　登米市の野菜の農業産出額は，315.8×12.1÷100＝38.2118(億円)
　　　　　　山元町の野菜の農業産出額は，22.9×62.4÷100＝14.2896(億円)
　　　　　よって，最も野菜の農業産出額が多いところは登米市で，四捨五入して上から3けたのがい数で答えると，38.2億円である。

　　(2) 　いちごの農業産出額を総額でわって割合を求めると，12.3÷22.9×100＝53.71179…より，約53.7％をしめている。山元町の果実の割合は4.8％なので，いちごの割合よりも少ない。しかし，野菜の割合は62.4％となっているため，いちごの約53.7％という値は野菜にふくまれているとわかる。

　　(3)① 　山元町の米の農業産出額は6.8億円，水田面積は646haであるので，水田1haあたりの米の農業産出額は，6.8÷646＝0.010…より約0.01億円である。山元町のいちごの農業産出額は12.3億円，いちご農地の面積は29haであるので，農地1haあたりのいちごの農業産出額は12.3÷29＝0.424…より約0.42億円である。

　　　　② 　農地1haあたりのいちごの農業産出額は①より約0.42億円である。いちご農地の面積は29＋10＝39(ha)になるので，0.42×39＝16.38より，約16.4億円である。

2 　**資料2**より，国民1人あたりの米の消費量は年々減っていることがわかる。また**資料3**より，水田面積は減り，転作面積は増えていることがわかる。消費する量が減ったことにより，農地の面積を小さくする減反や米以外の作物を栽培する転作を行って，米の生産量を抑える生産調整が行われている。

3①：田植え体験には，自然体験と教育，文化を伝承する機能がある。

②：美しい農地の風景を保つことで，人の心を和ますことができる。

③：使わなくなった水田を住宅などの建設地として活用することは**資料4**に記述はなく，多面的

機能に当てはまるといえない。

④：水田をわたり鳥のえさ場としていかすことで，多様な生きものを育むことができる。

③ （社会：資料の読み取り，時代背景の理解など）

1　書院造は室町時代に作られた住宅建築様式の1つである。写真1と写真2に共通している部屋の
つくりは，床の間があること，とびらがふすまでできていること，床にたたみをしいていること，しょうじから外の光がさしていることがあげられる。

2　ウの建物の法隆寺は，聖徳太子が7世紀はじめに奈良盆地の近くである飛鳥地方に建てた，現存する世界最古の木造建築物である。所在地はウの奈良県，かかわりの深い人物はエの聖徳太子である。また，聖徳太子は中国に遣隋使を送り，日本に外国の学問や文化を取り入れようと試みた人物であるので，時代背景はウであるとわかる。

所在地がエの京都府であることから，選択しの中で京都にある建物は銀閣か平等院鳳凰堂である。銀閣は15世紀末ごろに建てられ，平等院鳳凰堂は11世紀の平安時代後期に建てられたので，あてはまるのはエの平等院鳳凰堂となる。これは藤原道長の息子の藤原頼通によって建立され，摂関政治の全盛期の代表的な建築である。よって，かかわりの深い人物はイの藤原道長である。貴族が政治を行い，朝廷を中心に和歌やけまりなどのはなやかな文化を楽しんでいたことから，時代背景はアであるとわかる。

アの平清盛は，12世紀にはじめて太政大臣となって政治を行った武士であるので，時代背景はエであるとわかる。平清盛は広島県にある厳島神社を深く信仰しており，さまざまな宝物を納めていた。よって所在地はオの広島県，建物はアの厳島神社である。

時代背景として，イのように武士が将軍として政治を行うようになったのは，12世紀の鎌倉時代以降である。選択しの中で鎌倉時代以降の建物は銀閣のみなので，建物はイの銀閣である。銀閣を建てたのは，金閣を建てた足利義満の孫の足利義政である。よって，かかわりの深い人物はウの足利義政である。京都の東山に建てられたので，所在地はエの京都府。

3　資料より，平等院鳳凰堂が建てられたころ，争いや天災などの大変な出来事や，信仰していた仏教がすたれていき仏教の教えが行われなくなる末法思想によって，人々が当時の世の中に不安を感じていたことがわかる。よって，当時の貴族は，何も心配する必要がない，安心して暮らせる極楽浄土を強く願って，極楽浄土を再現した平等院鳳凰堂や無量光院を建てたと考えられる。

─★ワンポイントアドバイス★─

多くの計算問題に加えて，詳しく知識を問う問題，資料を読み取って答える問題など，問題の幅がとても広い。検査時間は40分であるので，わかる問題から落ち着いてこなしていく必要がある。

＜総合問題Ⅱ解答例＞

1　1(1)

東　　　　　　　　　　西

(2)① 記号：D

理由：同じ位置で観察していないので，目印にする物が決まらず，連続する月の
動き方がわからない。

　② イ（⇒）ウ（⇒）ア

2(1)　イ，オ，カ

(2)　②，④，⑦，⑩

3(1)　大人：500(円)　小学生：250(円)

(2)①　5(m)

② 15(分)

③ 100.5(m)

2 1(1)　1.75(dL)

(2)　C

2(1)①　葉の緑色を脱色し，ヨウ素液の反応を見やすくするため。

② デンプンが作られなかったから。

(2)　A，D

3 1(1)　計算式：(63×20÷2)×2

答え：1260(cm²)

(2)　求め方：三角形ABDと三角形BCDは底辺がBDで共通の三角形だから，面積の比は
高さの比になる。よって，AE=63÷21×5=15

答え：15(cm)

2　(1)　6(cm)

(2)　24(cm)

○配点○

1 1(1)・(2)②　各2点×2　　(2)①　完答4点　　2(1)　完答2点　　(2)　完答3点

3(1)　完答4点　　(2)①・②　各3点×2　③　4点

2 1(1)　3点　　(2)　2点　　2　(1)各3点×2　　(2)　完答3点

3 1(1)　5点　　(2)　6点　　2　各4点×2　　計60点

＜総合問題Ⅱ解説＞

1 　(理科，算数：月，こん虫，円の計算)

1(1)　月は新月⇒半月⇒満月⇒半月⇒新月というように形が変わり，これが約30日間で一周する。
また，西側から満ちて西側から欠けていく。太陽が西の空に沈む夕方に真南の空にあるのは東
側が欠けた半月である。よって，解答の図のようになる。

(2)①　観察は同じ場所で同じ向きで行う。見やすい場所に移動してスケッチすると月の方角や高
さの変化がわからない。

② 太陽と同じように月も東の空からのぼり，南の空を通って，西の空に沈んでいく。アは西
の空に沈む直前，イは東の空からのぼった直後，ウは東の空からのぼって少し経ったあとな
ので，順番はイ⇒ウ⇒アとなる。

基本　2(1)　こん虫の特ちょうは，体が頭，胸，腹の三つの節に分かれていることと，胸から3対で6本
の足が生えていることである。

(2)　(1)の特ちょうを持つこん虫は，②バッタ，④カブトムシ，⑦チョウ，⑩トンボがあてはま

る。⑨クモは体が頭胸部と腹部の2つの節に分かれており，足は頭胸部から4対生えているのでこん虫にふくまれない。

3(1) ゆうたさんの会話から，小学生8人と大人4人で，2000×2＝4000(円)の入園料をはらうことがわかる。小学生が11名以上いないので団体割引はつかない。また，れいこさんの会話から，小学生が11人と大人4人で，4500円の入園料をはらうことがわかる。団体割引として1名分無料になるので，小学生は10人分の入園料がかかっている。よって，大人が4人であるとき，小学生が10−8＝2(人)の差で，入園料は4500−4000＝500(円)の差があるので，小学生1人の入園料は500÷2＝250(円)である。次にゆうたさんの会話から，大人2人にかかる入園料は，2000−250×4＝1000(円)であるので，大人1人の入園料は，1000÷2＝500(円)である。

(2)① 15秒でゴンドラが進むきょりを求めればよい。1分間に20m進むから，15秒間に進むきょりは，5mとなる。

② ゴンドラが60台あり，次のゴンドラがくるのに15秒かかるから，ゴンドラが一周するのにかかる時間は，15×60＝900(秒)である。よって，900÷60＝15(分)となる。

③ 観覧車を円に見立てると，観覧車の高さは「円の直径＋5m」となる。1分間に20m進むので，一周15分の観覧車の円周は20×15＝300(m)である。円周は直径×3.14なので，直径は，300÷3.14＝95.54…より95.5mとなる。よって，観覧車の高さは，95.5＋5＝100.5(m)である。

2 (算数，理科：体積の計算，植物の性質)

1(1) 0.2L＝2dLなので，肥料の体積は$2×\frac{1}{8}=\frac{1}{4}=0.25$(dL)である。これに全体が2dLになるように水を加えるので，2−0.25＝1.75(dL)の水が必要となる。

(2) れいこさんとほかの2人のちがいは，水を毎日与えたかどうかである。よって，水を十分に与えることがよく育った条件であるとわかる。

2(1)① ヨウ素液は青むらさき色に変化するので，緑の葉では反応が見えづらい。そのため温めたエタノールにつけることで葉を脱色する。お湯でエタノールを温めるのは，直接火で温めるとエタノールが引火しやすく危険なためである。

② ヨウ素液はデンプンに反応する。葉の緑色の部分では，太陽の光があたったことによりデンプンが作られるが，斑入りの部分では作られない。

(2) 斑入り以外の部分でも青むらさき色に染まらない部分があったとある。実験1で斑入りの部分以外は全体が染まっているから，実験2で染まらなかったのはアルミニウム箔を巻いた部分であると考えられる。よって，葉でデンプンを作るとき，太陽の光を当てる必要があることがわかる。また，実験2でも斑入りの部分は染まっていない。これらのことから，デンプンが作られるのは，太陽の光が当たる葉の緑色の部分であることがわかる。

3 (算数：図形と計算)

1(1) 凧の型紙は左右対称なので，辺ACと辺BDの交わっている点Eは辺BDの真ん中の点である。よって，底辺63cm，高さ20cmの三角形である三角形ABCと三角形ACDが2つ組み合わさっていると考えて面積を求めればよい。したがって，(63×20÷2)×2＝1260(cm²)となる。

(2) 底辺の長さが同じ2つの三角形の面積の比は，高さの比と同じになることに着目する。三角形ABDの面積：三角形BCDの面積＝AE：EC＝5：16より，AE：AC＝5：(16＋5)＝5：21

である。AC＝63cmなので，AE＝□cmとすると，□：63＝5：21より，□＝5×3＝15（cm）である。

2(1) 辺a，辺bともに5cm以上で，辺aと辺bの長さをたすと16cmになることから，辺a，辺bの長さは（a，b）＝（5，11）と（6，10）と（7，9）の組み合わせになる。1辺60cmの正方形をむだなく切り分けるので，辺a，辺bともに60をわり切れる長さでないといけない。3つの組み合わせのうち，60の約数の組み合わせは（6，10）。よって，辺aは6cm，辺bは10cmである。

(2) ④より同じ向きにすきまなくつめなければならないので，辺cの長さは60より小さい10の倍数である。辺cが50cmのとき，50：辺d＝5：4より，辺dは，4×10＝40（cm）となる。40は辺aの長さである6でわり切れないので，すきまなくつめることができない。辺cが40cmのとき，40：辺d＝5：4より辺dは，4×8＝32（cm）でこれも6でわり切れない。辺cが30cmのとき，30：辺d＝5：4より辺dは，4×6＝24（cm）で6でわり切れる。辺cが20cm，10cmのときも同じように計算すると条件に合わないので，辺cは30cm，辺dは24cmである。

辺cにカステラの辺aが並ぶ場合も，条件に合うのは，辺cが30cm，辺dが24cmのときだけである。

―★ワンポイントアドバイス★―

図や実験の結果など，提示された情報を活用して自分で答えの導き方を考える問題が多い。落ち着いて問題の図や資料を読み，手がかりをつかむようにしよう。また，何が問われているのかもしっかり確認するように注意が必要だ。

＜作文問題解説＞《学校からの解答例の発表はありません。》

　筆者は，疑問をもって確かめたり調べたりする時には，何が決定的に重要なのかを見つけその理由を明らかにし，結果を再現することが大切だと考えています。この筆者と同じように，私は疑問を解決する時に，原因を突き止めてからその原因をどう活用していくかが大事だと考えています。

　以前私は水泳を習っていたのですが，その時に，同じような体型なのにどうして速い人とおそい人がいるのだろう，と疑問に思いました。観察してみると，二人の泳ぎ方にちがいがあることが分かりました。そこで，自分でそれぞれの泳ぎ方をまねして泳いでみたところ，速い人の泳ぎ方のほうが水の抵抗をあまり受けずに泳げることが分かり，自分の泳ぐスピードも上げることができました。そして，スピードがおそかった友達に教えてあげると，その友達もスピードを上げることができました。原因を突き止めることで，自分にも友達にもよい効果を得ることができたのです。

　このような体験から，疑問を解決する時には，まず原因を突き止めて理解し，それをふまえて活用することを大切にしています。

○配点○

30点

＜作文問題解説＞

（国語：条件作文）

　　筆者の意見をまとめ，自分自身の体験を交えながら自分の意見を書く作文である。三段落構成にするよう指示があるので，①筆者の意見，②自分の体験，③自分の意見，という構成が書きやすい。一段落目では，筆者の意見に対する自分の意見を述べると，二段落目，三段落目とのつながりがよくなる。

　　問われているのが，今回の文章を読んでの自分の意見ではなく，自分が「大切にしていること」であるのに注意して，論点が問いとずれないようにする。

★ワンポイントアドバイス★

　字数が限られているので，筆者の意見は短くまとめて書こう。今回のように複数の問いがふくまれている時は，何に重点を置いて字数をさくべきか考えて書こう。

大切なことはメモしておこうネ！

平成30年度

★★★★★★★★★★★★★★★★★★★★★

入 試 問 題

平成30年度

仙台市立中等教育学校入試問題

【総合問題Ⅰ】 （40分）　　＜満点：60点＞

1　ともみさんが住む仙台市に，いとこのひろしさんが新潟市から遊びに来ました。ひろしさんが仙台市に着いた日は，天気も良かったので，家族といっしょに，家の近くを流れる広瀬川沿いを散歩しました。

次の1〜3の問題に答えなさい。

資料1　仙台市内を流れる広瀬川（ひろせがわ）

（出典　仙台市建設局河川課ホームページ）

ひろしさん	水の量が少ない場所だね。川がカーブしていて，ここから見ると，左側と右側では川岸の様子のちがいがよくわかるね。
お父さん	それぞれの川岸が，どのようにしてできたかわかるかな。
ともみさん	理科の授業で実験をしたことを覚えているけど……。
ひろしさん	ア川岸のでき方には水のはたらきが関係しているんだよね。
ともみさん	うん，思い出したわ。ところで，新潟県に大きな川は流れているの？
ひろしさん	新潟県には信濃川（しなのがわ）が流れていて，川の長さは日本一なんだよ。
ともみさん	水の量はどうなの？
お母さん	ひろしさんが住む 1 側の新潟市と私たちが住む 2 側の仙台市を比べると，平均気温は同じくらいだけど，降水量（こうすい）が冬に大きくちがうから，信濃川の方が水の量は多いと思うわ。
お父さん	そうだね。新潟県がお米の収かく量で全国一なのは，地形や気候が米作りに適しているからだろうね。
ともみさん	宮城県のお米の収かく量が今年（平成29年）は全国5位って聞いたことがあるわ。
お母さん	そうね，いろいろな工夫があるのだろうけど，2 側にある宮城県のお米の収かく量が多いのは，イ米作りに適した地形も関係していると思うわ。

1　下線部ア「川岸のでき方には水のはたらきが関係している」とあります。**資料1**を見て**左側**，**右側**それぞれの川岸のでき方を説明しなさい。

2　次のページの**資料2**，**資料3**を見て，あとの(1)，(2)の問題に答えなさい。

(1)　1 ，2 にあてはまる言葉を答えなさい。

(2)　仙台市と新潟市の平均降水量についての**表**を完成させなさい。また，二つの市を比べると，冬の平均降水量の差が夏より大き

表　仙台市と新潟市の平均降水量とその差

	冬（mm）	夏（mm）
仙台市		491.9
新潟市		460.6
差		31.3

くなる理由を説明しなさい。ただし，夏とは6月，7月，8月を，冬とは1月，2月，12月を示すものとします。

資料2　月ごとの平均気温と平均降水量（1981年〜2010年）

市	気温と降水量	1月	2月	3月	4月	5月	6月	7月	8月	9月	10月	11月	12月
仙台	気　温（℃）	1.6	2.0	4.9	10.3	15.0	18.5	22.2	24.2	20.7	15.2	9.4	4.5
	降水量（mm）	37.0	38.4	68.2	97.6	109.9	145.6	179.4	166.9	187.5	122.0	65.1	36.6
新潟	気　温（℃）	2.8	2.9	5.8	11.5	16.5	20.7	24.5	26.6	22.5	16.4	10.5	5.6
	降水量（mm）	186.0	122.4	112.6	91.7	104.1	127.9	192.1	140.6	155.1	160.3	210.8	217.4

（出典　気象庁ホームページ各種データ・資料より作成）

資料3　冬の気候のようす

（出典　新潟県十日町市ホームページ）

3　下線部イ「米作りに適した地形」とあります。資料4を見て，宮城県が米作りに適している理由を，地形に関係付けて答えなさい。

資料4　宮城県の地形

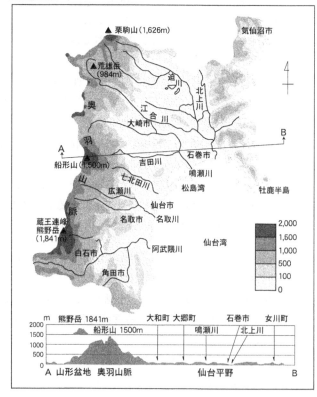

（出典「みやぎの河川・ダム・海岸」宮城県土木部河川課）

2　日本の米作りに関心をもったひろしさんとともみさんは，お父さんから，日本の食料生産や農業についての資料を見せてもらいました。

次の1～3の問題に答えなさい。

> ひろしさん　**資料1**を見てごらん。ァ五つの国の食料自給率を比べると，カナダが1980年からずっと一番で，2010年には，ほかの四つの国との差が大きくなっているよ。
>
> ともみさん　この資料の1990年より後を見ると，フランスとイギリスは下がり続けているわ。でも，アメリカは1990年と2000年ではフランスより低かったけれど，2010年にはフランスをこえているわね。
>
> ひろしさん　そうだね。それに**資料2**を見ると，ィ農業で働く人数や年令にも大きな変化があるね。
>
> ともみさん　ゥ日本の食料生産や農業がかかえる課題は，食料自給率などの問題だけではなさそうね。

1　下線部ア「五つの国の食料自給率を比べる」とあります。会話文を読んで，**資料1**のA国～D国に入る国名を答えなさい。

資料1　**日本と主な国の食料自給率（％）**
（カロリーベース）

国名＼年	1970	1980	1990	2000	2010
A国	112	151	129	125	135
B国	109	156	187	161	225
C国	104	131	142	132	130
D国	46	65	75	74	69
日本	60	53	48	40	39

（出典　農林水産省ホームページより作成）

2　下線部イ「農業で働く人数や年令にも大きな変化がある」とあります。**資料2**を見て，農業で働く人は，1970年と2010年それぞれ何万人か，四捨五入して上から2けたのがい数で求め，**表**を完成させなさい。ただし，農業で働く全体の人数は，1970年は1560万人，2010年は450万人とします。

表　**農業で働く人数**

年令	1970年	2010年
30～59歳	万人	万人
60歳以上	万人	万人

3　下線部ウ「日本の食料生産や農業がかかえる課題」とあります。どのような課題があるか，**資料2**からわかる主なことを二つ答えなさい。

資料2　**農業で働く人数と年令別割合**

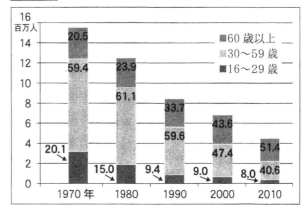

（出典　農林水産省ホームページ農林業センサス累年統計より作成）

3 次の日，ひろしさんはともみさんたちと，仙台市の文化財を見学することになりました。次の１〜３の問題に答えなさい。

お父さん	仙台市には，貴重な文化財がたくさんあるんだ。それをまとめた資料を用意したよ。ひろしさんは何か見たいものあるかな。
ひろしさん	僕は，社会の授業で学んだ聖武天皇に興味があるんだ。だから，国分寺（こくぶんじ）を見てみたいな。
お父さん	聖武天皇は国ごとに国分寺を建てるよう命じたんだよ。仙台市にもその一つである陸奥（むつ）国分寺があるんだ。
ともみさん	なぜ，聖武天皇は，全国に国分寺を建てたの？
ひろしさん	ア聖武天皇は，不安定な世の中を治めるために，全国に国分寺を建てたって，聞いたよ。
お父さん	そうなんだよ。ところで，用意した資料には，国分寺のほかにもたくさん文化財があるから，イ年代の古い順番にまわってみよう。

1 下線部ア「聖武天皇は，不安定な世の中を治めるために，全国に国分寺を建てた」とあります。聖武天皇は，どのように世の中を治めようとしたのか，次の三つの言葉を使って説明しなさい。

仏教，東大寺，災害や反乱

2 下線部イ「年代の古い順番にまわってみよう」とあります。資料１を見て，どの順番で見学すればよいか，①〜⑥の番号で答えなさい。

資料１ 仙台市の文化財

①木造釈迦如来立像（もくぞうしゃかにょらいりゅうぞう）
武士の時代が始まり，全国にこの信仰（しんこう）がひろがりました。

④八木山緑町遺跡（やぎやまみどりちょういせき）
仙台市では発見例が少ない，たて穴住居が複数発見されています。

②黒漆五枚胴具足（くろうるしごまいどうぐそく）
仙台藩（はん）を開いた伊達政宗（だてまさむね）が愛用したものであると伝えられています。

⑤三居沢発電所（さんきょざわはつでんしょ）
東北地方で最初の発電所で，写真は二代目の建物です。

③陸奥国分寺跡（あと）
聖武天皇によって全国に建てられた国分寺の一つです。

⑥遠見塚古墳（とおみづかこふん）
仙台平野一帯を支配した豪族（ごう）を埋葬（まいそう）した前方後円墳（ぜんぽうこうえんふん）です。

（出典　仙台市教育局文化財課ホームページより作成）

3 ともみさんの家に帰った後，ひろしさんは「三人の武将とその時代」という**資料**をともみさん
たちに見せました。**資料2**を見て，あとの(1)～(4)の問題に答えなさい。

資料2 3人の武将とその時代

年	織田信長	年	豊臣秀吉	年	徳川家康
1560	今川氏を破る	1560	織田軍の兵士として戦う	1560	今川方の武将として戦う
1569	ア キリスト教を保護する 堺を支配する				
1573	室町幕府をほろぼす	1570	羽柴秀吉と名乗る	1570	信長とともに浅井・朝倉氏を破る
1575	イ 長篠の戦い（武田軍を破る）				
1576	1 城を築く				
1577	城下で 2 を行う				
1582	明智光秀にうたれる（本能寺の変）	1582	明智光秀をたおす 3 を始める		
		1583	4 城を築く		
		1585	関白となり，後に豊臣と名のる		
				1586	秀吉の家臣となる
		1588	ウ 刀狩を命じる	1590	関東に領地を移す
		1590	全国を統一する		
		1598	病死する	1600	5 の戦いで西軍を破る
				1603	征夷大将軍となる 江戸幕府を開く
				1612	エ キリスト教を禁止する
				1615	豊臣氏をほろぼす 2代将軍徳川秀忠が オ 武家諸法度を定める
				1616	病死する

(1) **資料2**の 1 ～ 5 に入る言葉の組み合わせとして正しいものを一つ選び，**表**の**あ～お**の記号で答えなさい。

表

	1	2	3	4	5
あ	安土	楽市・楽座	検地	江戸	関ヶ原
い	姫路	検地	楽市・楽座	江戸	壇ノ浦
う	安土	楽市・楽座	検地	大阪	関ヶ原
え	姫路	検地	楽市・楽座	江戸	関ヶ原
お	安土	検地	楽市・楽座	大阪	壇ノ浦

(2) 下線部**ア**「キリスト教を保護する」，下線部**エ**「キリスト教を禁止する」とあります。織田信長が保護したキリスト教を，徳川家康が開いた江戸幕府が禁止した理由を説明しなさい。

(3) 下線部**イ**「長篠の戦い」とあります。あとの①，②の問題に答えなさい。

① 図の中で，A側，B側のどちらが織田・徳川連合軍と考えられるか，A，Bの記号で答えなさい。また，そう考えた理由を，図を見てわかることを使って説明しなさい。

② 織田信長が当時の戦い方を大きく変えることができたのはなぜか，**資料2**にある言葉を使って説明しなさい。

(4) 下線部**ウ**「刀狩」，下線部**オ**「武家諸法度」について，それぞれ関係する資料を**説明文**から一つ選び，①〜③の記号で答えなさい。また，それぞれの目的について，その説明文からわかることを答えなさい。

| 図 | 長篠の戦い |

A　B

(出典「長篠合戦図屏風」徳川美術館所蔵
©徳川美術館イメージアーカイブ/DNPartcom)

| 説明文 |

①
・学問や武芸にはげみなさい。
・毎年4月に参勤交代（さんきんこうたい）をしなさい。＊
・自分の領地の城を修理する場合，届け出ること。
・幕府の許可なしに，大名の家どうしで結婚（けっこん）してはいけない。
・大きな船をつくってはいけない。＊
〈注〉 ＊は後から加えられたもの。

②
・百姓（ひゃくしょう）が刀，やり，鉄砲などの武器を持つことをかたく禁止する。年貢（ねんぐ）を出ししぶり，一揆（いっき）をくわだてて領主に反抗（はんこう）する者は，厳しく処ばつする。
・集められた刀などは，京都に新しくつくる大仏（だいぶつ）のくぎなどにする。
・百姓は農具だけ持って田畑を耕していれば，孫子（まご）の代まで無事にくらせる。

③
・朝は早く起きて草をかり，昼は田畑を耕し，晩（ばん）は縄（なわ）や米俵をつくり，気をぬかずに仕事をすること。
・酒や茶を買って飲んではいけない。
・食物は大切にして，麦や粟（あわ），ひえ，菜，大根などをつくり，米は多く食べないようにしなさい。
・百姓は，麻（あさ）と木綿（もめん）のほかを着てはいけない。

【総合問題Ⅱ】 （40分）　　＜満点：60点＞

1　まさやさんは，ある冬の夜に，妹のえりさんとサイダーを飲みながら，次のような会話をしました。

次の1～4の問題に答えなさい。

> えりさん　　お兄ちゃん。サイダーのペットボトルの中に見えるあわは何なの？
>
> まさやさん　これはね，　1　という気体だよ。
>
> えりさん　　気体には，ほかにどんなものがあるの？
>
> まさやさん　ア空気中には，　2　や　3　があるよ。空気中に一番多くあるのが，　3　なんだ。
>
> えりさん　　シャボン玉もあわみたいだけど，あの中には何が入っているの？
>
> まさやさん　中に入っているのは空気だよ。でも，人がふきこんだ空気でふくらんでいるから，まわりの空気よりも，　2　が減って，　1　が増えていると思うな。それから，人がふきこんだ空気でふくらんでいるから，　4　も増えていると思うよ。
>
> えりさん　　そう言えば，体育の授業で長いきょりを走った後は，息をすったりはいたりするのが速くなるよね。これも気体が関係しているの？
>
> まさやさん　たくさん走った後は，体が　2　を必要としているから，呼吸（こきゅう）が速くなるんだよ。
>
> えりさん　　イ心臓（しんぞう）もどきどきしたなあ。呼吸と心臓のはたらきには大きな関係があるのかなあ。

1　会話文の　1　～　4　に入る，気体の名前を答えなさい。ただし，同じ番号には同じ気体の名前が入ります。

2　下線部ア「空気中には，　2　や　3　がある」とあります。まさやさんは，理科の授業で，その気体2，気体3のはたらきを調べるために，図1のような器具で実験をしたことがあります。あとの(1)，(2)の問題に答えなさい。

図1

(1)　気体2，気体3を別々のびんに閉じ込めて，火のついたろうそくを入れました。空気中でろうそくを燃やすのと比べて，どのようになるか，その組み合わせとして正しいものを，表1から一つ選び，ア～エの記号で答えなさい。

表1

	気体2だけの場合	気体3だけの場合
ア	激（はげ）しく燃える	変わらない
イ	すぐに消える	激しく燃える
ウ	激しく燃える	すぐに消える
エ	すぐに消える	変わらない

(2) 気体 2，気体 3 を半分ずつ混ぜたものを
びんに閉じ込めて，火のついたろうそくを
入れました。空気中でろうそくを燃やすの
と比べて，どのようになると考えられるか，
表 2 から一つ選び，**ア～ウ**の記号で答えな

表2	
	気体 2 と気体 3 が半分ずつの場合
ア	空気中と比べて激しく燃える
イ	空気中と同じように燃える
ウ	すぐに火が消える

さい。また，そのように考えた理由を，気体の名前を使って説明しなさい。

3　下線部**イ**「心臓もどきどきした」とあります。これは心臓が
血液を全身に送り出すときに見られる現象です。この心臓の動
きを何というか答えなさい。また，心臓のはたらきにより，血
液が全身をめぐる中で運んでいる主な三つのものを答えなさ
い。

| 資料 | オリオン座 |

4　まさやさんが窓(まど)から夜空を見上げると，南の空に**資料**のよう
にオリオン座が見えました。あとの(1)，(2)の問題に答えなさい。

(1)　3 時間後に，まさやさんが夜空を見上げると，オリオン座
の見え方が少し変わっていました。オリオン座はどのように
見え方が変わったのか，方角と星の並びについて説明しなさ
い。

(2)　オリオン座は日本の伝統的な楽器である「つづみ」という太鼓(たいこ)に似ていることから「つづみ
星」とも呼ばれています。**図 2** の直方体の容器で，**図 3** のつづみ型の容器に水を入れ，**図 3** の
体積をはかりました。**図 2** の容器の側面と底面の木の厚さは 1 ㎝とします。あとの①，②の問
題に答えなさい。

①　1.4L の水が入っている**図 3** の容器に，**図 2** の容器で水を入れると 10 ぱい目でちょうど
いっぱいになりました。**図 3** の容器の容積は何㎤か答えなさい。

②　**図 3** の容器に水が入っていなかった場合，**図 2** の容器で水を入れると，何はい目で水があ
ふれるか答えなさい。

| 図2 | 図3 |

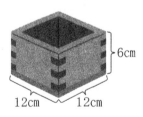

2　しんごさんとりほさんが所属している吹奏楽(すいそうがく)部では，毎年 5 月に定期演奏会を開さいしていま
す。会場費は学校から支出されますが，入場料をいくらにするか，チラシのデザインをどうするか
など，今年も部員みんなで準備を進めています。
　　次の 1，2 の問題に答えなさい。

1　毎年，入場料の全額を赤十字に寄付していますが，今年の目標額をいくらにするか，話し合っ
ています。あとの(1)，(2)の問題に答えなさい。

しんごさん　去年の入場者は何人だったかなあ。

たつやさん　去年は，入場者が285人で，そのうち20％が子供だったよ。

しんごさん　子供は無料で，大人は一人200円ずつ入場料をもらったんだよね。

りほさん　そうだったわね。去年はたくさんお客さんが来てくれたから，ァ目標の40000円より多くなったんだよ。

あゆみさん　今年は去年より大きな会場だから，今年の目標額は60000円でどうかしら？

りほさん　いいわね。でも，どうするの？入場料を値上げするの？

たつやさん　去年と同じように，子供は無料，大人は200円のままがいいね。そして，地域の人たちにもっと多く来てもらえるように，部員みんなでお願いしよう。

あきえさん　大変そうね。でも，計算してみると，ィ部員一人一人が，去年より大人の入場者を二人ずつ増やすように声がけすればちょうど目標額になるってことね。

しんごさん　そう考えるとわかりやすいね。大変だけど，みんなでがんばろう。

(1)　下線部ア「目標の40000円より多くなった」とあります。去年はいくら寄付することができたか答えなさい。

(2)　下線部イ「部員一人一人が，去年より大人の入場者を二人ずつ増やすように声がけすればちょうど目標額になる」とあります。この会話から，何人の部員がいると考えられるか答えなさい。

2　自宅に帰ったしんごさんは，チラシづくりの参考にする本を借りるために，りほさんの家へ行きました。資料1，資料2を見て，あとの(1)，(2)の問題に答えなさい。

資料1　しんごさんの移動のようす

　　しんごさんは，自転車に乗って，自宅を午後3時に出ました。途中で学校の横を通ると，学校の時計は午後3時10分を示していました。りほさんの家で本を借り，その後，同じ道を通って自宅へ帰りました。行きは急ぎましたが，帰りはつかれたので，行きよりも少し速さを落として帰りました。行きと帰りの速さの比は，4：3でした。（ただし，行きと帰りの自転車の速さは，それぞれ一定と考え，途中止まらないこととします。）

資料2　道のりと時刻のグラフ

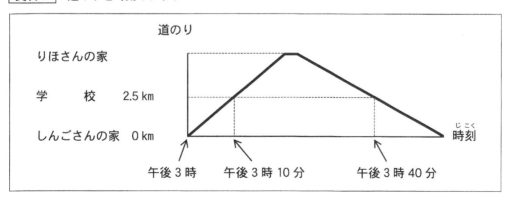

(1) しんごさんの帰りの自転車の速さは，時速何kmか答えなさい。

(2) しんごさんがりほさんの家から自宅にもどった時刻は，午後何時何分か答えなさい。ただし，秒以下は切り捨てることとします。

3 線をたどって，常に前進して動くロボットがあります。資料1のように，1辺が10cmの正方形のパネルが4種類あって，パネルa～パネルcには，ロボットがたどる線がかかれており，パネルdには線がありません。それぞれのパネルを枚数に制限はなく使用することができます。また，パネルの外わくはロボットがたどる線ではありません。

資料2のように，わくAには縦と横に3枚ずつで合計9枚のパネル，わくBには縦と横に4枚ずつで合計16枚のパネルを置くことができます。これらのわくに，ロボットがたどる線が途切れないようにパネルを置いていきます。パネルは，90°，180°，270°のどの角度に回転させて置いてもかまいませんが，重ねて置くことはできません。円周率は3.14とします。

あとの1～3の問題に答えなさい。

資料1

パネルa	—	1組の向かい合う辺の中点を直線で結んだもの。
パネルb	＋	2組の向かい合う辺の中点をそれぞれ直線で結んだもの。ロボットは，上下，または左右の方向に直進することができるが，直角に曲がって進むことはできない。
パネルc	⌐	正方形の1つの頂点を中心として，半径が5cmの円をかいたもの。
パネルd	□	線がかかれていないもの。

資料2

わくA

わくB

1 **パネルc**にかかれている線の長さは何㎝ですか。次の**ア～エ**の中から一つ選び，記号で答えなさい。

ア 3.925㎝　　**イ** 7.85㎝　　**ウ** 15.7㎝　　**エ** 19.625㎝

2 **わくA**を使って，パネルを次の**ア，イ**のように置いたとき，ロボットがたどる線の1周分の長さの差を求めなさい。

ア　　　イ　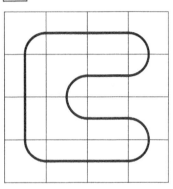

3 図は，**わくB**を使って，ロボットがたどる線をなるべく長くなるようにパネルを置いたものです。ロボットがたどる線の1周分の長さが，この**図**よりも長くなるようにパネルを置いたとき，その線を解答用紙の図にかき入れなさい。また，そのときの線の1周分の長さを求めなさい。

（**下書き用の図**と解答用紙の図には，ロボットがたどる線とは別に，作図のために補助線………を入れています。）

図

……………………次の図は下書きとして使用してもよい……………………

下書き用の図

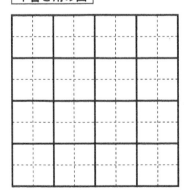　　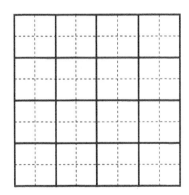

【作　文】　（四〇分）　（満点：三〇点）

問　題

◎次の文は、ある中学校の数学の授業の様子を説明した文章の一節です。缶ジュースの容器や牛乳パックの謎を解くことができたのはなぜだと思いますか。また、このことについてあなたはどのように考えますか。あなたの体験を交えながら書きなさい。ただし、文章は四百字以上五百字以内で、三段落構成で書くこととします。

まず初めに先生が題材に取り上げたのは、缶ジュースの容器です。「なぜ缶ジュースは《注》円筒形なのか」という問いについて、クラスのみんなに考えてもらいます。「持ちやすいから」「自動販売機から出てきやすいから」。思いつくままに生徒が意見を言う中で、少し変わったことを言う生徒がいました。「一番無駄のない形だからじゃないの？」。

みんなで計算してみると、缶の表面積を小さくしたい場合、四角柱ではなく円筒形にした方がよいことが確かめられました。面積が小さければ、その分だけ容器の材料費は安くすみます。持ちやすさもさることながら、円筒形にはそれなりの理由があることに気づきました。

「では、なぜ牛乳パックは円筒ではなく、四角柱になっているんだろう」というのが、先生が用意した本題です。生徒たちは一リットル入りの牛乳パックを「分解」して容積を調べていきます。「底辺×底辺×高さ」の公式に当てはめて計算すると、驚いたことに約九百五十五ミリリットルしか容量がないことが分かりました。一人の生徒が目を輝かせながら、「これって詐欺じゃないの」と大きな声を上げます。子どもたちは《注》高揚感を隠しきれません。

牛乳パックの上部には、牛乳を注ぐための《注》四角錐の部分がありますね。生徒たちは「この部分に残っているに違いない」と推理して、その部分の容積を計算し、足し上げてみましたが、それでもまだ容積は一リットルに満たないのです。牛乳は一体どこに消えてしまったのでしょう？　それとも本当に詐欺なんでしょうか。

果たしてこの謎を解いたのは、普段はテストの成績があまりよくないという生徒でした。ヒントは牛乳パックの材質にあります。紙とポリエチレンでできている牛乳パックの圧力で、変形して外側に膨らんでいるのです。みなさんも、牛乳パックを手に持った時に気づいたことはないですか。膨らんだ部分に残りの牛乳が入っているから、計算で求めた以上の容量を収納することができたというわけです。ここでも材料費を安く抑えるため、膨らむことを見越して無駄のない大きさのパックが使われていたことが分かりました。

（岩波ジュニア新書『質問する、問い返す　主体的に学ぶということ』
名古谷隆彦　著より）

《注》
円筒形……丸い筒をした形。底面と上面が正円の立体図形。
高揚感……気持ちが非常に興奮した感覚。
四角錐……エジプトにあるピラミッドの形をした立体図形。

平 成 30 年 度

解 答 と 解 説

《配点は解答欄に掲載してあります。》

＜総合問題 I 解答例＞

1 1 左側：(例)流れる水によって土や石を積もらせる，たい積のはたらきによってできた。
　　　 右側：(例)流れる水が地面をけずる，しん食のはたらきによってできた。

　　2 (1) 1：日本海　　2：太平洋

　　　 (2) 冬(mm)　仙台市：112.0　新潟市：525.8　差：413.8
　　　　　 理由：(例)新潟市は季節風の影響で，冬に湿った風が山脈にぶつかることで，雪が
　　　　　　　　　 多く降るため，降水量が多くなる。仙台市はかわいた風がふき，降水量は少
　　　　　　　　　 ない。

　　3 (例)米作りには多くの水が必要であるが，宮城県では，山脈から広い平野に，多くの河
　　　　川が流れ込んでいることから，米作りに適している。

2 1 A国：アメリカ　　B国：カナダ　　C国：フランス　　D国：イギリス

　　2 1970年　30〜59歳：930(万人)　60歳以上：320(万人)
　　　 2010年　30〜59歳：180(万人)　60歳以上：230(万人)

　　3 (例)農業で働く全体の人数が減少している。
　　　 (例)農業で働く30〜59歳の人数が減ったことで，全体として高齢化がすすんでいる。

3 1 (例)全国で災害や反乱が広がり社会が不安定になったため，仏教の力で不安定な社会を
　　　　治めようと願い，国ごとに国分寺を建てさせ，その中心として東大寺に大仏を作った。

　　2 ④→⑥→③→①→②→⑤

　　3 (1) う
　　　 (2) (例)国内にキリスト教信者が増えると幕府の命令に従わなくなることを心配したか
　　　　　　 ら。
　　　 (3) ①　記号：A
　　　　　　　　理由：(例)A側には多くの鉄砲隊がいるから。
　　　　　 ②　(例)堺を支配したことで，豊富な資金と鉄砲の生産地が手に入ったから。
　　　 (4) ウ　記号：②
　　　　　　　　目的：(例)百姓たちから刀や鉄砲などを取り上げて，反抗できないようにする
　　　　　　　　　　　 ため。
　　　　　 オ　記号：①
　　　　　　　　目的：(例)厳しい決まりを定め，大名に対する幕府の支配をさらに強めるた
　　　　　　　　　　　 め。

○配点○

1 1・3　各4点×2　　2(1)　3点　　2(2)　表：3点　　理由：4点

2 1・3　各4点×2　　2　3点×2

3 1　5点　　2　4点　　3(1)・(2)・(3)①・(4)ウ・(4)オ　各3点×5　(3)②　4点　　　計60点

＜総合問題Ⅰ解説＞

1 （社会，理科，算数：資料読み取り，気候，水のはたらき，地形など）

1 川はカーブの外側の土砂をしん食し，カーブの内側では土砂をたい積させるはたらきがある。資料1をみると，左側が川のカーブの内側，右側がカーブの外側であることがわかるので，左側の川岸に土砂が積もり，右側の川岸は削られてできたことがわかる。

2 （1） 空欄2の内容については，新潟市のある新潟県と仙台市のある宮城県がどういう位置関係にあるかを考えるとわかりやすい。空欄を含むお母さんのセリフから，空欄にあてはまるものは平均気温や降水量にも大きく関わっていることがわかる。

（2） 冬を1，2，12月とする条件があるので，表にある平均降水量のうち，この3か月間の降水量の合計を求めればよい。

仙台市の場合は，37.0＋38.4＋36.6＝112.0（mm）

新潟市の場合は，186.0＋122.4＋217.4＝525.8（mm）となる。

差は，冬の場合525.8－112.0＝413.8（mm），夏の場合491.9－460.6＝31.3（mm）となる。

理由は資料3を参考にする。左側の図からは，冬の北西の季節風が海流の上を通って日本列島に来ることがわかる。右側の図からは，越後山脈によって日本海側と太平洋側が隔てられていることがわかる。以上のことをヒントに次のような仕組みを考える。大陸からの乾いた季節風が，日本海の対馬海流の上を通ることで湿った季節風となり，それが越後山脈にぶつかることで上昇気流が生まれ，日本海側の山沿いに雪を降らせる。雪を降らせたことで水分が減り，乾いた風が越後山脈を越えて太平洋側に届くために，太平洋側では降水量が少なくなる。これにより，日本海側の新潟市と太平洋側の仙台市の冬の降水量の差が大きくなる。

3 資料4から，多くの川が山脈から平野へと流れていることが読み取れる。このことから，米作りに必要な多くの水と水田耕作をしやすい広い平野の存在が，宮城県を米作りに適した場所にしていることがわかる。

2 （社会，算数：資料の読み取り，割合など）

1 ひろしさんの最初の発言から，カナダは2010年に最も自給率の高いB国であることがわかる。次にともみさんの発言から，まずフランスとイギリスは年々下がり続けているC国とD国のいずれかであり，よってA国はアメリカとわかる。したがって，アメリカより1990年と2000年で自給率の高かったC国がフランスと確定し，残ったD国がイギリスになる。

2 1970年の30～59歳の人数は，1560×0.594＝926.64（万人）。

2けたのがい数という指示があるので，四捨五入して930万人。同様に他の人数も求めていく。

1970年の60歳以上の人数は，1560×0.205＝319.8（万人）。よって答えは320万人。

2010年の30～59歳の人数は，450×0.406＝182.7（万人）。よって答えは180万人。

2010年の60歳以上の人数は，450×0.514＝231.3（万人）。よって答えは230万人。

3 資料2を見ると，農業で働く全体の人数が年々減っていることがわかる。また，各年の人数の年令別割合を見ると，16～29歳と30～59歳の割合は年々小さくなっている一方で，60歳以上の割合は年々大きくなっていることが読み取れ，高齢化がすすんでいることがわかる。

基本 3 （社会：資料読み取り，時代背景の理解など）

1 災害や反乱で混乱する社会を仏教の力で治めようとしたことが重要。また，指定された言葉の中にある東大寺は，全国の各国に設けられた国分寺の中心となる寺であった。聖武天皇は，741

年に国分寺建立の詔（みことのり）を出して全国に国分寺を設けさせ，743年に大仏造立の詔を出して東大寺に大仏をつくらせた。大仏は752年に完成した。

2　①「武士の時代が始まり」とあるので，平氏が政権を握った（にぎ）平安時代末期から源氏が鎌倉幕府を開いた鎌倉時代初期のものと考えられる。この木造釈迦如来立像は鎌倉時代のものである。②は「仙台藩を開いた」とあることから，伊達政宗が安土桃山時代，江戸時代の人物であることが予想できる。③は「聖武天皇によって」とあるので，奈良時代。④は「たて穴住居」が発見されていることから，縄文時代や弥生時代の可能性が高いと判断できる。⑤は発電所であり，電気が本格的に生活の中で使われだすのは明治時代以降なので，この発電所も明治時代以降のものと考えられる。三居沢発電所は明治時代に建てられた発電所である。⑥は前方後円墳であるので，古墳時代とわかる。以上の時代を古い順番にすると，④縄文・弥生時代，⑥古墳時代，③奈良時代，①平安・鎌倉時代，②安土桃山・江戸時代，⑤明治時代となる。

3　(1)　織田信長が築いたのは安土城。また，楽市・楽座を行ったのは信長，検地を行ったのは豊臣秀吉である。秀吉は1583年に大阪城（大坂城）を築く。江戸城の天守閣を築いたのは徳川家康である。1600年に起きたのは関ヶ原の戦い。徳川家康率いる東軍が石田三成率いる西軍を破った戦いである。壇ノ浦の戦いは，1185年に起きた戦いで，源氏が平氏を滅亡させた戦いである。

(2)　江戸幕府は，神や宣教師を敬いそれに従うキリスト教信者が増え，集団となることで，幕府に反抗する勢力になりかねないと考えた。実際に，1637年にはキリシタンによる島原（島原・天草一揆）の乱が起こって，幕府に抵抗（ていこう）する姿勢を見せている。

(3)　①長篠の戦いは，織田・徳川連合軍が大量の鉄砲を使用することによって，騎馬隊中心の武田軍を破った戦いである。よって，鉄砲隊が見えるA側が織田・徳川連合軍であることがわかる。

　②堺は当時，有力商人が多くいる商業が栄えた町であった。自治都市として栄えていた堺は南蛮（なんばん）貿易もしており，商人たちは鉄砲の技術を取り入れて，鉄砲の生産も行なっていた。そのため，堺を支配した信長は，鉄砲を入手しやすかったのである。

(4)　「刀狩」とは百姓から刀や鉄砲などの武器を取り上げた政策。これにより，百姓による一揆などの抵抗を防ごうとした。集めた武器を大仏造りに使うことで，武器を出すことがご利益（りやく）につながるようにし，百姓から武器を集めやすくした。

　「武家諸法度」は幕府が大名を統制するために公布したもの。将軍が替わるごとに増補されていったが，参勤交代は三代将軍の徳川家光の時に加えられた。

★ワンポイントアドバイス★

理由や仕組みを問う問題が多かった。資料を注意深く見て手がかりを得ることと，あらかじめなぜそうなるのかを確認しながら勉強するようにしよう。

＜総合問題Ⅱ解答例＞

1　1　1　二酸化炭素　2　酸素　3　ちっ素　4　水蒸気
　　2　(1)　ウ
　　　　(2)　記号：ア　理由：(例)ものを燃やすはたらきがある酸素が空気中より多いから。
　　3　動き：拍動　　運ぶもの：酸素　二酸化炭素　養分
　　4　(1)　(例)南から西の方へ動き，星の並び方は変わらない。
　　　　(2)　①　6400(cm³)　②　13(はい目)

2　1　(1)　45600(円)
　　　　(2)　36(人)
　　2　(1)　(時速)$11\frac{1}{4}$(km)
　　　　(2)　(午後)3(時)53(分)

3　1　イ
　　2　4.3(cm)
　　3　図

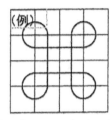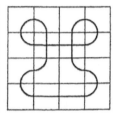

　　　　　長さ　左：174.2(cm)　　右：154.2(cm)

○配点○
1　1・2・3　各1点×3　4　2点　　　2(1)　3点　(2)　4点　　　3　動き　2点　運ぶもの　3点
4(1)　3点　(2)　各4点×2　　　2　各4点×4　　　3　各4点×4　　　計60点

＜総合問題Ⅱ解説＞

やや難　1　（理科，算数：ものの燃え方や空気，血液，星の動き）
　1　サイダーは「炭酸飲料」といわれるもので，炭酸を含んだジュースである。炭酸を含んだ水を
　　炭酸水という。炭酸水には二酸化炭素がとけている。空気はちっ素，酸素，二酸化炭素などの気
　　体が混ざったもので，全体の体積の約78％はちっ素，約21％は酸素である。人は呼吸によって体
　　の中に酸素を取り入れ，体の外に二酸化炭素を出している。はき出した息は吸いこんだ空気より
　　も酸素が少なく，二酸化炭素や水蒸気が多くふくまれている。
　2　(1)　酸素にはものを燃やすはたらきがあるが，ちっ素と二酸化炭素にはものを燃やすはたら
　　　　きはない。よってびんの中の気体が気体2(＝酸素)だけの場合，酸素が約21％ふくまれている
　　　　空気と比べるとびんの中のろうそくは激しく燃える。また，びんの中の気体が気体3(＝ちっ
　　　　素)だけの場合，空気と比べるとびんの中のろうそくはすぐに消える。
　　　(2)　気体2と気体3を半分ずつ混ぜたものの酸素の割合は50％である。よって酸素が約21％ふく
　　　　まれている空気と比べると，火のついたろうそくは激しく燃える。
　3　心臓は養分や酸素をふくんだ血液を体の各部分に送り届け，不要になった二酸化炭素を取り入
　　れた血液を肺に運んでいる。呼吸によって肺で酸素が血液中に取り入れられ，二酸化炭素が血液
　　中から排出される。血液を全身に送り出す周期的な動きを拍動という。

4 (1) 星は東から西へ動く。このとき，星座のかたむき方は変わるが，星の並び方は変わらない。まさやさんが窓から夜空を見上げていたときオリオン座は南の空にあったので，3時間後オリオン座は南から西の方へ動いたことがわかる。

(2) ①図2の容器は底面が縦と横10cmの正方形，高さが5cmの直方体であると考えられるので体積は，$10 \times 10 \times 5 = 500$ で500cm³である。図3の容器は1.4Lと図2の容器10ぱい分でちょうどいっぱいになる。1mLは1cm³であることから1.4L（1400mL）は1400cm³であるので図3の容器の体積は，$1400 + 500 \times 10 = 1400 + 5000 = 6400$ で6400cm³である。

②①より，図3の容器の容積は6400cm³，図2の容器の容積は500cm³なので，$6400 \div 500 = 12.8$ より，13はい目のとき水があふれる。図2の容器13はい分は，$500 \times 13 = 6500$ で6500cm³なので容積が6400cm³の図3の容器には入りきらない。

2 （算数：お金や速さの計算）

1 (1) 去年の大人の入場者数は，$285 \times 0.8 = 228$ より228人である。
よって入場料の合計は，$200 \times 228 = 45600$ で，45600円寄付することができた。

(2) 去年の大人の入場者数に加えて部員の2倍の人数がいれば目標額にちょうど届くことになる。目標額は60000円なので，$60000 \div 200 = 300$ で300人の大人が入場すればよいことがわかる。増やさなければならない大人の人数は，$300 - 228 = 72$ で72人なので部員の人数は，$72 \div 2 = 36$ で36人である。

2 (1) しんごさんの行きの自転車の速さは，$2.5(\text{km}) \div \frac{1}{6}(\text{時間}) = 15$ で時速15kmとなる。行きと帰りの速さの比は4：3なので，しんごさんの帰りの自転車の速さは，$15 \times \frac{3}{4} = \frac{45}{4} = 11\frac{1}{4}$ より時速$11\frac{1}{4}$kmとなる。時速11.25kmでもよい。

(2) 学校からしんごさんの家に着くまでにかかった時間を求めると，
$2.5(\text{km}) \div 11\frac{1}{4} = 2.5 \div \frac{45}{4} = \frac{2}{9}(\text{時間})$　$\frac{2}{9}$時間を「分」に直すと，$\frac{2}{9} \times 60 = 13\frac{1}{3}(\text{分})$
1分に達しない秒以下は切り捨てることにするので，$\frac{1}{3}$分は切り捨てることができる。よって学校からしんごさんの家に着くまでにかかった時間を13分とすると，しんごさんがりほさんの家から自宅にもどった時刻は午後3時40分から13分後なので，午後3時53分となる。

3 （算数：図形と計算）

1 パネルcにかかれている線は半径5cmの円の$\frac{1}{4}$の部分であるから，
$5 \times 2 \times 3.14 \div 4 = 7.85$ で7.85cmである。

2 アはパネルaが4つ，パネルcが4つ，パネルdが1つなので，
$10 \times 4 + 7.85 \times 4 = 40 + 31.4 = 71.4$ でロボットがたどる1周分の長さは71.4cm。
イはパネルbが1つ，パネルcが6つ，パネルdが2つなので，
$20 \times 1 + 7.85 \times 6 = 20 + 47.1 = 67.1$ でロボットがたどる1周分の長さは67.1cm。
よってアとイの差は，$71.4 - 67.1 = 4.3$ より4.3cmである。

3 図はパネルaが8つ，パネルcが8つなので，$10 \times 8 + 7.85 \times 8 = 142.8$ でロボットがたどる1周分の長さは142.8cm。これよりも長くなるようにパネルを置かなければならない。パネルaの線の長さは10cm，パネルbの線の長さは20cm，パネルcの線の長さは7.85cmであるので，パネルbを積極的

に使うよう心がけると良いかもしれない。例えば解答例の左側の図のように真ん中にパネルbを4つ置き，まわりを12個のパネルcで埋めるように置くと，$20 \times 4 + 7.85 \times 12 = 80 + 94.2 = 174.2$で142.8cmより大きくなる。

解答例右側の図はパネルaが2つ，パネルbが2つ，パネルcが12個なので，$10 \times 2 + 20 \times 2 + 7.85 \times 12 = 20 + 40 + 94.2 = 154.2$で142.8cmより大きくなる。

── ★ワンポイントアドバイス★ ──

算数と理科の基本的な問題が出されている。理科では答えだけでなく理由や文章を書く問題も見られたので，分かりやすい文章を書けるように心がけよう。算数では様々な計算問題が出るので，どれも計算ミスのないように気をつけよう。全体を通して，検査時間が40分であることを忘れずに落ち着いて解けるようにしたい。

＜作文解答例＞ 《学校からの解答例に発表はありません。》

問題

　生徒たちは，缶ジュースに対しては表面積の違いに着目し，牛乳パックに対しては材質に着目して謎を解いていました。よって，この二つの謎が解けたのは，一つの物事を多様な視点から探ったためだと考えられます。

　私は，地理の授業で北海道についてグループでまとめたことがあります。グループのみんなと話し合い，人口や気候といった地理的内容だけでなく，文化や観光といった別の切り口についても取り入れることになりました。また，野球に詳しい人がいたのでそのことについても書き加えました。地理に限らない多角的な視点を取り入れた結果，充実した内容のものに仕上げることができました。

　一つの答えを求めたり，調べたりする時に，多様な視点を持つことは大切だと思います。学校で学習するのにとどまらない見方を取り入れることで，正解やよりよい成果に近づくことができるからです。私も，多様な見方をできるようにしたり，他の人の見方を聞いたりすることに努めていきたいです。

○配点○
計30点

＜作文解説＞

問題　（国語：条件作文）

　授業で，缶ジュースの容器や牛乳パックの謎を解くことができた理由と，そのことについての自分の考えを，体験を交えながら書く問題。三段落構成で書くという指示なので，

①謎が解けた理由，②自分の体験，③自分の考え

や，

①謎が解けた理由，②自分の体験と考え，③まとめ

などの構成で書くとうまくまとめられる。

── ★ワンポイントアドバイス★ ──────────

謎が解けた理由，自分の体験，考えがすべてつながるように注意して書こう。書き始める前に決めておくと，つながりのある文章が作れるよ。

大切なことはメモしておこうネ！

平成29年度

★★★★★★★★★★★★★★★★★★★

入 試 問 題

制作の都合上，平成29年度以前は，
宮城県立中学校の問題・解答解説・解答用紙も掲載して
おります。

宮城県立中学校の問題・解答解説・解答用紙は参考資料
としてご活用ください。

平成29年度

入 試 問 題

29年度

平成29年度

宮城県立中学校入試問題

【総合問題】 （60分）　＜満点：100点＞

1　夏休みにゆうこさんは，お兄さんといっしょに，東京に住むおじいさんの家へ遊びに行きました。

次の1〜3の問題に答えなさい。

1　ゆうこさんとお兄さんは，おじいさんに街を案内してもらい，そのときに次のような会話をしました。あとの(1)，(2)の問題に答えなさい。

> ゆうこさん　東京の街は，人や自動車が多いね。昔から多かったのかしら。
>
> おじいさん　私（わたし）が子供のころは，戦後の復興が始まったころだったから，舗装（ほそう）された道路はほとんどなかったし，自動車の数も少なかったんだよ。私が働き始めた1960年代は，産業が盛（さか）んで，高速道路や新幹線がつくられたんだ。私たちの頭の上を通っている道路は，首都高速道路といって，㋐1964年に開かれた東京オリンピックに向けて建設が始まり，その後も建設が進んだんだよ。
>
> ゆうこさん　そうなんだ。そういえば東海道新幹線も，前の東京オリンピックが始まる直前につくられたのよね。開会式の会場となった国立競技場にはたくさんの人が訪れたと聞いたことがあるわ。
>
> おじいさん　そうだよ。その後も産業の成長とともに㋑道路や線路が整備され，人と物資の移動が活発になっていったんだよ。
>
> お兄さん　学校で日本の高度経済（けいざい）成長について習ったけれど，おじいさんは，街や人々の暮（く）らしが変わっていく様子をずっと見てきたんだね。

(1)　「㋐1964年に開かれた東京オリンピックに向けて建設が始まり」とありますが，**地図**は，東京オリンピックが開かれたときの首都高速道路とその周辺を示しています。オリンピックに向けて，**地図で示した首都高速道路が建設された理由**を，答えなさい。

(2)　「㋑道路や線路が整備され，人と物資の移動が活発になっていったんだよ」とありますが，ゆうこさんは，家に帰ってから夏休みの宿題として「日本の交通事情と物資輸送の変化」について調べ，次のページの**表1**，**表2**にまとめました。次の**ア**，**イ**の問題に答えなさい。

ア　「道路の整備と物資の移動」と「線路の整備と物資の移動」のそれぞれについて，**表1**，**表2**から**読みとれる**ことを，答えなさい。

イ　自動車による貨物輸送には，鉄道による貨物輸送に比べ

地図
1964年の首都高速道路（開通時）

（国土交通省「首都高速道路の課題」より作成）

てどのような利点があると考えられるか，答えなさい。

表1	鉄道と自動車の貨物輸送量の変化	
年	鉄道の貨物輸送量（ｔ）	自動車の貨物輸送量（ｔ）
1955	170000000	569000000
1965	200000000	2193000000
1975	138000000	4393000000
1985	65000000	5048000000

（総務省統計局「輸送機関別国内輸送量－貨物」より作成）

表2	線路と舗装道路*の長さの変化	
年	線路の長さ（km）	舗装道路の長さ（km）
1955	19946	4157
1965	21137	16730
1975	22183	36751
1985	22461	48435

＊舗装道路に高速道路も含まれる
（総務省統計局「道路延長及び舗装道路」「鉄道施設及び運転」より作成）

2　ゆうこさんとお兄さんは，おじいさんといっしょに，近所の夏祭りに行く途中の公園で，次のような会話をしました。あとの(1)，(2)の問題に答えなさい。

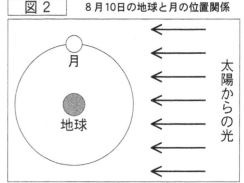

ゆうこさん　西の空にきれいな三日月が見えるね（図1）。

おじいさん　そうだね。4日後に同じ場所で見てみると，月の形と位置が今日とは変わっているのがわかるよ。

お兄さん　4日後の同じ時間に3人でこの場所に見に来てみよう。

－4日後－

ゆうこさん　おじいさんが言ったとおり，㋒月の見える位置が変わっているし，月の形も半月になっているわ。

お兄さん　どうして㋔日によって月の形が変わって見えるのかな。

おじいさん　説明のために図をかいてきたから，ちょっと見てごらん（図2）。これは，宇宙から見た，今日の地球と月の位置関係，そして太陽の光の向きについて簡単に示したものなんだよ。月はおよそ1か月で地球の周りを1周しているんだ。そのため，　㋕　から，日によって月の形が変わって見えるんだよ。

ゆうこさん　そういうことなのね。よくわかったわ。

図1　8月6日午後7時30分

西

図2　8月10日の地球と月の位置関係

月

地球

太陽からの光

(1)　「㋒月の見える位置が変わっている」とありますが，次のページの図3は，8月6日午後7時30分の三日月の位置を示しています。8月10日午後7時30分に見た月の位置は，8月6日午後7時30分に見た月の位置に比べて，どちらの方向に移動したか，図3の①～④から最も適切なものを1つ選び，記号で答えなさい。

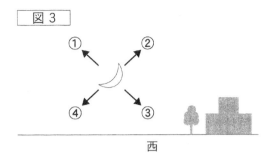

図3

西

(2) 「㋑日によって月の形が変わって見える」とありますが，このことについて，次の**ア，イ**の問題に答えなさい。

ア 会話文の ㋒ に入る，月の見え方が日によって変化す理由を答えなさい。

イ 10日後の8月20日に地球から見える月はどのような形をしているか，最も適切なものを，次の①〜⑤から1つ選び，**記号**で答えなさい。

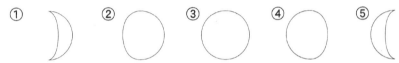

3 ゆうこさんとお兄さんは，おじいさんが経営しているたたみ工場を訪問し，たたみのことについて次のような会話をしました。あとの(1)〜(3)の問題に答えなさい。

> お 兄 さん おじいさん，今日はぼくたちに，たたみのことを教えてください。
> おじいさん 私の家のたたみは，長方形の形をしているよね。たたみの長い辺は，短い辺の2倍になっていて，たたみ1枚分の大きさを1畳と呼んでいるんだ。たたみをしく場合には，㋕たたみの角が十字に交わらない，つまり，4枚のたたみの角が1か所に集まらないようにするしき方が，えんぎが良いとされているんだ。
> ゆうこさん たたみのしき方，おもしろそうだわ。
> おじいさん ここの工場では，たたみを使った工芸品も作って販売しているんだよ。㋖たたみの切り方を変えて，小さい長方形や㋗正六角形などの工芸品も作っているんだ。お茶の道具や花びんを置いたり，部屋のインテリアとしてかざったりと，工夫しだいで様々な使い道があるんだよ。

(1) 2人は，図4のような3畳の部屋へのたたみのしき方について，実際のたたみの代わりに，図5のような，縦と横の長さの比が 1：2 の，同じ大きさの長方形の板3枚を用いて考え，図6のような3通りの方法を見つけました。

次に，図7のような6畳の部屋へのたたみのしき方について，図5の板**6枚**を用いて考えました。**6畳の部屋へのたたみのしき方は，全部で何通りあるか，答えなさい。また，そのうち㋕のようなしき方は何通りあるか，答えなさい。**（図5〜図7は次のページにあります。）

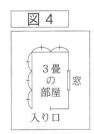

図4

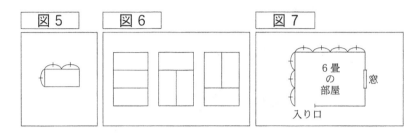

(2) 「㋔たたみの切り方」とありますが，2人は1枚のたたみを「縦や横の辺と平行な直線にそって切る切り方」でたたみを切るときのことを考えました。

この切り方で，1枚のたたみを2回切るときの例として**図8**のような場合が考えられ，たたみは最大で4つの部分に分けることができますが，この切り方で1枚のたたみを**7回切る場合，最大でいくつの部分に分けることができるか**，答えなさい。ただし，一度切ったものを動かして切ることはしないものとします。

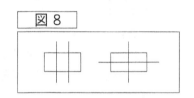

(3) 「㋕正六角形」とありますが，2人はこの工芸品に関心を持ち，これをたくさん用いて床（ゆか）にしきつめてみることにしました。

図9のように，まず，正六角形の工芸品を1枚置き，その周りをすきまなく囲むように，矢印の方向に工芸品をしきつめていったところ，ちょうど6周目が終わるところまでしきつめることができました。

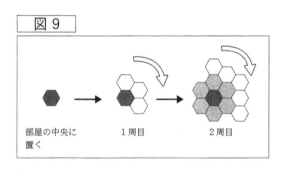

部屋の中央に置く　　1周目　　2周目

中央に置いた最初の1枚をふくめて，しきつめたすべての工芸品の枚数は何枚か，答えなさい。また，このときの枚数の求め方を，**式と言葉**で答えなさい。

＜宮城県仙台二華中学校＞

2　華子（はなこ）さんと二郎さんの小学校では，地域（ちいき）のことを紹介（しょうかい）する，ふるさと館の見学を行いました。次の1，2の問題に答えなさい。

1　次の会話文は，華子さんがふるさと館の屋上で係員さんから説明を受けたときのものです。あとの(1)〜(5)の問題に答えなさい。

> 係員さん　この場所からは，㋐周辺の施設（しせつ）や町なみ，遠くに㋑山を見ることができます。川の流れも見えますね。あの川は㋒太平洋まで続いています。
>
> 華子さん　ここはながめがよくて，いろいろなものが見えますね。
>
> 係員さん　㋓方位磁針（じしん）を準備しているので，方角を確認しながら見てみるといいですよ。

(1) 「㋐周辺の施設」とありますが，次のページの**地図1**は，ふるさと館周辺の施設の地図です。

次の①～④の道順で進んだとき，□□ に入る施設名を答えなさい。

> ① ふるさと館の出入口から道路に出て，道路を南の方向に約250m進むと信号機のある交差点があります。
> ② その交差点から東の方向へ約120m進むと北側に学校があります。
> ③ そのまま東に進み，学校をこえてすぐの十字路を南の方向へ約150m進むと病院があります。
> ④ その病院の前の道路をはさんだ向かい側には □□ があります。

地図1

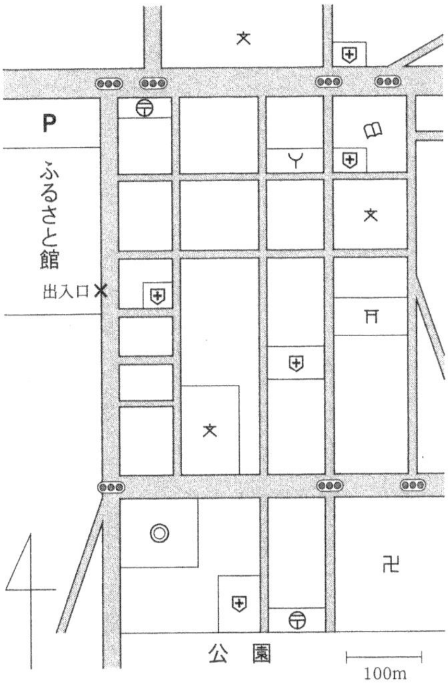

(2) 「㋑山」とありますが，図1は，屋上から見た山の，地形と土地利用を示したものです。
次のア，イの問題に答えなさい。
ア　A－Bの断面図を解答用紙の図にかきなさい。
イ　図1から，この山の土地がどのように利用されているかを，標高に関連づけて説明しなさい。

図1

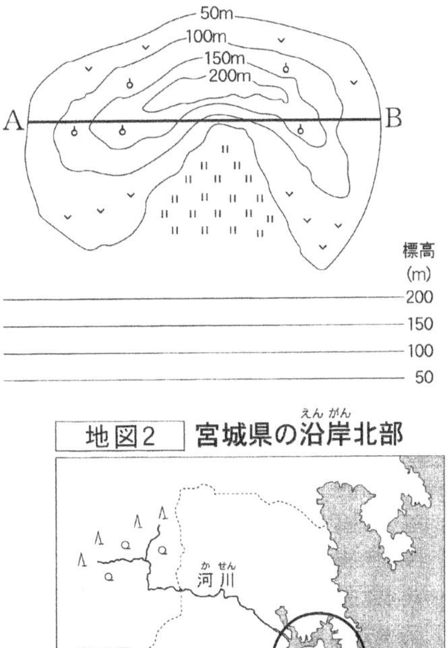

(3) 「㋒太平洋」とありますが，地図2の〇で囲んだ地域の海では，カキなどの養殖が盛んです。次のページのグラフは，日本のカキの水揚げ量を示したものです。次のア，イの問題に答えなさい。
ア　地図2の〇で囲んだ地域でカキなどの養殖が盛んな理由を，地図2を参考にして2つ答えなさい。
イ　次のページのグラフ中の角㊀の大きさを求めたいとき，どのような計算をすればよいか，一つの式で表しなさい。

地図2　宮城県の沿岸北部

グラフ　日本のカキの水揚げ量（単位：t）

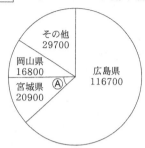

（平成26年漁業・養殖業生産統計資料より作成）

(4) 「㋓方位磁針」とありますが，方位磁針の針は磁石になっています。地球も大きな磁石であるため，図2のような方位磁針の場合，針の色がついた部分（►）は北を指します。このことから，**地球についてどのようなことがわかるか，磁石の性質をもとに，**説明しなさい。

図2

(5) 華子さんは税込648円のおみやげを買おうとしています。華子さんの財布の中には1263円入っています。おつりは最も少ない枚数でもらうものとするとき，**財布の中のお金からどのように支払えば，おつりをもらった後の財布の中の硬貨の枚数を最も少なくできますか。支払うときのそれぞれの紙幣や硬貨の枚数を答えなさい。**

ただし，華子さんの財布の中のお金は下のとおりです。

> 1000円札1枚，100円硬貨2枚，50円硬貨1枚，10円硬貨1枚，1円硬貨3枚

2　華子さんと二郎さんは，先生といっしょにふるさと館の「昔の人の知恵」の展示コーナーに行きました。次の会話は，そのときのものです。あとの(1)～(3)の問題に答えなさい。

先　　生　昔は重い荷物を運ぶときには「コロ」というものを利用しました。「コロ」とは断面が円の棒のようなもので，何本も平行に並べて，その上に荷物を置くと，小さな力で動かすことができます。では，実験してみましょう。断面が，直径5cmの円である「コロ」を用意しました。はじめに，「コロ」を同じ間かくで平行に並べ，その上に重い箱を置きます（図3）。少しだけ動かしてみましょう。小さな力で動かすことができます。

図3

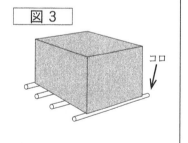

華子さん　箱を動かすと，「コロ」も転がりながら動きますね（図4）。

先　　生　そのとおりです。

二郎さん　箱と「コロ」が動く距離は違うんですね。

先　　生　箱が動く距離の半分しか「コロ」は動かないので，進む先にも次々と「コロ」を

図4

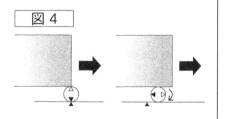

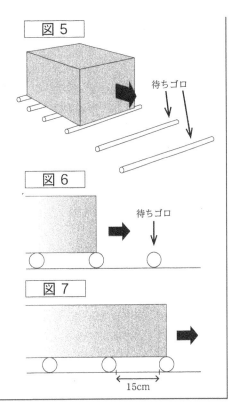

並べておかなければなりません。これを「待ちゴロ」といいます（**図5**，**図6**）。「待ちゴロ」が箱の下の「コロ」になったときの「コロ」と「コロ」の間かくが15cmになるようにしましょう（**図7**）。

二郎さん　そうすると，「待ちゴロ」の間は何cm空けておけばいいのかな。

華子さん　箱が移動すると，箱の下の「コロ」は「待ちゴロ」に近づくから「コロ」の動く距離を考えればいいのね。

先　　生　そうです。では㋒計算をして求めてみましょう。

図5

図6

待ちゴロ

図7

15cm

(1)　「㋒計算をして求めてみましょう」とありますが，**「待ちゴロ」の間を何cmにすればよいか**，答えなさい。

(2)　**図6**の状態から，箱の前面を7m先まで動かしたいとき，**「待ちゴロ」は少なくとも何本並べておく必要があるか**，答えなさい。

(3)　「コロ」の上に置いてあった箱は，段ボールでできていました。段ボールはボール紙とボール紙の間に波型の中芯（なかしん）がある，**図8**のような三層構造（さんそうこうぞう）をしています。段ボールには厚さが約4mmのものと約5mmのものがありますが，**厚さが約4mmの段ボールの重さは，厚さが約5mmの段ボールの重さに比べて，約何%軽くなるか，小数第2位を四捨五入（ししゃごにゅう）して答えなさい。**

　　ただし，使われている中芯を伸ばした長さは表のとおりです。また，段ボールに使われているボール紙の重さと中芯の重さはそれぞれ1m²あたり180g，120gです。

図8　段ボールの三層構造

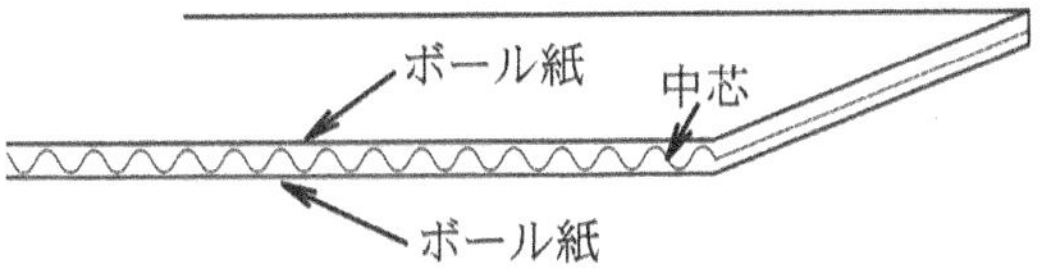

ボール紙　中芯

ボール紙

表	
厚さ	段ボール1mに対して使われる中芯の長さ
約4mm	1.5m
約5mm	1.6m

＜宮城県古川黎明中学校＞

2 　明さんと黎さんは，総合的な学習の時間に「地域の歴史」について発表することになり，その調査のために校外学習へ出かけました。

　　次の1～3の問題に答えなさい。

1 　明さんと黎さんは，地域の歴史を調べるために，古い資料をもっている鈴木さんの家に行くことにしました。次の会話文はそのときのものです。あとの(1)～(3)の問題に答えなさい。

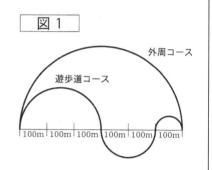

> 明 さ ん 　鈴木さんの家に行くのに，白梅公園の外周コースと遊歩道コースという2つの道があるけれど，どっちが近道かな。ぼくは，遊歩道コースはカーブが多くて遠回りな気がするから，外周コースの方が近道だと思うんだ。
>
> 黎 さ ん 　私は遊歩道コースの方が近道だと思う。外周コースは，鈴木さんの家とは違う方向に進んでいて遠回りのような気がするわ。㋐計算して確かめてみましょう。
>
> 　　―　鈴木さんの家に到着し，古い資料を見せてもらいました。　―
>
> 黎 さ ん 　これには何が書かれているのですか。
>
> 鈴木さん 　これは検地帳といって，江戸時代に行われた検地の結果が書いてあるんだよ。
>
> 明 さ ん 　豊臣秀吉のことを授業で習ったときに検地についての話を聞きました。
>
> 鈴木さん 　検地は㋑秀吉の行った代表的な政策のひとつとして知られているね。秀吉が行った検地は江戸時代にも受け継がれ，検地の結果をもとに百姓に年貢を納めさせたんだ。この検地帳には，百姓に年貢を納めさせるためのいろいろな㋒情報が書かれているんだよ。
>
> 明 さ ん 　そうなんですね。

(1)　「㋐計算して確かめてみましょう」とありますが，下の ☐ のA～Cの中から正しいものを記号で1つ選び，その理由を図1を利用して，式と言葉で答えなさい。

　　ただし，図1の外周コースは半円，遊歩道コースは半径の異なる3つの半円が並んだものとします。

A　外周コースの方が近い　　B　遊歩道の方が近い　　C　どちらも同じ

(2)　「㋑秀吉の行った代表的な政策」とありますが，資料は秀吉のおもな政策をまとめたものです。資料の3つの政策に共通するねらいを答えなさい。

資料

> ・検地を行い，検地帳に登録した者の耕作権を認め，その者に年貢を納める義務を負わせた。
> ・百姓の一揆を防ぐために，刀狩令を出して，百姓の武器を取り上げた。
> ・百姓が武士や町人になることを禁じた。

(3) 「㋘情報」とありますが，年貢を納めさせるためには，どんな情報が必要だったと考えられますか，答えなさい。

2 明さんと黎さんは，鈴木さんの家から小学校へ帰る途中で白梅公園を通りました。次の会話文は，そのときのものです。あとの(1)，(2)の問題に答えなさい。

> 黎さん　公園の中のまっすぐな道に1列に植えられている木は，町の職員の方とボランティアの方たちが植えたらしいわ。
>
> 明さん　知らなかったよ。長い道にきれいに並べて植えてあるね。
>
> 黎さん　そうなの。㋓等しい間隔で植えられているのよ。
>
> 明さん　そういえば，あそこに見える噴水は，水の出方がおもしろいんだ。お父さんゾウとお母さんゾウと子どものゾウの3つの鼻からそれぞれ水が出るんだよ。この前調べてみたら，お父さんゾウは3秒間噴き出した後に1秒間止まって，お母さんゾウは2秒間噴き出した後に1秒間止まって，子どものゾウは1秒間噴き出した後に1秒間止まるんだよ。同時に水が噴き出すこともあるんだ。ほら，今，3頭同時に噴き出したよ。
>
> 黎さん　本当ね。あっ，また3頭のゾウが同時に水を噴き出したわよ。
>
> 明さん　3頭のゾウが同時に水を噴き出すタイミングには，㋔規則性がありそうだね。

(1) 「㋓等しい間隔」とありますが，図2のように，この道に1列に木を植えるには，端から端まで6mおきに植えるときと，9mおきに植えるときでは，必要な木の本数に20本の差が出ます。この道の端から端まで5mおきに1列に木を植えるとしたら，**何本の木が必要か**，答えなさい。
ただし，道の両端にも木は植えるものとします。

図2

(2) 「㋔規則性がありそうだね」とありますが，お父さんゾウとお母さんゾウと子どものゾウが同時に水を噴き出してから**1分間**に，3頭のゾウが同時に水を噴き出している時間の合計は何秒か，答えなさい。

3 明さんと黎さんは，校外活動の報告を先生にしたあと，科学部の活動に参加しました。次の会話文は，そのときのものです。あとの(1)～(3)の問題に答えなさい。

> 黎さん　先生，今日は何の実験をするんですか。
>
> 先　生　ここに異なる水溶液の入っている，3つのビーカーがあります。この3つのビーカーには，「石灰水」，「食塩水」，「ミョウバンの水溶液」のどれかが入っています。どのビーカーに，何の水溶液が入っているか，見分ける方法について考えてみましょう。
>
> 明さん　どれがどれか見た目だけではわかりませんね。
>
> 黎さん　私は，㋖「石灰水」だけを見分ける方法を考えてみます。

明さん　では，ぼくは「食塩水」と「ミョウバンの水溶液」を見分ける方法を考えてみます。でも，どこから考えたらいいのかわかりません。

先　生　「食塩水」と「ミョウバンの水溶液」は20℃の水50mLに食塩やミョウバンを5gとかして，先生がつくったものです。それと，この表を見てください。これは，水50mLにとける，食塩とミョウバンの量と温度の関係を表したものです。

明さん　㋖先生のお話とこの表をヒントに考えてみます。

表	水50mLにとかすことのできる，食塩とミョウバンの量と温度			
	0℃	20℃	40℃	60℃
食塩	17.8g	17.9g	18.2g	18.5g
ミョウバン	2.9g	5.7g	11.9g	28.7g

(1) 「㋕「石灰水」だけを見分ける方法を考えてみます」とありますが，「石灰水」，「食塩水」，「ミョウバンの水溶液」のうち，「石灰水」だけを見分ける方法と，その結果からどのように見分けるのかを答えなさい。

(2) 「㋖先生のお話とこの表をヒントに考えてみます」とありますが，「食塩水」と「ミョウバンの水溶液」を見分ける方法を答えなさい。

(3) 明さんは，60℃の水にミョウバン100gをとかそうと思いました。そのとき，水は少なくとも何mL必要か，小数第1位を四捨五入して答えなさい。また，このときの水の量の求め方を説明しなさい。

平成29年度

仙台市立中等教育学校入試問題

【総合問題Ⅰ】 （40分）　＜満点：60点＞

1　ゆうたさんは，社会科の授業で明治時代について学習しました。興味を持ったゆうたさんは，宮城県北部にある「みやぎの明治村」と呼ばれる登米市に家族と行き，さまざまな建物などを見ながら，次のような会話をしました。

次の１，２の問題に答えなさい。

ゆうたさん	立派な門のある建物だね。（**写真１**）
お父さん	ここは，明治初期の水沢県庁庁舎で，登米市の文化財となっているんだ。明治時代には，宮城県北部にも県が置かれ，県令とよばれる，その土地を治める役人が派けんされていたそうだ。
お母さん	それに，ア県令は，政府が任命していたみたいね。
ゆうたさん	こちらの建物も大きいね。外国の建物みたいだ。（**写真２**）
お父さん	ここは，旧登米高等尋常小学校だ。社会全体が欧米諸国に追いつこうとした熱意を感じるね。イ世界遺産に登録された富岡製糸場ができたのは明治初期だよ。
お母さん	西洋風のものがよいという考え方は，生活や文化の面にも強くおよんでいたようね。
ゆうたさん	ウ「天は人の上に人を造らず」っていう言葉を，社会科の授業で勉強したよ。
お父さん	当時の人々にとって，新しい考え方がどんどん広がったようだね。

写真１　明治初期の水沢県庁庁舎

写真２　旧登米高等尋常小学校

（出典　登米市ホームページ）

1　下線部ア「県令は，政府が任命していた」とあります。その理由を説明しなさい。

2　下線部イ，ウと最も関係の深いものを，A群，B群からそれぞれ１つずつ選び，記号で答えなさい。ただし，それぞれの記号は一度だけ使用することとします。

（**B群**は次のページにあります。）

A群	① 殖産興業	② 夏目漱石	③ 廃藩置県	④ 福沢諭吉

B群　あ　い　う　え

2　れいこさんは，仙台市に住む祖父母の家に家族で遊びに行き，さまざまな体験をしました。次の1〜3の問題に答えなさい。

1　れいこさんは，祖父母の家に行くとちゅうでダムを見学しました。あとの(1)〜(3)の問題に答えなさい。

(1)　ダムの上流で降った雨や雪が，私たちのもとへとどけられるまでの流れが紹介されていました。図1のア〜ウの組み合わせとして正しいものを1つ選び，①〜⑤の番号で答えなさい。

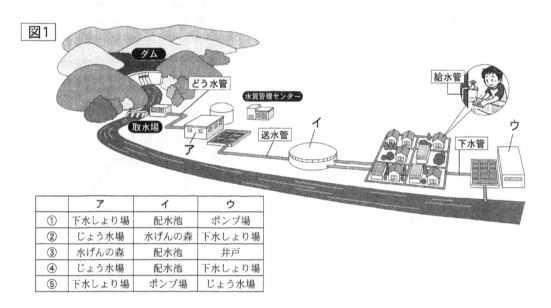

図1

	ア	イ	ウ
①	下水しょり場	配水池	ポンプ場
②	じょう水場	水げんの森	下水しょり場
③	水げんの森	配水池	井戸
④	じょう水場	配水池	下水しょり場
⑤	下水しょり場	ポンプ場	じょう水場

(2)　れいこさんは，資料館の展示を見て，1日に使う水の量に興味を持ちました。次のページの資料1，資料2を見て，あとの①，②の問題に答えなさい。

①　平成27年度に，仙台市民一人が「家庭用」として1日に使った水の量は，約何Lになりますか。四捨五入して上から2けたのがい数で求めなさい。
　　ただし，「家庭用」の水はすべて仙台市民が使ったものとし，その時の仙台市の人口は108万人とします。

②　れいこさんは1日に使われる水の量を知り，節水の大切さを考えました。資料1，資料2からわかることにふれながら，あなたができる工夫を具体的に答えなさい。

資料1 仙台市で使われた水の量と使いみち
　　　　（平成27年度）

仙台市で1日に使う水の量は30万㎥で，
学校の25mプールでは約1200はい分
になります。

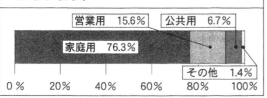

（出典　仙台市水道局）

資料2 1日の水の使われ方の変化

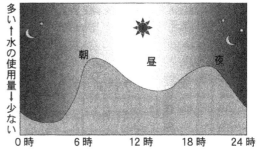

（出典　仙台市水道局）

(3)　資料館の実験コーナーでは，**図2**のようなふん水の実験をしていました。

　　資料館の係の人が，水を入れたフラスコに，ガラス管を通したゴムせんでふたをし，お湯の
入った箱の底に着くように入れました。しばらくすると，フラスコの中の水がガラス管を通っ
て，ふん水のように飛び出しました。

　　その実験を見ながら，れいこさんはお父さんと次のような会話をしました。会話の下線部に
「最初の実験より水の勢いが強くなる方法はどれかな？」とあります。その方法としてふさわし
いものを，**図3**から1つ選び，①～③の番号で答えなさい。また，その理由も説明しなさい。

れいこさん　確かにふん水のように，ガラス管から水が 　　　　　　出てきたわよ。でも，ちょっと勢いが足り 　　　　　　ないわね。 お 父 さ ん　もっと勢いよく水を出す方法があるのだ 　　　　　　けど，わかるかな。 れいこさん　お湯の温度を高くすれば勢いが強くなる 　　　　　　と思うわ。 お 父 さ ん　確かにそうだね。でも，水の量を変えるだ 　　　　　　けで強くなるよ。たとえば，**図3**の中で， 　　　　　　<u>最初の実験より水の勢いが強くなる方法</u> 　　　　　　<u>はどれかな？</u>	**図2** 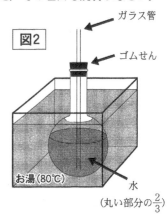 ガラス管 ゴムせん お湯（80℃） 水 （丸い部分の $\frac{2}{3}$）

図3

①
水をフラスコ
いっぱいに入れる。

②
水をフラスコの丸い部分
いっぱいに入れる。

③
水をフラスコの丸い部分の
$\frac{1}{3}$まで入れる。

2 れいこさんは，家庭科の授業で作り方を習ったハンバーグを，祖父母の家でみんなのために作ることにしました。授業で使ったプリントには**資料3**のように分量が書かれていました。あとの(1)，(2)の問題に答えなさい。

資料3 授業で使ったプリント

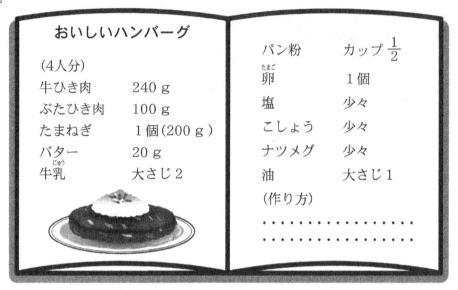

(1) れいこさんが，10人分のハンバーグを作るとします。**資料4**の材料メモを完成させなさい。ただし，①，②は整数で，③は分数で答えなさい。

資料4 【ハンバーグ 10 人分の材料メモ】

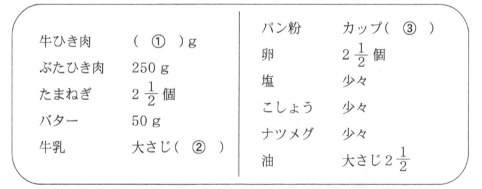

(2) 牛ひき肉とぶたひき肉を合わせたものを，合いびき肉といいます。れいこさんが作るハンバーグの合いびき肉のうち，牛ひき肉の割合は約何％ですか。四捨五入して上から2けたのがい数で答えなさい。

3　祖父母の家の台所にはってあった「ワケアップ！仙台」
と書かれた**チラシ**が気になったれいこさんは，部屋にも
どったあと，仙台市の「ごみ減量作戦」についておばあさ
んと次のような会話をしました。あとの(1)〜(3)の問題に答
えなさい。

チラシ 「ワケアップ！仙台」

（出典　仙台市ホームページ）

れいこさん	仙台市で1年間に出る家庭ごみの量はどれくらいなの？
おばあさん	資料を見ると，平成26年度は19.1万トンのようね。
れいこさん	平成23年度に家庭ごみが増えたのは，東日本大震災があったからだね。
おばあさん	そうね。では，ァ平成22年度と平成26年度の家庭ごみの量と人口の増え方を比べるとどんなことがわかるかな？
れいこさん	1
おばあさん	そうね。それでも，仙台市は「ごみ減量作戦」に取り組んでいるのよ。ィおばあちゃんも，いろいろと工夫をしているのよ。
れいこさん	そうなの？どんな工夫をしているの？
おばあさん	たとえば，買い物に行く前には，　2　。もちろん，スーパーへ買い物に行く時は，　3　。それに，調理の後の片付けが大切なのよ。家庭ごみを減らすためには，　4　。
れいこさん	そうなのね。わたしでもできることがありそうね。
おばあさん	こっちの資料を見て。私たちが「ごみ減量作戦」に取り組んでいくためには，仙台市と同じ100万人の人が住んでいたと言われている江戸のまちが参考になりそうね。ゥ江戸に住む人々には，生活の工夫がたくさんあったそうよ。
れいこさん	仙台市が世界一美しいまちと言われるようになるといいね。私も家に帰ったら「ごみ減量作戦」に積極的に取り組んでいきたいな。

(1)　**下線部ア**に「平成22年度と平成26年度の家庭ごみの量と人口の増え方を比べるとどんなことが
わかるかな？」とあります。 1 には，その質問に対するれいこさんの答えが入ります。次の
ページの**資料5**を見てその内容を答えなさい。

(2)　**下線部イ**に「おばあちゃんも，いろいろと工夫をしているのよ」とあります。 2 ～ 4 に
は，次の**あ〜え**が入りますが，その組み合わせとして正しいものを1つ選び，①〜④の番号で答
えなさい。

あ	エコバッグを利用するわ
い	生ごみの水をしっかり切ってからしまつすることも大切なのよ
う	食事が楽しめるように，話すことや食べ方に気をつけているわ
え	むだなものを買わないように，家にある食品を確認しておくわ

	2	3	4
①	あ	う	え
②	え	あ	い
③	う	い	あ
④	え	い	う

(3) **下線部ウ**に「江戸に住む人々には，生活の工夫がたくさんあったそうよ」とあります。どのような工夫か，**資料6，資料7**を見て答えなさい。

資料5	仙台市の人口と家庭ごみの量

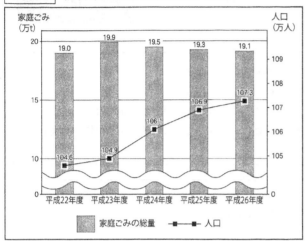

（出典　仙台市環境局）

資料6	ごみ減量のための３R

○リデュース（Reduce）
　ごみを減らすこと，出さないように工夫すること。
○リユース（Reuse）
　物をくり返し使うこと。
○リサイクル（Recycle）
　紙類など使いおわった物を再生資源として再び利用すること。

資料7	江戸時代にあった仕事

こわれた茶わんをつなぎ合わせるなどする職人

こわれたかさを買い取る職人

（出典　国立国会図書館　デジタルコレクション）

【総合問題Ⅱ】　（40分）　＜満点：60点＞

1　仙台市に住むゆずるさんの家に，いとこのだいすけさんが連休を利用して一人で遊びに来ることになりました。初めて仙台に来るだいすけさんのために，仙台までの交通手段について，家族で次のような会話をしました。次の1，2の問題に答えなさい。

ゆずるさん	連休中だから電車は混むかもしれないね。せっかくだから座ることができるといいんだけど。電車以外の方法はないの？
お 父 さ ん	だいすけさんの家から一番近いA駅から発車する高速バスもあるから，時刻表で調べてみよう。
お 母 さ ん	昼食は12時にお店を予約してあるから，その時刻に間に合うように仙台駅に着く方法を選んであげてね。
お 父 さ ん	電車は15分おきに，高速バスは25分おきに発車しているようだな。ア7時ちょうどに，電車も高速バスも同時に発車しているね。
ゆずるさん	早起きは大変だから，朝はゆっくり出発できたほうがいいよね。
お 母 さ ん	イ昼食の20分ぐらい前にとう着すると，時間に余ゆうができていいんだけど。
ゆずるさん	みんなで食べるお昼ごはんも楽しみだね。

1　下線部アに「7時ちょうどに，電車も高速バスも同時に発車しているね」とあります。この次に，電車と高速バスが同時に発車する時刻を答えなさい。

2　A駅から仙台駅までの道のりは，電車でも高速バスでも160kmとし，電車は時速100km，高速バスは時速80kmで進むこととします。あとの(1)，(2)の問題に答えなさい。

(1)　7時ちょうどに発車した電車と高速バスが，それぞれ仙台駅にとう着する時刻を答えなさい。（ただし，とちゅうの駅に停車する時間や，信号で止まる時間などは考えないこととします。）

(2)　下線部イに「昼食の20分ぐらい前にとう着すると，時間に余ゆうができていいんだけど」とあります。11時40分に一番近い時刻で仙台駅にとう着するのは電車と高速バスのどちらですか。また，そのときの発車時刻を答えなさい。（とう着時刻は，11時40分を過ぎないこととします。）

2　テレビの気象情報を見ていたよしこさんは，夏の晴れた日の日中，図1のように海から陸の方へ弱い風がふきやすいことを知りました。よしこさんは，そのことについて，夏休みに友達と次のような話し合いをしました。あとの1～4の問題に答えなさい。

図1

よしこさん	晴れた日には日光がよく当たるから，風向きには太陽が関係していると思うよ。
みつるさん	でも，海と陸のどちらにも日光が当たっているよ。
たかしさん	海と陸のあたたまり方が関係しているのかなあ。
よしこさん	じゃあ，海と陸のあたたまり方のちがいを調べてみようよ。

1 風のない実験室で，**図2**のように，岩石と水にそれぞれ同じ明るさの電球（白熱電球）の光を真上から当て，6分おきに表面の温度を測定しました。あとの(1)，(2)の問題に答えなさい。

〈注〉白熱電球とは，豆電球と同じ仕組みで光る照明用の電球のこと。

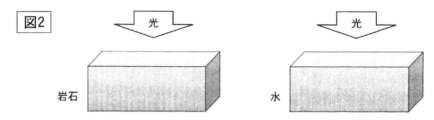

(1) この実験で，岩石と水を，それぞれ何に見立てていますか。

(2) 3人は，岩石の表面と水の表面のあたたまり方を比べるための条件を話し合いました。だれの考えが正しいでしょうか，名前で答えなさい。

> よしこさん　電球の光が真上から当たれば，岩石や水までのきょりはちがってもいいと思うわ。
>
> みつるさん　水は光を通すから，電球から岩石の表面までのきょりと，電球から水の底までのきょりが同じじゃないとだめだよ。
>
> たかしさん　表面の温度を測るのだから，同じきょりにするのは，電球から水面までと，電球から岩石の表面までだよね。

2 **表1**は，問題1の実験結果です。また，**表2**は，24分後に同時に電球を消し，6分おきに表面の温度を測定した結果です。**表1**，**表2**から，岩石のあたたまり方，冷め方を水と比べて答えなさい。

表1　【電球であたためたときの岩石と水の表面の温度変化】

電球をつけてからの時間（分）	0	6	12	18	24
岩石の温度（℃）	19.9	28.8	30.4	32.1	33.4
水の温度（℃）	20.0	24.3	25.3	25.7	26.3

表2　【電球を消してからの岩石と水の表面の温度の変化】

電球を消してからの時間（分）	0	6	12	18	24
岩石の温度（℃）	33.4	29.0	28.2	27.6	26.8
水の温度（℃）	26.3	26.2	26.0	25.8	25.4

3 次に，**図3**のような装置で実験を行いました。ふたのついた水そうを仕切りで区切り，左側にはお湯を入れたビーカーを入れ，右側は線こうのけむりで満たします。仕切りを静かに上げると，けむりは**図4**の矢印のように動きました。（**図3**，**図4**は次のページにあります。）

たかしさんは，この理由を次のように考えました。

> 左側のビーカーから湯気が上っていたよ。<u>湯気が上に移動する力が周りの空気を押し上げたから</u>，右側からけむりが流れてきたんだ。

下線部のたかしさんの考えが正しいかどうか，同じ実験装置と手順で確かめます。装置に1つだ

け工夫を加えるとしたら，どんな工夫が必要ですか。また，その理由も答えなさい。

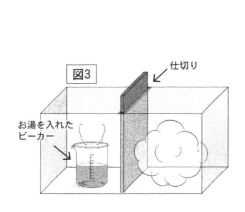
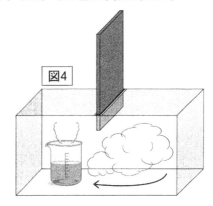

4　よしこさんたちが行った実験の結果をもとに，<u>夏のよく晴れた日の夜</u>には，風はどのような向きにふきやすくなるのか，理由とともに答えなさい。

3　太郎さんの兄は，数学が好きな仙台青陵中等教育学校の３年生です。その兄が，小学生の妹に，ひもを使いながら分数の表し方を教えていました。そのようすを見ていた太郎さんにも，兄から次の問題が出されました。
　次の１，２の問題に答えなさい。

1　図１のように，長さが１ｍである１本のひもに，そのひもを３等分する点と４等分する点に印を付けると，全部で５個の印が付けられました。その印を左側から１番目，２番目，…，５番目と数えることとします。あとの(1)～(3)の問題に答えなさい。

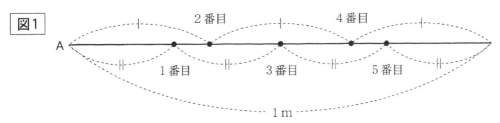

(1)　４番目の印から５番目の印までの長さは何ｍですか。

(2)　ひもの左はしＡからの長さがちょうど$\frac{5}{12}$ｍの点は，何番目と何番目の印の間にありますか。

(3)　このひもを３等分する点で折り曲げ，ひものはしをつなぎ合わせて，図２のような正三角形をつくります。４等分する点とひものはしＡを結んでできる四角形の面積は，全体の正三角形の面積の何倍ですか。

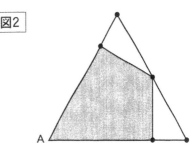

2　印が付いていない１本のひもに，そのひもを８等分，12等分，18等分する点をとりました。これらの点に印をつけたとき，印は全部で何個ありますか。ただし，印が重なったときは１個と数えることとします。

平成二九年度 宮城県仙台二華中学校入試問題

【作文】 （四〇分） 〈満点：二五点〉

問題

あなたが考える「未来に残したい日本の良さ」とは何か、次の条件にしたがい、四百字以上五百字以内で書きなさい。

【条件】
① 作文は三段落構成で書きなさい。
② 一段落目では、あなたが考える「未来に残したい日本の良さ」を挙げなさい。
③ 二段落目では、あなたがそれを残したいと考えた理由を書きなさい。
④ 三段落目では、それを未来に残すために必要な手立てを書きなさい。

〔注意〕
① 題名、氏名は書かずに、一行目から書き始めること。
② 原稿用紙の正しい使い方にしたがい、文字やかなづかいも正確に書くこと。

平成二九年度 宮城県古川黎明中学校入試問題

【作 文】 （四〇分） 〈満点：二五点〉

問題

「得意なことを伸ばす」ことと「苦手なことを克服する」ことはどちらも大切です。どちらか一つを選び、あなたが体験の中で感じたり学んだりしたことをもとに、その大切さについて、四百字以上五百字以内で書きなさい。

〔注意〕

① 題名、氏名は書かずに、一行目から書き始めること。

② 原稿用紙の正しい使い方にしたがい、文字やかなづかいも正確に書くこと。

飼っている鳥の名前だった、ということもあるでしょう。「私」の家族のなかでは「美鈴」が鳥であることは常識ですが、他の人にとってはそうではありません。

文章を書くときは、読み手には文字になって表れた情報しか伝わらないのだ、ということを常に意識することが必要です。

（岩波ジュニア新書 『伝えるための教科書』 川井龍介 著より）

〈注〉 日常茶飯事……いつものことで、特に取り上げるまでもないこと。

平成二九年度

仙台市立中等教育学校入試問題

【作　文】（四〇分）〈満点：三〇点〉

問題

◎次の文章は、川井龍介さんの「伝えるための教科書」の一節です。この文章で、筆者は文章を書く時に注意すべきことは何だといっていますか。また、あなたは、書いたり話したりして人に何かを伝える時、どんなことを大事にしていますか。あなたの体験を交えながら書きなさい。ただし、文章は四百字以上五百字以内で、三段落構成で書くこととします。

　みなさんは、新聞や雑誌の記事がどのようにつくられるか知っていますか。時間的に順を追っていくと、まず、記者が取材やインタビューをして記事を書きます。記者が書いた原稿はデスクといわれる役職にある人がチェックします。デスクは、読んでわかりにくいところはないか、不足している情報はないかを確認します。

文字にならないこと

　記者は文章を書くプロですが、それでも何も直されずに一発でOKになることはまずありません。明らかに間違っていたり、わかりにくくかったりする箇所はデスクが直します。ただし、記事を読んだだけでは直せないことがあります。その場合は、書いた記者本人に「ここは、……というふうに書いてあるけど、どういう意味？」とか「ここの部分は何かが足りないんじゃないか」などと尋ねます。

　この質問に対して、書いた記者は「この文章は、……という意味で書いたんです」とか、「言いたいことはこういうことなんですが、詳しく書くと長くなるので省略しました」などと、自分の書いた記事について説明や言い訳をすることになります。それを聞いたデスクが、修正したり、記事に欠けていた必要な情報を補ったりして記事を完成させます。

　おそらく、記者は記事を書くとき、十分なことを伝えたつもりだったのですが、それが文章に的確に表れていなかったのでしょう。言い方を換えると、自分のなかでは了解されていた情報が、すべて文章として表せていなかったということです。

　記事を書くプロでも、こうしたことが《注》日常茶飯事なのですから、ふつうの人が同じような問題にぶつかるのは当然です。

書き手は情報をたくさんもっている

　どうしてこういうことが起こるのでしょうか。基本的に、書き手は読み手よりも多くの情報を持っています。例えば、あなたの家族のことを人に紹介するとしましょう。「私の家族はみんな早起きです。父は毎朝五時に起きますが、母は四時に起きます。美鈴はそれよりも早起きです」と言ったとき、読み手は「美鈴」というのは「私」の姉妹かしら、と想像したりしますが、実際は美鈴はそれよりも早起きです。

大切なことはメモしておこうネ！

平　成　29　年　度

解　答　と　解　説

《配点は解答欄に掲載してあります。》

＜宮城県立中学校　総合問題解答例＞

1 （1）　世界各国から訪<ruby>訪<rt>おとず</rt></ruby>れるオリンピックに参加する選手たちが，選手村などへより短い時間で移動できるようにするため。

　　（2）　ア　1955年と1985年を比較すると，舗装道路の長さがのび，自動車の貨物輸送量が増えている。また，線路の長さはのびているが，鉄道の貨物輸送量は減っている。

　　　　　イ　貨物を工場やお店などに輸送するとき，鉄道では，直接輸送できないが，自動車は，直接輸送できるという利点がある。

2 （1）　①

　　（2）　ア　太陽と月の位置関係が毎日少しずつ変わるので，太陽の光が当たって明るく見える部分が，少しずつ変わる。

　　　　　イ　④

3 （1）　全部：　11　通り　　㋕のしき方：　4　通り

　　（2）　20

　　（3）　127　枚

　　　　　求め方：それぞれの周でしきつめるのに使った工芸品の枚数<ruby>枚数<rt>まいすう</rt></ruby>は，1周目のときは6枚，2周目のときは12枚，3周目のときは18枚，…のようになっていて，□周目のときは□×6枚を使っていることになる。

　　　　　だから，最初に置いた工芸品をふくめた，しきつめたすべての工芸品の枚数は，

　　　　　1＋（1×6）＋（2×6）＋（3×6）＋（4×6）＋（5×6）＋（6×6）＝127枚

《宮城県仙台二華中学校》

2 1 （1）　郵便局

　　（2）　ア

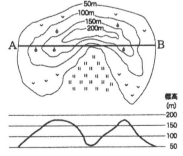

　　　　　イ　標高が50mより低い土地は水田，標高が50mから100mの土地は畑，標高が100mから200mの土地は果樹園に利用されている。

　　（3）　ア　理由①　この地域は，湾の中は波が静かであるため，いかだなどを利用した養

殖に向いているから。

理由② 川の上流には森林があり，そこから流れ出た養分をふくんだ水が，川によって湾に運ばれることでカキなどが育ちやすいから。

イ　20900÷(116700＋20900＋16800＋29700)×360

(4) 方位磁針の針の色の付いた部分はN極であり，この部分の先が北を指すので，地球の北の方はS極となっていることがわかる。

(5) 1000円札　1　枚，　100円硬貨　1　枚，　50円硬貨　1　枚，　10円硬貨　0　枚，
1円硬貨　3　枚

2　(1)　35　cm

(2)　17　本

(3)　約　2.2　％軽くなる。

○推定配点○

1　1(1)・(2)，2(2)　各6点×4　　3(3)　10点　　他　各4点×4
2　1(1)・(3)イ，2　各4点×5　　他　各6点×5

《宮城県古川黎明中学校》

2　1　(1)　記号：　C

理由：　円周率を3.14とすると，外周コースの長さは，(600×3.14)÷2＝942(m)
遊歩道コースの長さは，(300＋200＋100)×3.14÷2＝942(m)
よって，外周コースの長さと遊歩道コースの長さは同じだから。

(2) 身分の仕組みをつくり，百姓を農業などに専念させることで，年貢による収入を安定させる。

(3) 田畑の広さやそこから収穫される米などの生産高，耕作している人物についての情報が必要である。

2　(1)　73　本　　　(2)　20　秒

3　(1)　3つのビーカーの水溶液に，ストローで息をふきこみ，水溶液が白くにごったものが石灰水である。

(2) 「食塩水」と「ミョウバンの水溶液」の入ったビーカーを同時に冷やしていき，とけていたものが先にでてきた方が「ミョウバンの水溶液」である。

(3) 水の量：　174　mL

説明：　60℃の水50mLには，28.7gのミョウバンがとける。ミョウバンのとける量は水の量に比例するので，100gのミョウバンをとかすには，50mL×(100g÷28.7g)の水が必要となる。

○推定配点○

1　1(1)・(2)，2(2)　各6点×4　　3(3)　10点　　他　各4点×4
2　1(1)，3(2)・(3)　各8点×3　　2(1)・(2)　各4点×2　　他　各6点×3

＜宮城県立中学校　総合問題解説＞

重要　1　(社会，理科，算数：日本の経済・産業，月と太陽，順列・組み合わせ，規則性をつかむ)

1　(1)　地図の首都高速道路は東京国際空港と国立競技場やオリンピック選手村を結んでいること，また首都高速道路を使うと早く移動できるということから首都高速道路が建設された理

由を考える。

(2) ア 鉄道と自動車の貨物輸送量などの変化がはっきりと読みとれるように1955年と1985年の数値を比べてみるとよい。

イ 自動車による貨物輸送の代表として，具体的に宅配便などの例を考えてみるとよい。

2 (1) ゆうこさんが8月10日午後7時30分に見た半月(上げんの月)は，正午ごろに東から出て，午後6時ごろ南の空の高いところに見え，真夜中に西にしずむ。したがって，午後7時30分では，南南西の方向の空の高いところに見えることになるので，月は8月6日午後7時30分に見た月に位置に比べて，①の方向に移動したことがわかる。

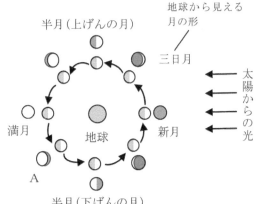

半月(上げんの月)

地球から見える月の形

三日月

太陽からの光

満月

地球

新月

A

半月(下げんの月)

(2) ア 月は，地球の周りを1周している。そのため，地球から見ると，<u>月と太陽の位置関係が毎日変化するため，</u>月の形が変わっているように見える。つまり，月の位置によって，<u>太陽の光が当たって明るく見える部分が変わる</u>ので，月の形が変わっているように見えるのである。下線部をまとめるとよい。

イ 月は，新月→三日月→半月(上げんの月)→満月→半月(下げんの月)→新月と形が変わって見える。おじいさんの言うように，月はおよそ1か月で地球の周りを1周するので，新月から新月までおよそ1か月かかる。新月から半月(上げんの月)までは，およそ7.5日，満月までおよそ15日，半月(下げんの月)までは，およそ22.5日かかる。したがって，8月10日の半月(上げんの月)から10日後では，図のAの月だと考えられる。したがって，④が正解である。

3 (1) 図6の3通りのしき方を，左からABCとする。図5の板6枚を用いて6畳の部屋へのしき方は，AA，AB，AC，BA，CA，BB，BC，CC，CBの9通りである。

さらに，図⑳のようなしき方もあるので，全部で11通りになる。また，㋕のようなしき方は，図⑳以外にBCとCBのしき方があるので，全部で4通りになる。

図⑳

(2) 図⑱のような切り方をすると，最大で20の部分に分けることができる。「縦や横の辺と平行な直線にそって切る切り方」に注意する。

図⑱

(3) 枚数の求め方のポイントは，図ⓒのように，3周目まで正六角形をしきつめていく。そして，1周目(⬡)，2周目(⬡)，3周目(⬡)の数を数えて，増え方の規則をみつけることである。言葉と式を適切に使いながら説明していくことが大切である。

図ⓒ

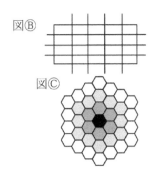

《宮城県仙台二華中学校》

やや難 **2** （社会，算数，理科：日本の地理，地域の経済・産業，磁石，割合など）

1 （1） 地図1は下の方向が南であり，右の方向が東であること，また，100mは縮尺では1cmであることに注意して，①～④の道順で進んでいく。地図記号も覚えておく。

（2） ア　断面図のかき方は，①直線ABと等高線が交わった点から，その標高の地点まで垂直な線を引く。②標高の線と交わったところに○印を付ける。③○印を付けた点をすべて結ぶ。このとき，直線ではなく，山や谷をイメージした曲線でかくように注意する。

イ　地図の記号で∨は畑，‖は水田，ᕗは果樹園を表している。「標高に関連づけて」という条件があるので，標高が50m以下は水田というように，標高の数字を示しながら説明する。

（3） ア　養殖が盛んな理由の1つについて考えると，カキの成長にはカキいかだが必要である。カキの養殖場の第一条件は，そのいかだが安全に設置できる場所であること。カキいかだを安全に設置できるためには，波が静かでいかだが壊れにくく適度な潮の流れが必要になる。地図2の○で囲んだ地域は，気仙沼（けせんぬま）湾の中で，カキいかだが安全に設置できる場所であると考えられる。もう1つの理由については，地図2の河川の上流に着目する。上流には針葉樹や広葉樹の森がある。森でつちかわれた養分をふくんだ水が川から湾に流れこみ，カキを育てているのである。この2つの理由をわかりやすくまとめる。

イ　Ⓐの全体に対する割合を求めると，その角度がわかる。式で答えるので，答えは出さなくてよい。全体の水揚げ量は，116700＋20900＋16800＋29700…①，Ⓐの割合は，20900÷①…②，この値の円に対する割合は，②×360…③。①，②，③を一つの式にまとめるとよい。

（4） 磁石の性質とは，2つの磁石を近づけたとき，同じ極どうしはしりぞけ合い，ちがう極どうしは引き合うという性質である。このことから，地球の北の方の極についてわかることを説明する。

（5） 「おつりは最も少ない枚数でもらう」ということに着目し，おつりを500円硬貨や5円硬貨でもらうような支払い方を考えるとよい。さらに，おつりをもらった後の財布の中の硬貨の枚数を最も少なくできるようにするために，支払い方は枚数の多い100円硬貨や1円硬貨を使うように組み立てる。すると，1153円で支払うと，おつりは505円になる。表にまとめると次のようになる。

	1000円札	500円硬貨	100円硬貨	50円硬貨	10円硬貨	5円硬貨	1円硬貨
支払うときの残りの枚数	0枚	0枚	1枚	0枚	1枚	0枚	0枚
おつりをもらった後の財布の中の枚数	0枚	1枚	1枚	0枚	1枚	1枚	0枚

表より，おつりをもらった後の財布の中の硬貨の枚数は4枚となるので，これが最も少ない枚数と考えられる。

2 （1） 図にかいて考えてみよう。
「箱が動く距離の半分しか『コロ』は動かない」と言う先生の言葉に着目する。図のコロAがコロⒶの位置に移動するまで

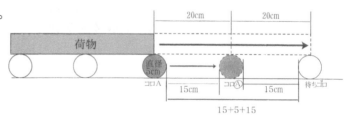

に動く距離は，「コロ」と「コロ」の間かくは15cmなので，コロの中心から20cmである。また，箱の動く距離は40cmである。そして，図のコロAがコロＡの位置に移動したときに，「待ちゴロ」が箱の下のコロになっている。したがって，「待ちゴロ」の間は，$15 + 5 + 15 = 35 (\mathrm{cm})$にすればよいことになる。

(2) 「待ちゴロ」の間は，(1)より35cmである。箱の前面を図6の状態から7m先まで動かしたいのだから，間の長さを$35 + 5 = 40 (\mathrm{cm})$とする。7m＝700cmで$700 \div 40 = 17.5$となる。したがって，並べる本数は少なくとも17本必要である。

(3) 厚さが約4mmの段ボールも厚さが約5mmの段ボールも1m²をもとにして考える。厚さが約4mmの段ボールの中芯の面積は1.5m²。重さは，$1.5 \times 120 = 180 (\mathrm{g})$。上下のボール紙の重さは$180 \times 2 = 360 (\mathrm{g})$。合わせて，540gである…①。また，厚さが約5mmの段ボールの中芯の面積は1.6m²。重さは，$1.6 \times 120 = 192 (\mathrm{g})$。上下のボール紙の重さは$180 \times 2 = 360 (\mathrm{g})$。合わせて，552gである…②。　②－①$= 12 (\mathrm{g})$。この12gの重さの割合は，$12 \div 552 \times 100 = 2.17 \cdots (\%)$で，小数第2位を四捨五入して，2.2%軽くなる。

《宮城県古川黎明中学校》

重要 **2** （算数，社会，理科：平面図形，植木算，日本の文化・歴史，もののとけ方など）

1 (1) 外周コースの長さも遊歩道コースの長さも，直径×3.14÷2で求めて，その長さを比べるとよい。

(2) 資料の3つの政策に共通するねらいは，2つある。1つは，支配であり，武士と農民の身分をはっきり区別させ，武士を支配者とする身分の仕組みをつくること。もう1つは，安定であり，百姓が一揆などを起こして反抗するのを防ぎ，農業に専念させ，確実に年貢を取りたてることである。この2つをまとめる。

(3) 年貢を納めさせるために必要な情報は，田畑に関する情報とその田畑を耕作している人物の情報である。それぞれの情報を具体的に説明する。

2 (1) まず，6mおきに植える場合の本数と9mおきに植える場合の本数の差からこの道の長さを求める。この道の長さを□mとすると，端から端まで木を植えるので，$\left(\dfrac{□}{6} + 1\right) - \left(\dfrac{□}{9} + 1\right) =$ 20という式が成り立つ。これを解くと，$\dfrac{□}{6} - \dfrac{□}{9} = 20$　$\dfrac{□}{18} = 20$　□$= 360$となる。この道の長さは360mなので，5mおきに木を植える場合に必要な本数は，端から端まで木を植えるので，$360 \div 5 + 1 = 73 (本)$となる。

(2) 図のように表して考えてみる。　　の部分が，3頭のゾウが同時に水を噴き出す部分である。12秒までは，合計4秒あることがわかる。12秒よりあとは，同じことのくり返しなので，1分間では，$60 \div 12 \times 4 = 20 (秒)$となる。

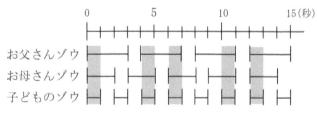

3 (1) 石灰水に二酸化炭素を通すと白くにごるという性質を利用する。解答例以外では，「石灰水だけはアルカリ性なので，3つのビーカーの水溶液に，赤色リトマス紙を入れて青色に変化したものが石灰水である。」という答えもある。

(2) 「先生のお話とこの表をヒントに」ということなので，リトマス紙を使うのではなく，温

度によるとけ方に着目して考える。とけているものが何であるかを知るためには，水溶液を冷やす方法と水をじょう発させる方法がある。水溶液を冷やす場合は，水の温度によってとけ方が大きく変わるミョウバンのほうが食塩より早くとけているものが出でくるので，「ミョウバンの水溶液」だとわかる。水溶液を熱する場合は，水だけがじょう発して，とけていたものがとけきれなくなって出てくるが，「食塩水」の場合は，とう明な立方体，「ミョウバンの水溶液」の場合は，とう明な正八面体の形をしているので区別できる。

(3) 表より，60℃の水50mLにとかすことのできるミョウバンの量は28.7gであることと，ミョウバンがとける量は，水の量に比例することにポイントに置いて説明する。式も利用する。

★ワンポイントアドバイス★

社会，算数，理科とさまざまな範囲から問題が出されている。文章で考えや答えの求め方を説明する問題が多い。また，算数の問題は，一つずつ計算していく作業型の問題も目立ち，集中力が必要である。しかし，しっかりした基そ力があれば解ける問題なので，落ち着いてのぞめるように，基そ力をつけ，いろいろな問題にチャレンジしておくことである。

＜宮城県仙台二華中学校　作文解答例＞《学校から解答例の発表はありません。》

　「未来に残したい日本の良さ」には，どんなものがあるだろうか。わたしは，「四季のある豊かな自然」がその一つだと思う。わたしの住んでいるところは，山や野原があり，きれいな川も流れていて，風景はとても美しい。その美しい風景は，春夏秋冬いろいろな変化を見せる。日本のあちこちに残っている，こうした美しい風景は，日本の宝だ。

　わたしが，こうした日本の豊かな自然を残したいと考えるのは，自然は一度消えてしまったら簡単には元にもどらない，大切なものだからだ。学校で教わったが，自然を支えているのは，生き物のつながりだという。そして今，その生き物のつながりが消えかけていて，それが自然破かいにつながっている。もしこのまま自然破かいが進んでしまったら，日本は大切な宝をなくしてしまうことになる。

　自然を未来に残すためには，わたしたち一人一人が「自然を守ろう。」という気持ちを持つことが大切だ。山や川をよごさないよう，気をつけなければいけない。たとえば，「ごみをむやみに捨てない。」や「空きかんのリサイクルをする。」というような気持ちを持つことが大切だ。こうした身近なことが，自然を守り，未来に残すことにつながるはずだ。

○配点○

25点

＜宮城県仙台二華中学校　作文解説＞

（国語：テーマ型　意見文を書く）

　提示された問題について指定の段落構成にしたがい，自分の意見を述べる問題。自分の意見を，指定された構成に沿ってまとめ，論理的に書く力が求められる。

　「未来に残したい日本の良さ」というテーマについて，指定された「条件」にしたがって書く。「条

件」の①〜④は，全て段落に関する指定である。第一段落には「未来に残したい日本の良さ」，第二段落には「それを残したいと考えた理由」，第三段落には「それを未来に残すために必要な手立て」を書くよう指定されているので，そこからずれないよう注意して書くこと。このように文章の構成があらかじめ指定されている場合，自分で構成を考える苦労はないが，指定からはずれた構成となってしまうと評価が下がるので十分に注意したい。単に段落の数だけではなく，それぞれの段落に書く内容もきちんと守ること。また，各段落の分量が大きく偏らないよう注意する。

　第二段落では「それを残したいと考えた理由」を書くが，理由を述べる述べ方として「なぜなら〜からだ。」という型があることは，意識しておきたい。解答例では，この型を少し変えた述べ方となっている。ただし，必ずしも「〜から」という言葉を使う必要はない。

　第三段落の「それを未来に残すために必要な手立て」については，ある程度具体的に書くほうが望ましい。解答例では，はじめに「わたしたち一人一人が『自然を守ろう。』という気持ちを持つことが大切だ。」と原則を述べた上で，それを説明して「ごみをむやみに捨てない。」「空きかんのリサイクルをする。」といったより具体的な記述を行っている。

──★ワンポイントアドバイス★──

> むずかしい漢字を無理に使う必要はない。小学校で習っていない漢字は，ひらがなで書いてかまわない。

＜宮城県古川黎明中学校　作文解答例＞《学校から解答例の発表はありません。》

　わたしは小学校三年生のころまで，年上の人と話をすることが苦手だった。近所の人に会ったときも，あいさつはできるが，話しかけられても上手な受け答えができなかった。でも，四年生のとき，校長先生のされた「いろいろな人と会話をすることが，はば広い人格を作るのに役立つ。」というお話を聞いてから，「このままではいけない。」と，強く思うようになった。それからは，年上の人とお話をする機会があれば，できるだけ積極的に自分から話しかけるよう，自分なりに努力した。その結果，今ではかなり自然に会話ができるようになったと思う。

　わたしがこの経験から学んだことは，人は努力すれば変わることができる，ということだ。もちろん，どんなことでもできるというわけではない。けれども，努力を積み重ねることで，少しずつでも自分を良い方向に変えることができる。「わたしはこれが苦手だ。」と思いこんだまま何もしないと，成長はない。成長は，「苦手なことを克服しよう。」という気持ちから始まるのだ。

　だから，「苦手なことを克服する」ことは，とても大切だ。それは，自分をよい方向に変える，一つのきっかけだからだ。

○配点○
　25点

＜宮城県古川黎明中学校　作文解説＞

（国語：テーマ型　意見文を書く）

　問題で示された二つのテーマのうちから一つを選び，それについて，体験をふまえて意見文を

書く問題。問題で問われていることを把握し，テーマに沿って論理的に文章を書く力が問われる。

まず，問題で要請されていることをきちんと把握する必要がある。この問題では「『得意なことを伸ばす』ことと『苦手なことを克服する』こと」という二つのテーマのうち「どちらか一つ」を選んだ上で，自分の体験から「感じたり学んだりしたこと」をもとに「その大切さ」について述べるよう，要請されている。二つのテーマのうち，どちらを選んで書いてもかまわない。ただし，両者のうちどちらがより大切か，という点について述べるものではない点に注意が必要。問題では「どちらも大切」と書かれているので，たとえば「得意なことを伸ばすことの方が，苦手なことを克服することよりも大切だ」といった，両者を比較して片方を重視するような文章は求められていない。

段落に関する指定はないが，この程度の字数の場合，二段落から四段落程度で構成するのが望ましい。解答例は，「①体験・②自分の意見・③まとめ」という三段落構成となっているが，必ずしもこのようである必要はない。たとえば「①自分の意見・②体験・③体験から学んだこと・④まとめ」のような構成で書いていてもよい。体験を書いた部分と自分の意見を書いた部分の分量のバランスをとるようにする。ほぼ全てが体験の説明に終始していて自分の意見が一文で終わる，あるいはその逆，といった極端な構成は，望ましいとは言えない。

━━ ★ワンポイントアドバイス★ ━━

「原稿用紙の正しい使い方」を守って書くこと。特に，段落を新しくするとき，一マス下げるのを忘れないようにする。

＜仙台市立中等教育学校　適性検査Ⅰ解答例＞ ━━

1　1　政治の方針を日本中に確実に広げるため。

2　イ

A群	①
B群	い

ウ

A群	④
B群	あ

2　1　(1)　④

　　(2)　①　約　210　L

　　　　②　家庭用として使われる水の量が最も多く，また，一日の中でも朝や夜の使用量が多いことから，洗面や入浴の時に水を出しっぱなしにしないようにする。

　　(3)　方法　③

　　　　理由　フラスコ内の空気の量を増やすと，その分あたためられた空気の体積変化が大きくなり，水を押す力が強くなるから。

2　(1)　①　600　g　　②　5　　③　$1\frac{1}{4}$

　　(2)　約　71　%

3　(1)　家庭ゴミが増えた割合よりも人口が増えた割合の方が高いので，市民1人が出すご

みの量は減っていることがわかる。

(2) ②

(3) 資源として使えるものを再利用したり，壊れたものを修理するなどして，ごみを出さないようにしていた。

○配点○

1 1 5点　　他　各2点×4

2 1(1), 2(1)②, 3(2)　各3点×3　　2(1)①・③　各4点×2　　他　各5点×6　　計60点

＜仙台市立中等教育学校　適性検査Ⅰ解説＞

重要 1 （社会：日本の文化・歴史）

1 明治の新しい政府は，県令を任命することで，方針を日本中に広め，全国の土地や人民を支配しようとしたのである。解答例と同じ内容であれば正解である。

2 イ　殖産興業とは，明治政府の近代産業の育成をすすめる政策のこと。その一環として，民間に近代産業を広めるために政府が経営する工場をつくったのである。富岡製糸場は，その代表的なもので，フランスの新しい技術を取り入れた。B群の「い」は，その内部の様子である。働く女性は，強制的に集められ，安い賃金，そまつな寄宿舎の食事で働かされたが，初期のころは，労働環境は良かった。

ウ　「天は人の上に人を造らず」という言葉は，福沢諭吉が著した「学問のすすめ」の中の一節。この本は，個人の自主独立と実際に役立つ学問の尊重をとなえている。

や難 2 （社会，算数，理科：くらしと水，環境問題・ごみ，割合の計算，空気の性質など）

1 (1) 図1では，「ア」の上部にダムがあり，取水場があるので，「ア」はじょうすい場である。「イ」には送水管がつながり，各家庭にもつながっているので，配水池である。「ウ」には下水管がつながっているので下水しょり場である。よって，④が正解。確実なところから先に決めていくのもよい。

(2) ① 家庭用で使われた水の量を求めると，$300000 \times 76.3 \div 100 = 228900 (m^3)$ となる。仙台市民一人が1日に使った水の量は，$228900 \div 1080000 = 0.211\cdots \rightarrow 0.210 (m^3)$。$1L = 0.001m^3$ なので，$0.210 \div 0.001 = 210 (L)$ となる。

② 資料1からわかることは，家庭用に使われる水が最も多いこと，資料2からわかることは，1日の中では，朝や夜に使用量が多いことである。こうしたことにふれながら，節水の工夫を具体的に答える。ほかの工夫としては，洗たくにはふろの残り湯を使う，食器を洗うときは洗ざいを使いすぎない，などもある。

(3) 空気は，あたためられると体積が大きくなるという性質をもっている。そのため，とじこめられた空気はおす力が大きくなっていく。

2 (1) 「授業で使ったプリント」での分量は4人分なので，10人分用に計算する。① $240 \times 2 + 120 (g)$　② $2 \times 2 + 1 = 5$　③ $\frac{1}{2} \times 2 + \frac{1}{4} = 1 と \frac{1}{4}$ となる。

(2) 合いびき肉は，$600 + 250 = 850 (g)$ あるので，そのうち牛ひき肉の割合は，$600 \div 850 \times 100 = 70.58\cdots \rightarrow 71 (\%)$ となる。

3 (1) 　1　の後のおばあさんの「そうね。それでも，…『ごみ減量作戦』に取り組んでいるのよ」という言葉につながるような内容を考える。資料5の平成22年度と平成26年度のごみの

量を比べるとわずかに平成26年度は増えているが，人口は平成26年度のほうが約3万人も増えている。つまり，人口の増える割合に比べてごみの増える割合は低いことがわかる。そこで，解答例のように，市民1人が出すごみの量は減っていることがわかるとまとめれば，次のおばあさんの言葉につながる。

(2)　　2　の直前の「買い物に行く前には」という言葉から，「え」が入る。　3　直前の「買い物に行く時は」という言葉から，「あ」が入る。　2　と　3　を混同しないように。　4　の直前の「家庭ごみを減らすためには」という言葉から，「い」が入る。よって，②が正解である。

(3)　資料7の左の絵の「こわれた茶わんをつなぎ合わせるなどする職人」から，修理して使えるようにして，ごみを出さないように工夫していることがわかる。また，右の絵の「こわれたかさを買い取る職人」から，修理して使えるようにしたり，材料を再生資源として再び利用するなどしてごみを減らす工夫していることがわかる。この内容を簡潔にまとめる。

★ワンポイントアドバイス★

算数，理科，社会のさまざまな範囲から出されている。算数，理科は基そ問題ばかりだが，社会は知識がないと解けない。4年からの授業の総復習が必要だ。

＜仙台市立中等教育学校　適性検査Ⅱ解答例＞

1　1　8時15分
　　2　(1)　電車　8時36分　　高速バス　9時
　　　　(2)　どちらか　電車　発車時刻　10時
2　1　(1)　岩石　陸　　水　海
　　　　(2)　たかし　さん
　　2　岩石は，水よりあたたまりやすく，冷めやすい。（岩石は，水より冷めやすく，あたたまりやすい。）
　　3　工夫　ビーカーにふたをする。
　　　　理由　湯気が上に移動しないようにするため。
　　4　風の向き　陸から海に向かって，風がふく。
　　　　理由　夜は日光が当たらないので，冷めにくい海の方が陸よりも温度が高くなるから。
3　1　(1)　$\frac{1}{12}$　m
　　　　(2)　2　番目と　3　番目の印の間
　　　　(3)　$\frac{3}{4}$　倍
　　2　27　個

○配点○
1　1　4点　　他　各5点×3
2　1　各3点×2　　他　各5点×3
3　各5点×4　　計60点

＜仙台市立中等教育学校　適性検査Ⅱ解説＞

重要 1 （算数：整数の性質，単位量の計算）

1 15と25の最小公倍数を求めると75になる。7時から75分後だから，8時15分になる。

2 (1) 電車の時速は100kmなので，かかる時間は160÷100＝1.6となり1時間36分かかる。したがって，とう着時刻は，8時36分。高速バスの時速は80kmなので，かかる時間は160÷80＝2となり2時間かかる。したがってとう着時刻は，9時。

(2) 電車は，15分おきに発車しているので，15×12＝180（分）で，(1)の8時36分の3時間後の11時36分に仙台駅にとう着する電車があることがわかる。また，高速バスは，25分おきに発車しているので，25×6＝150（分）で，(1)の9時の2時間30分後の11時30分にとう着する高速バスがあることがわかる。電車も高速バスもこの時間が11時40分を過ぎずに一番近い時間になる。したがって，電車の方が条件に適している。発車時刻は，(1)より11時36分より1時間36分前になり，10時となる。

2 （理科：雲・天気の変化）

1 (1) 海と陸のあたたまり方の実験をしていることから判断できる。

(2) 岩石と水の表面のあたたまり方を比べるのだから，電球からそれぞれの表面までのきょりは同じにしなければならない。

2 表1より，岩石は1日で13.5°も温度が上がっているのに対して，水は6.3°しか上がっていない。また，表2より，岩石は1日で6.6°ほど温度が下がっているのに対して，水は0.9°しか下がっていない。このことからわかることをまとめる。

3 湯気が上に移動することが原因と考えているので，そのことが起こらないようにする方法を考える。

4 陸地は海水よりも冷めやすいので，夜は陸の気温が海水よりも低くなって陸の気圧が高くなり（図4の右側の状態），陸から海に向かって風（陸風）がふくのである。「冷めにくい」，「冷めやすい」という言葉を使い，風はどちらの方向に向かってふくかを説明する。なお，昼間は，逆に海から陸に向かって風（陸風）がふく。昼間は，陸の気温が海の気温より高くなって，陸の気圧が低くなるからである。

や難 3 （算数：整数，分数，平面図形）

1 (1) 4番目は右から$\frac{1}{3}$，5番目は右から$\frac{1}{4}$の位置なので，長さは，$\frac{1}{3}-\frac{1}{4}=\frac{1}{12}$（m）となる。

(2) 1番目の点はAからの長さが全体の$\frac{3}{12}$m，2番目の点は$\frac{4}{12}$m，3番目の点は$\frac{6}{12}$mなので，$\frac{5}{12}$mの点は，2番目と3番目の印の間にあることになる。

(3) 右の図の三角形㋐（全体の正三角形の半分）と㋑の面積を求めてその大きさを比べる。AからCまでの長さは$\frac{4}{12}$m，BからCまでの長さは$\frac{1}{12}$m，BからDまでの長さは$\frac{3}{12}$mである。Bの角度は90度である。

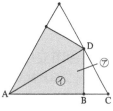

㋐の面積は，$\frac{4}{12}×\frac{3}{12}×\frac{1}{2}=\frac{1}{24}$（m²）。㋑の面積は$\left(\frac{4}{12}-\frac{1}{12}\right)×\frac{3}{12}×\frac{1}{2}=\frac{1}{32}$（m²）となる。したがって，四角形の面積は，全体の正三角形の面積の$\frac{1}{32}÷\frac{1}{24}=\frac{3}{4}$（倍）になる。

2 8, 12, 18の最小公倍数は72である。全体に対するひもの左はしからの長さは下のようになる。この中で，○の付いた数字は印が重なったものなので数えない。

8等分	9	18	27	36	45	54	63								
12等分	6	12	⑱	24	30	㊱	42	48	㊴	60	66			
18等分	4	8	⑫	16	20	㉔	28	32	㊱	40	44	㊽	52	56	㉟	64	68

印の数を数えると，7＋8＋12＝27(個)となる。

★ワンポイントアドバイス★

算数と理科で構成されている。算数は短時間で問題を解く集中力が必要だが，基そ知識がしっかりついていればだいじょうぶだ。

＜仙台市立中等教育学校　作文解答例＞ 〈学校からの解答例に発表はありません。〉

　この文章の筆者は，「文章を書く時に注意すべきこと」として，「読み手には文字になって表れた情報しか伝わらないのだ，ということを常に意識すること」を挙げている。言いかえると，「あることを文章で伝えるときには，必要な情報をもらさないようにすることが大切だ。」ということだ。

　同じことは，会話についても言えるだろう。この間，妹とテストについて会話したとき，なかなか話が通じなくて，こまったことがあった。わたしはじゅくのテストの話をしていたのに，妹は学校のテストだと思いこんでいたのだ。つまり，「聞き手には言葉になって表れた情報しか伝わらない。」ということを，わたしが忘れていたために，妹がかんちがいしてしまったのだ。これは，「必要な情報」を伝えていなかったために起きた失敗だ。

　このことがあってからは，わたしは，「話したり書いたりするとき相手の立場を考えること」を大事にするよう心がけている。この文章にもあるように，自分が常識と思っていることを相手は知らないかもしれない。それで，おたがいがかんちがいをしてしまうのだ。それを防ぐには，書いたり話したりする前に，一度相手の立場になってみることが大切だ。

○配点○

30点

＜仙台市立中等教育学校　作文解説＞

（国語：文章読解型　意見文を書く）

　課題文を読んだうえで，体験をふまえた意見文を書く問題。課題文の筆者の主張を捉える力，および与えられたテーマに関する自分の意見を，体験をふまえて論理的に書く力が求められる。

　まず，文の筆者の考えを端的にまとめ，次に「書いたり話したりして人に何かを伝える時，どんなことを大事にしているか」というテーマについて，体験を交えて自分の考えを述べる。字数

指定は必ず守ること。また，「三段落構成」で書くようにとの指定をきちんと守って書くことが大切である。その際，単に形式的に段落を作るのではなく，それぞれの段落にあるまとまった内容を盛り込むよう，文章を意識して組み立てるようにする。解答例では，「①筆者の考え・②自分の体験・③自分の考え」という構成になっているが，「①筆者の考え・②自分の体験と考え・③まとめ」や「①筆者の考え・②自分の考え・③自分の体験とまとめ」など，別の構成にしてもかまわない。ただし，問題の問い方を考えると，最初の段落で「筆者の考え」をまとめるのが自然である。

また，各段落の分量が極端に偏らないよう，注意したい。たとえば，「筆者の考え」を述べるのにほとんどの字数を使ってしまったり，「自分の体験」の部分があまりにも長くて，その割には「自分の考え」の内容が乏しかったりするのは，望ましいとは言えない。

なお，解答例では「筆者の考え」と「自分の考え」が内容的に関連しているが，「読み手や聞き手に合った言葉遣いをする」のような，「筆者の考え」とは別の「自分の考え」を展開してもよい。

★ワンポイントアドバイス★

「体験を交えながら書きなさい」といったタイプの問題では，その体験と自分の意見が論理的につながるように書くことが大切。

大切なことはメモしておこうネ！

平成28年度

★★★★★★★★★★★★★★★★★★★★★

入 試 問 題

平成28年度

宮城県立中学校入試問題

【総合問題】 （60分）　＜満点：100点＞

1　太郎さんと花子さんと学さんの学年では，個人ごとにテーマを決めて，自主学習に取り組みました。

次の1〜3の問題に答えなさい。

1　太郎さんは「作物の育て方」をテーマに，自主学習に取り組むことにしました。次の会話文は，太郎さんが親せきの農家のおじさんと，作物の育て方について話したときのものです。あとの(1)〜(3)の問題に答えなさい。

> 太郎さん　おじさん，この畑には何を植えたの。
> おじさん　トウモロコシだよ。
> 太郎さん　トウモロコシの植え方と育て方には，何か，こつはあるの。
> おじさん　㋐トウモロコシは，種子と種子の間を近づけて植える方が，たくさんの実ができるんだよ。それから，いろいろな作物にも言えることなんだけど，㋑種子が発芽したら，周りに生えてきた雑草をこまめに取り除かなければならないんだよ。
> 太郎さん　そうなんだ。ぼくもトウモロコシを育ててみたいな。
> おじさん　トウモロコシの種子がまだあるから，これを植えてみなさい。
> 太郎さん　ありがとう。あれ，おじさん，欠けている種子があるけど，これを植えても，ちゃんと育つのかなあ。
> おじさん　ちょっと見せて。おや，ずいぶん大きく欠けている種子だね。しめらせただっし綿の上に置いて，育つようすを観察してみるといいよ。
> 太郎さん　ありがとう。試してみるね。

(1)　「㋐トウモロコシは，種子と種子の間を近づけて植える方が，たくさんの実ができるんだよ。」とありますが，その**理由**を答えなさい。

(2)　「㋑種子が発芽したら，周りに生えてきた雑草をこまめに取り除かなければならないんだよ。」とありますが，その**理由を2つ**答えなさい。

(3)　太郎さんは，欠けている種子と欠けていない種子を，しめらせただっし綿の上に置き，光と温度の条件を同じにして，育つようすを観察しました。だっし綿は，かわかないように注意しました。次のページの**資料1**は，太郎さんが，観察した記録と種子について調べたことをまとめたものです。**欠けている種子は，欠けていない種子に比べ，なえの大きさが途中から変化しなくなりましたが，その理由を答えなさい。**

資料1

月日	欠けている種子	欠けていない種子
5/10	観察開始	
5/11	発芽した。	
5/13	なえの大きさ　3mm	発芽した。
5/15	なえの大きさ　34mm	なえの大きさ　12mm
5/17	なえの大きさ　36mm	なえの大きさ　43mm
5/19	なえの大きさ　36mm	なえの大きさ　54mm
5/21	なえの大きさ　36mm	なえの大きさ　60mm

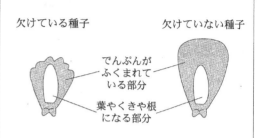

2　花子さんは,「日本の漁業」をテーマに, 自主学習に取り組むことにしました。次の会話文は, 花子さんが, インターネットで見つけた**グラフ**をもとに, お父さんと話をしたときのものです。あとの(1)～(3)の問題に答えなさい。

> お父さん　何を見ているんだい。
>
> 花子さん　漁業生産量全体に対する各漁業生産量の割合のグラフを見ているの。30年の間に, ずいぶん変化しているわ。遠洋漁業の割合は, 減っているのね。
>
> お父さん　そうだね。㋒遠洋漁業は, この30年で生産量が大きく減ったことで, 漁業生産量全体に対する割合が低下したんだね。
>
> 花子さん　何か理由があったんだろうから, 調べてみるわ。
>
> お父さん　そうするといいよ。それから, 逆に, ㋓養しょく業のように, 生産量の割合を増やしている漁業があるから, そのことも調べてみたらどうかな。
>
> 花子さん　わかったわ。それから, ㋔お客さんに買ってもらうためのくふうについても, 考えてみようと思うの。生産者の立場になれば, 魚をとってきても, 買って食べてもらわないことには, 生活が成り立たないものね。

グラフ

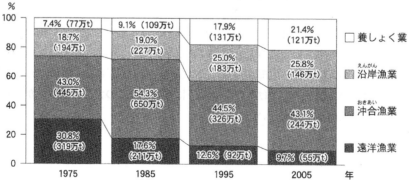

漁業生産量全体に対する各漁業生産量の割合
※川や湖での漁業を除く。割合は四捨五入した値のため,
合計が100にならない年がある。（　　）内は生産量。

（農林水産省統計より作成）

(1) 「㋐遠洋漁業は，この30年で生産量が大きく減った」とありますが，**その理由を答えなさい**。

(2) 「㋑養しょく業のように，生産量の割合を増やしている漁業」とありますが，花子さんは，養しょく業が割合を増やしているのは，安定した漁業生産につながっているからではないかと考えました。**養しょく業のどのような特徴が，安定した漁業生産につながると考えられるか，答えなさい**。

(3) 「㋒お客さんに買ってもらうためのくふう」とありますが，花子さんは，商品のパックについていた**資料2**のようなラベルを見つけ，ここに書かれたパック番号によって，商品の産地や生産者などを調べられることを知りました。**生産者がこのしくみを取り入れているねらいは何か，答えなさい**。

資料2
消費期限　15. 05. 05
加工日　　15. 05. 02
内容量　　135グラム
http://www.miyagi.○○○○/
パック番号 00-1234567890

3 学さんは，自主学習に取り組むため，科学館へ行きました。次の会話文は，学さんが，科学館の係員さんと話したときのものです。また，**図**は，係員さんが学さんに説明してくれたアニメーションの画面です。あとの(1)，(2)の問題に答えなさい。

> 学　さん　今日は，歩行ロボットについて調べるために来ました。
> 係員さん　歩行ロボットの研究は，長い間続けられてきて，今では2本足で歩くロボットもできていますよ。
> 学　さん　こちらの両面に表示されているのは，何ですか。
> 係員さん　これは，ベルトコンベアの上を安定して歩くことができるようなロボットのようすを，わかりやすくお伝えするためのものです。まず，ベルトコンベアの動く向きを選び，　①　と　②　の所には好きな数を入れて，スタートボタンを押すと，ロボットが歩くようすを，アニメーションで見てもらうことができるんですよ。やってみてください。

図

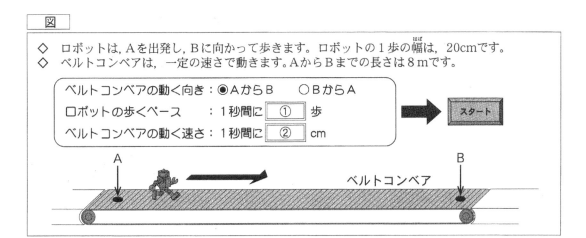

◇　ロボットは，Aを出発し，Bに向かって歩きます。ロボットの1歩の幅は，20cmです。
◇　ベルトコンベアは，一定の速さで動きます。AからBまでの長さは8mです。

ベルトコンベアの動く向き：●AからB　○BからA
ロボットの歩くペース　　：1秒間に　①　歩
ベルトコンベアの動く速さ：1秒間に　②　cm

スタート

(1) 学さんは，ベルトコンベアの動く向きとして，「AからB」を選びました。

次の**ア～ウ**の問題に答えなさい。

ア ①に2，②に0を入れて，スタートボタンを押すと，**A**を出発したロボットは，何秒で**B**に着くか，答えなさい。

イ ①に2，②に10を入れて，スタートボタンを押すと，**A**を出発したロボットは，何秒で**B**に着くか，答えなさい。

ウ ①に1を入れたとき，**A**を出発したロボットが，25秒で**B**に着くようにするためには，②に入れる数はいくつにしたらよいか，答えなさい。

(2) 学さんは，ベルトコンベアの動く向きとして，「BからA」を選びました。次に，①と②に数を入れ，スタートボタンを押したところ，ロボットは，歩いているのにAの位置からずっと動かないように見えました。ロボットが，Aの位置からずっと動かないように見えた**理由**を答えなさい。また，学さんが②に入れた数を80とするとき，①に入れた**数**を答えなさい。

＜宮城県仙台二華中学校＞

2 華子さんと二郎さんの小学校では，7月に職場見学を行いました。

次の1，2の問題に答えなさい。

1 華子さんは，スーパーマーケットに行きました。次の会話は，華子さんが，見学の後，店長さんから話を聞いたときのものです。あとの(1)～(4)の問題に答えなさい。

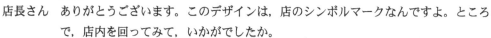

華子さん	今日は，どうもありがとうございました。店内が広くてずいぶん歩きましたが，⑦冷房がきいていたので，助かりました。
店長さん	今日はとても暑くてじめじめしていたので，冷房を強めにしていたんです。まずは飲み物でもどうぞ。
華子さん	ごちそうになります。このコースター，⑦すてきなデザインですね。
店長さん	ありがとうございます。このデザインは，店のシンボルマークなんですよ。ところで，店内を回ってみて，いかがでしたか。
華子さん	野菜コーナーを見て，外国産のものが多いことにおどろきました。
店長さん	⑦外国産野菜の取り扱い量は，近年増えています。今日入荷しているのは，アメリカ産のブロッコリーやメキシコ産のアスパラガスなどですね。
華子さん	そうですか。地元の宮城県からは，どんな野菜が入荷していますか。
店長さん	ほうれんそうや小松菜などです。こうした葉物野菜は，宮城県産の入荷が多いですね。
華子さん	それから，お客さんがレジのところで出していた券は何ですか。
店長さん	あれは，お客様に，また来ていただくために発行している⑨サービス券です。くわしく説明しましょうか。
華子さん	はい。お願いします。

(1) 「㋐冷房がきいていた」とありますが，華子さんが，見学の途中，ようすを見に来た先生を見送るために店の外に出たとき，華子さんがかけていためがねが，一瞬で白くくもってしまいました。**めがねが白くくもってしまった理由を説明しなさい。**

(2) 「㋑すてきなデザイン」とありますが，コースターは**図1**のようなデザインで，これは，**図2**のような2種類の四角形を，重ならないように組み合わせたものでした。**角㋐と角㋑の大きさを答えなさい。**

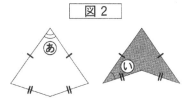
図2

(3) 華子さんは，見学したスーパーマーケットで，いろいろな産地の野菜が取り扱われていることに興味をもち，宮城県以外の地域ではどうなのかと考えて，東京都と福岡市にある2つの市場について，ほうれんそうの入荷量を調べ，**表**にまとめました。あとの**ア**，**イ**の問題に答えなさい。

表	各市場へのほうれんそう入荷量の多い県									(平成25年1月から平成25年12月まで)
市場　＼　順位	1位		2位		3位		4位		5位	
東京都中央卸売市場	群馬	5148t	茨城	3361t	埼玉	1846t	千葉	1794t	栃木	1548t
福岡市中央卸売市場	福岡	909t	熊本	157t	長崎	84t	佐賀	72t	大分	27t

(独立行政法人農畜産業振興機構野菜情報総合把握システムより作成)

ア 華子さんは，表の2つの市場へのほうれんそう入荷量の多い県は，ほとんどがその市場の地元や，その市場からのきょりが近い県であることに気づきました。**市場とのきょりが近い県からの入荷量が多いのはなぜか，答えなさい。**

イ 「㋒外国産野菜の取り扱い量は，近年増えています。」とありますが，**外国などの遠い産地からも野菜が入荷できるようになったのはなぜか，答えなさい。**

(4) 「㋓サービス券」とありますが，華子さんは，店長さんから説明を聞き，サービス券のしくみについて次のようにまとめました。あとの**ア**，**イ**の問題に答えなさい。

①100円の買い物をすると，1点のサービス券が1枚もらえる。
②1点のサービス券10枚を，10点のサービス券2枚に交換できる。
③10点のサービス券10枚を，100点のサービス券2枚に交換できる。
④100点より点数の大きいサービス券はない。
⑤サービス券は，1点1円として，次回以降の買い物で利用できる。

ア この店で2800円の買い物をし，もらったサービス券を交換すると，**点数の合計は最大でいくらになるか，答えなさい。**

イ 華子さんは後日，この店でお母さんと一緒に買い物を2回しました。1回目と2回目では，買い物の合計金額の差は100円でしたが，もらったサービス券を交換すると，点数の合計には大きな差が出ました。買い物の合計金額の差が100円のとき，もらったサービス券を交換すると，**点数の合計には最大でどれだけの差が出るか，答えなさい。また，その求め方を答えなさい。**

2　二郎さんは，水道局に行きました。次の会話は，二郎さんが，職員の佐藤さんから話を聞いたときのものです。あとの(1)~(4)の問題に答えなさい。

> 二郎さん　こんにちは。今日はよろしくお願いします。
>
> 佐藤さん　では，説明を始めましょう。この水道局は大正の終わり頃(ごろ)に給水を始めました。現在，6つのダムから水を引いて，5つの浄水場(じょうすいじょう)で飲み水にしています。そのあと，それぞれの浄水場から，一時的に水を貯(た)めておく㋐配水池(はいすいち)という施設(しせつ)に水を送り，そこから各家庭に水を届(とど)けます。
>
> 二郎さん　浄水場からは，毎日どれくらいの水を送っているのですか。
>
> 佐藤さん　昨年は，5つの浄水場を合わせて，1日平均346500m³の水を送りました。
>
> 二郎さん　どれくらいの量なのか，ちょっとイメージしづらいですね。
>
> 佐藤さん　㋕学校のプール何杯分(なんばい)に当たるか，と考えてみるといいですよ。
>
> 二郎さん　私の家には2か月に1回，水道料金の請求(せいきゅう)が来ます。㋖料金はどのようにして計算されているのですか。
>
> 佐藤さん　水道料金は，基本料金と従量料金を合計した額になります。基本料金とは，使った水の量に関係なく，水道メーターの口径(こうけい)＊によって決まるものです。従量料金(じゅうりょう)とは，使った水の量に応じて決まるものですが，使った水の量が多くなると，段階的(だんかい)に割(わり)高(だか)になります。
>
> 二郎さん　浄水場では消毒薬を使っていると聞いたことがありますが，本当ですか。
>
> 佐藤さん　殺菌(さっきん)のため，水には㋗1Lあたり0.001gの消毒薬を入れています。

＊「水道メーターの口径」：水道メーターにつながっている水道管の断面の直径のこと。

(1)　「㋐配水池」とありますが，二郎さんが調べたところ，この水道局では，どの配水池にも複数の浄水場から水を送っていることがわかりました。このように，**1つの配水池に複数の浄水場から水を送るしくみにしている理由**を説明しなさい。

(2)　「㋕学校のプール何杯分に当たるか」とありますが，このことを考えてみようと思った二郎さんは，プールの大きさを先生に聞き，次のように教えてもらいました。

> 先生　「学校のプールは，たてが25m，横が11m，深さは1mですよ。」

　この水道局が，昨年，5つの浄水場から送った**1日平均の水の量は，二郎さんの学校のプールの何杯分に当たるか，先生の話をもとにして答えなさい。**

(3)　「㋖料金はどのようにして計算されているのですか。」とありますが，二郎さんが自宅(じたく)に届いた請求書を確認すると，二郎さんの家の水道メーターの口径は20㎜で，この2か月分の水道料金は，消費税を除(のぞ)くと10695円であると書いてありました。また，請求書の裏(うら)の面には，料金を計算するための，次のページの資料が付いていました。**二郎さんの家でこの2か月に使用した水の量は何m³か，資料をもとに答えなさい。**

資料

◎水道料金表（2か月につき）

＜基本料金＞

水道メーターの口径	金額
13mm	1150円
20mm	2600円
25mm	3700円
30mm	5500円

＜従量料金＞

種別 区分	水道メーターの口径 25mm以下の金額	水道メーターの口径 30mm以上の金額
1〜 20m³	90円	215円
21〜 40m³	175円	
41〜100m³	215円	
101〜200m³	250円	250円

○水道メーターの口径が13mmで，使った水の量が25m³の場合の料金の計算のしかた
1150 ＋ 90×20+175×5 ＝ 3825 よって，料金は3825円になります。
基本料金　　　従量料金

(4) 「⑦1Lあたり0.001gの消毒薬」とありますが，この水道局は，昨年，5つの浄水場から送った水全体の中に，1日平均何kgの消毒薬を入れていたことになるか，答えなさい。

＜宮城県古川黎明中学校＞

2 明さんと黎さんは，夏休みに家族で2泊3日のキャンプに行きました。
次の1〜3の問題に答えなさい。

1 次の会話文は，明さんたちがキャンプ1日目に夕食の準備をしていたときのものです。あとの(1)，(2)の問題に答えなさい。

明 さん　なかなかうまく燃えないなあ。
お父さん　ただまきをのせればいいってわけじゃないよ。どれ，かしてみなさい。
お母さん　じゃあ，火はお父さんにおこしてもらうことにして，あなたたちは⑦買ってきた野菜をあらうのを手伝ってちょうだい。
黎 さん　私は，じゃがいもをあらうわね。
明 さん　じゃあ，ぼくは，にんじんをあらうよ。あれ，お父さん，火をおこすのがじょうずだね。⑦もう，まきに火がついているよ。ぼくのやり方とどこがちがうんだろう。

(1) 「⑦買ってきた野菜」とありますが，お母さんは，じゃがいもを1個70円，にんじんを1本75円，たまねぎを1個64円で買いました。
次のア，イの問題に答えなさい。
ただし，消費税は考えないこととします。
ア にんじんの代金は，1本で75円，2本で150円，というようになり，一の位は，「0」か「5」のいずれかになります。同じようにたまねぎの代金について考えたとき，**一の位にあてはまる数を，すべて**答えなさい。
イ どの野菜も1個以上買い，お金は合計で889円払いました。お母さんは，**野菜をそれぞれ何個ずつ買ったか**，答えなさい。

(2) 「⑦もう，まきに火がついているよ。」とありますが，明さんは，次のページの図1のAのよう

にまきを組みました。そのあと，お父さんは，**図１のBのように**まきを組み，火をおこしました。**なぜ，Bの組み方の方がAの組み方よりはやくまきに火がついたのか，その理由を答えなさい。**

ただし，固形燃料の量とまきの本数等の条件は，同じだったとします。

図１

A　明さんの組み方　　　　　B　お父さんの組み方

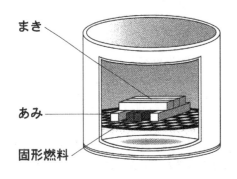
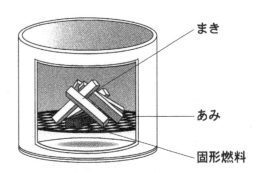

まき

あみ

固形燃料

まき

あみ

固形燃料

2　明さんと黎さんは，キャンプ２日目に，近くにある歴史資料館を見学しました。

次の(1)，(2)の問題に答えなさい。

(1)　歴史資料館には，縄文時代の展示コーナーがありました。次の会話文は，黎さんが，縄文時代の人々の生活について，**写真**や次のページの**図２**のような展示物を見ながら，ガイドさんから説明を聞いたときのものです。あとの**ア，イ**の問題に答えなさい。

黎　さん	これは，この資料館の近くで見つかった縄文時代の貝塚の写真だそうですが，貝塚というのは，どういうものですか。	 写真
ガイドさん	昔の人が，生活の中で出たごみなどを捨てていた場所のことです。大量の貝がらなどが発掘されるので，「貝塚」とよびます。	
黎　さん	写真の貝塚では，貝がら以外に，何が見つかっていますか。	
ガイドさん	動物や魚の骨，土器のかけらや石器などが見つかっていますよ。	
黎　さん	縄文時代の人々のくらしは，このような道具を使うことで，どのように変わったのでしょう。	
ガイドさん	例えば，土器がつくられるようになったので，　　①　　など，食生活にも変化が生まれていたと考えられています。	
黎　さん	縄文時代の人々の食生活は，豊かなものだったのですね。	
ガイドさん	そうですね。でも，狩りや採集によって食べ物を手に入れていたので，季節によっては，十分な量の食べ物が手に入りにくいことがあったようです。縄文時代の人々は，⑦自然の恵みをじょうずに利用して，食料不足への備えもしながら，くらしていたようです。貝塚から発掘されたものをもとに，当時の人々の	

> 　１年の生活を，こちらの「縄文人四季の仕事カレンダー」にまとめています。ご
> らんになってください。

図２

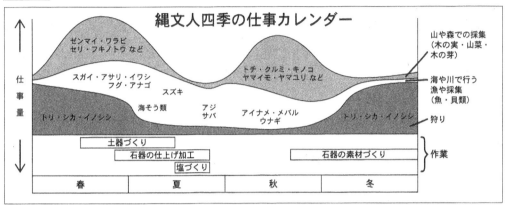

（奥松島縄文村歴史資料館資料より作成）

ア　①　にあてはまる言葉を答えなさい。

イ　「⑦自然の恵みをじょうずに利用して，食料不足への備えもしながら，くらしていた」とあり
　　ますが，それはどのようなことか，図２をもとに答えなさい。

(2)　明さんと黎さんは，歴史資料館の体験コーナーで，弥生時代などの人たちが身に付けていた，
　　「まが玉」作りに挑戦しました。
　　　次のア，イの問題に答えなさい。

　ア　明さんは，まが玉を作るため，方眼紙に，図３のような，半円を組み合わせた下書きをかきました。色のついた部分の面積を答えなさい。
　　　ただし，円周率は，3.14とします。

　イ　明さんは，黎さん，Ａさん，Ｂさん，Ｃさんと一緒に，午後２時にまが玉作りを始めました。黎さん以外の４人のまが玉が完成した時刻は，表のようになりました。明さんがまが玉を作るのにかかった時間が，５人のかかった時間の平均より短かかったとすると，黎さんがまが玉を完成させた時刻は，何時何分より後であったことになるか，答えなさい。また，求め方を式と言葉で答えなさい。

図３

3 cm

4 cm

1 cm

1 cm

表

	まが玉が完成した時刻
明さん	午後２時 57 分
Ａさん	午後２時 43 分
Ｂさん	午後３時　５分
Ｃさん	午後２時 40 分

3　キャンプの３日目に，明さんは，帰りの車の中から見えた太陽光パネルに興味をもち，夏休みに，
　次のページの図４のような，光電池の電気自動車を作りました。
　　次の(1)，(2)の問題に答えなさい。

(1)　明さんと黎さんは，ある晴れた日の正午ごろ，学校の校庭で，次のページの図５のように南北
　　方向に向かい合って立ち，図４の車をお互いに向けて順番に走らせてみました。すると，黎さん

が走らせたときと比べ，明さんが走らせたときには，あまり速く走りませんでした。**なぜ，走る速さにちがいがでたのか，理由**を答えなさい。

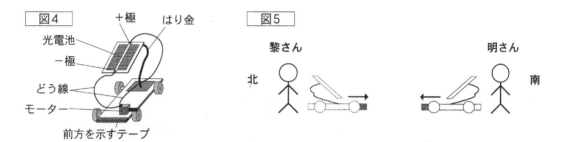

(2) 明さんは，**図4**の車にくふうをしようと考え，**図6**のような切りかえスイッチを2つ使い，**図7**のような回路を作りました。**2つのスイッチを，どう線A，Cにつないだ状態から，どう線B，Dにつないだ状態に切りかえると，どのような変化が起きるか**，答えなさい。また，その**理由**も答えなさい。

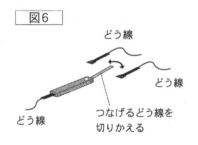

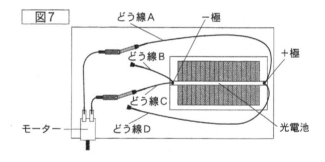

平成28年度

仙台市立中等教育学校入試問題

【総合問題】　(60分)　　＜満点：100点＞

1　たろうさんのクラスでは，町探検をして分かったことをもとに問題をつくり，みんなで解き合いました。次の1～3の問題に答えなさい。

1　たろうさんのグループは，博物館で見学した展示をもとに，「遺跡と古代人の生活」の問題をつくりました。あとの(1)～(4)の問題に答えなさい。

資料1　写真

A　　　　　B　　　　　C

資料2　地図上の位置

資料3　それぞれの遺跡と同じ時代に出土したもの

①木製のくわ　②銅たく　③シカの角のつり針
④中国製の貨へい　⑤土器　⑥石包丁

(1)　下の表の（　）にあてはまるものを，上の資料1，資料2からそれぞれ一つ選んで，記号で答えなさい。

表	三内丸山遺跡(縄文時代)	吉野ヶ里遺跡(弥生時代)
資料1	（　　）	（　　）
資料2	（　　）	（　　）

(2)　三内丸山遺跡と同じ時代から出土したものを，資料3の①～⑥の中から，二つ選んで番号で答えなさい。

(3)　三内丸山遺跡の時代から吉野ヶ里遺跡の時代になって大きく変化したことが二つあります。資料3の遺跡から出土したものにふれながら，「大きな変化」を二つ答えなさい。

(4)　見学を終えて売店に行くと，かわいらしい古代人の人形を買う人が20人並んでいました。この店のレジは1分間で3人の会計を行うことができます。レジに並ぶ人が1分ごとに2人ずつ増えていく場合，12分後には何人並ぶことになりますか。

2 けんたさんのグループは，科学学習センターで実験したことをもとに，磁石に関する問題をつくりました。あとの(1)〜(3)の問題に答えなさい。

(1) 科学学習センターで見つけた磁石の性質を使ったワニのおもちゃは，図のようにいつも口を開けていて，棒磁石を近づけると口を閉じます。このようなおもちゃをつくるとき，二つの丸型磁石の極と，棒磁石の極の組み合わせは全部で何通りありますか。また，考えられる組み合わせの一つを選んで，図中の①〜⑥の極を全て書きなさい。

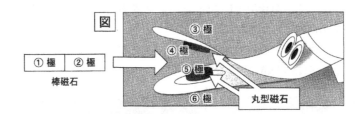

(2) 次に見学した「電磁石をつくろうコーナー」では，下の材料を自由に組み合わせて，電磁石をつくることができました。

棒磁石の代わりにできるだけ強い電磁石をワニのおもちゃに近づけようと考えました。そこで，上の材料を組み合わせた電磁石ア〜オをつくり，下の表1と表2を作成しました。表2のA，B，Cに当てはまる電磁石を，表1のア〜オから全て選びなさい。ただし，100回巻きと200回巻きの導線は同じ太さの物を使用し，検流計で回路に流れる電流の強さを測ることとします。

表1 ＜電磁石の種類と回路に流れる電流の強さ＞

電磁石	電池の数（つなぎ方）	コイルの巻き数（長さは全て7m）	回路に流れる電流の強さ
ア	1本	100回巻き	1.0A
イ	1本	200回巻き	
ウ	2本(直列)	200回巻き	D
エ	2本(へい列)	100回巻き	E
オ	2本(へい列)	200回巻き	F

表2 ＜電磁石の強さランキング＞

順位	電磁石の強さ
1位	A
2位	B
3位	C

〈注〉A，B，Cには電磁石ア〜オの全てが入ります。

(3) 表1の回路に流れる電流の強さD，E，Fはどうなりますか。下の①〜⑤の中から最も近いものをそれぞれ一つ選び，番号で答えなさい。
①0.3A　②0.5A　③0.7A　④1.0A　⑤2.0A

3 ともこさんのグループは，古くから営業しているせんべい屋で教えられた工夫をもとに問題をつくりました。あとの(1)，(2)の問題に答えなさい。

(1) せんべい屋では，生地を円の形に型ぬきし，型ぬきで余った生地は，再びのばして型をぬきます。これをくり返し，むだなく生地を使

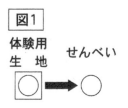

図1
体験用
生地　　せんべい

う工夫をしています。

　体験用の生地は前のページの**図1**のように正方形で，そこからせんべい1枚分の円形を型ぬきします。型ぬきで余った生地を4個集めると，体験用の生地を1個つくることができます。

　体験用の生地10個で最大何枚のせんべいをつくることができますか。また，その理由を説明しなさい。ただし，生地の厚さは全て同じとします。

(2)　できあがったせんべいをふくろに入れてリボンで結ぶことにしました。リボンは1mのものを3等分して使います。計算で求めようとすると，1÷3＝0.333…となり，割り切れません。ともこさんは，**図2**のようなかべの模様を見て，簡単に3等分する方法に気づきました。

　下のともこさんとしゅんさんの会話の（①）にあてはまる言葉を答えなさい。また，（②）については，解答用紙の図にリボンを線でかき，3等分に切る場所に●を付けなさい。ただし，かべの模様の上下のはばは全て同じです。また，そのはばは30cmよりせまいものとします。

図2

＜かべの模様＞

ともこさん	あっ，簡単に3等分できる。
しゅんさん	えっ，どうやるの？
ともこさん	並び方が（　①　）な直線が同じはばで何本もあるでしょ。これを使って，リボンをぴんと張って切れば1mを簡単に3等分することができるよ。
しゅんさん	なるほど，分かった。こうだね。（　②　図をかく　）

2　みつおさん，りょうこさん，ゆうじさんの3人は，それぞれ夏休みの自由研究に取り組みました。次の1～3の問題に答えなさい。

1　みつおさんは博物館の特別展示に行き，下のレポートを作成しました。あとの(1)，(2)の問題に答えなさい。

みつおさんのレポート

「江戸文化にえいきょうを与えた人」

杉田玄白について
杉田玄白は西洋の医学書を翻訳し「解体新書」を出版した。当時の西洋の学問は蘭学と呼ばれ，進んだ学問が日本にも入ってきた。

歌川広重について
歌川広重は浮世絵の絵師である。浮世絵は江戸時代に人々の間で流行し，歌舞伎役者や風景などをえがいたものがある。江戸時代には，大阪や江戸の町人を中心とした文化が発達した。

(1)　みつおさんのレポートの下線部分について，西洋の学問はなぜ蘭学と呼ばれたのか。当時の日本の社会のようすにふれながら説明しなさい。

(2) 江戸時代の後半になると，**資料1**の他に，**資料2**のような浮世絵が増えました。その理由の一つとして，「当時の人々の好みが浮世絵にえいきょうしていた」と博物館の方から聞きました。当時の人々の間では，どのようなことが好まれ流行していたと考えられますか，説明しなさい。

資料1 　　　資料2

2　りょうこさんは，右のような紙テープを一つ買いました。その紙テープを
3回折り曲げ，紙テープで囲まれる図形が正三角形になるように端をつなぎ
合わせました。そこで，りょうこさんは，紙テープで囲まれた正三角形の
1辺の長さと紙テープの長さの関係を調べようと考えました。

　図1は，紙テープで囲まれた正三角形ABCと，紙テープが重なる三角形ADEが合同になるように折り曲げたものです。**図2**は，紙テープで囲まれた正三角形の1辺の長さを，**図1**の正三角形ABCの1辺の長さの2倍にして折り曲げたものです。

　図1のア，**図2**のイの線は，紙テープのつなぎ目です。どちらも最後にぴったりとつなぎ合わせたので，紙のテープののりしろは考えないものとします。あとの(1)〜(3)の問題に答えなさい。

図1 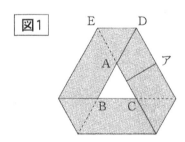 　　　図2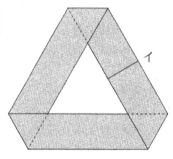

(1) **図1**の正三角形ABCの1辺の長さはちょうど2cmでした。この図形をつくるのに必要な紙テープの長さは何cmになりますか。

(2) **図2**の図形をつくるためには，**図1**で使う紙テープの長さの何倍の紙テープが必要になりますか。

(3) りょうこさんは，紙テープで囲まれた正三角形の1辺の長さと紙テープの長さの関係から，次のことに気がつきました。□□□にあてはまる値を答えなさい。

> 　紙テープの長さが少なくとも□□□cmより長くないと，紙テープで囲まれる正三角形はつくれない。

3 ゆうじさんは，下のレポートを書きました。あとの(1)〜(3)の問題に答えなさい。

ゆうじさんのレポート

この夏の過ごし方の工夫

A 緑のカーテンを育てる
 ・窓や壁の前で育てるとよい
 ・緑のカーテンはヘチマやア
  サガオ，ツルレイシ（ゴー
  ヤー）が向いている
B エアコンの設定温度は 28℃く
 らいにする
 ・設定温度を低くすると，電気
  の使用量が増えてしまう
C 室内ではエアコンと送風機を
 同時に使うと部屋全体の温度
 が早く下がる
 ・

資料3 ある年の8月13日の室内の温度変化

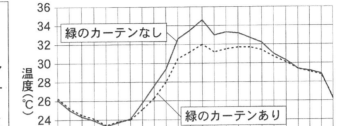

〈注〉この日の天気は晴れで，温度はエアコンや送風機を
   使用しないで測定した。

埼玉県ふじみ野市「花と緑の部会」より作成

(1) 緑のカーテンによる効果を調べていたゆうじさんは，資料3のグラフを見つけました。グラフ
 から緑のカーテンにはどのような効果があるといえますか。また，そのようになる理由を答えな
 さい。

(2) 自宅の緑のカーテンの効果を確かめるために，ゆうじさんは8月の電気の使用量を比かくしま
 した。昨年8月の電気の使用量は，一昨年の8月に比べて10％増えていました。今年8月の電気
 の使用量は，昨年8月と比べて10％減っていました。今年8月の電気の使用量は，一昨年8月と
 比べて何％増えましたか，または減りましたか。

(3) ゆうじさんのレポートの ▢ にあてはまる，エアコンと送風機を同時に使うと早く下がる理
 由を答えなさい。

3 りくさんのクラスでは，総合的な学習の時間に日本の産業について，講師の方からお話を聞きま
した。次の1〜2の問題に答えなさい。

1 りくさんとゆいさんは，青陵中等教育学校のしき地内にある「青陵の森」で，講師の葉山さんか
ら林業に関するお話を聞きました。下の会話文を読んで，あとの(1)〜(3)の問題に答えなさい。

りくさん　林業では森や緑を守るためにどのような工夫をしていますか。
葉山さん　はい。いろいろありますが，その中の一つに，ある程度まで成長した木を切って，
 ア残りの木をより良く成長させるために行われる「間ばつ」という作業があります。
りくさん　えっ，せっかく育った木を切ってしまうのですか。
葉山さん　はい。成長した木を切るのはたしかにおしい気もしますが，森林の保護・管理のた
 めには欠かせないことなんですよ。
りくさん　間ばつは植物が成長するしくみと関係がありそうですね。
ゆいさん　私は，増えすぎた空気中の二酸化炭素を森や緑が減らしてくれるという話を聞いた

ことがあります。

葉山さん　でも，植物も私たちと同じように呼吸（こきゅう）をして二酸化炭素を出しているんですよ。

ゆいさん　えっ，そうなんですか。そうなると二酸化炭素がどんどん増えて，いつか空気中の酸素がなくなってしまうんじゃないですか。

葉山さん　ゆいさんの疑問を解決するには，ィ植物と空気とのかかわりを調べる必要がありそうですね。

ゆいさん　はい。さっそく実験して確かめてみます。

(1) 「青陵の森」の間ばつ作業を葉山さん１人だけですると240分，りくさんとゆいさん２人ですると360分かかるとします。この作業を葉山さんが最初に60分したあと，残った作業を葉山さん，りくさん，ゆいさんの３人で行い完成させる場合，りくさんとゆいさんは何分作業することになりますか。

(2) 下線部**ア**の，「間ばつ」によって木がより良く成長する理由を，植物の葉のはたらきにふれながら答えなさい。

(3) ゆいさんは，さっそく下線部**イ**を調べる実験をしてみました。下の(A)〜(E)は実験の手順です。あとの①，②の問題に答えなさい。

(A) 図のように植物にポリエチレンのふくろをかぶせて，ストローで息をふきこんだり吸（す）いこんだりを何度かくり返す。その後，ふくろをふくらませた状態であなをふさぐ。

(B) 気体検知管を使ってふくろの中の空気を調べる。

(C) ふくろをかぶせた植物を１時間ぐらい（　　　　　　　　）。

(D) 気体検知管を使ってもう一度ふくろの中の空気を調べる。

(E) 気体検知管を使って調べた１回目(B)と２回目(D)の結果を比べる。

図

① 手順(C)の（　　）にあてはまる言葉を，10字以内で答えなさい。

② この実験の結果からどんなことが分かりますか。下の文の空らんにあてはまる言葉を，25字以内で答えなさい。

植物は（　　　　　　　　　　　　　　　　　　　　　　　　　　　）

2 あおいさんは，自動車工場で働く横田（よこた）さんに製造業のお話を聞き，自動車産業について調べました。あとの(1)〜(3)の問題に答えなさい。

(1) 次のページの**資料１**のグラフをもとに，自動車の生産額がもっとも多い工業地帯または工業地域の場所を，次のページの**資料２**の地図から一つ選んで番号で答えなさい。また，その工業地帯または工業地域の名前を答えなさい。

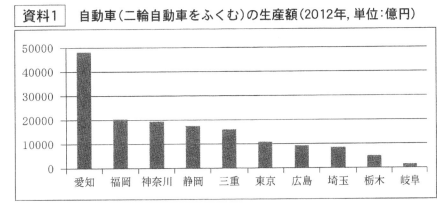

資料1　自動車（二輪自動車をふくむ）の生産額（2012年,単位：億円）

帝国書院統計資料より作成

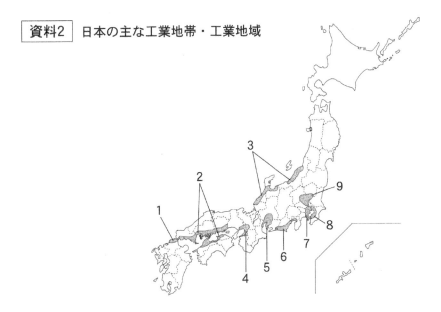

資料2　日本の主な工業地帯・工業地域

(2)　横田さんの工場では，目的に応じた自動車づくりが行われています。かん境を守ることを主な目的とした自動車づくりにあてはまるものを，下の**ア**〜**オ**から二つ選んで記号で答えなさい。

ア　解体しやすい車

イ　ぬれた道路でもすべりにくい車

ウ　足を使わず手だけで運転できる車

エ　燃料電池で動く車

オ　自動でブレーキがきく機能を備えている車

(3)　ああいさんの家では，燃料のむだづかいを減らすために，自動車で走ったきょりを下の**表**のように記録しています。4月から9月までの走ったきょりの平均は985kmでした。8月は6月の2倍走ったとすると，8月の走ったきょりは何kmになるか答えなさい。

表	4月	660 km	5月	1250 km	6月	km
	7月	970 km	8月	km	9月	1110 km

平成二八年度

宮城県仙台二華中学校入試問題

【作 文】 （四〇分） 〈満点：二五点〉

問題

あなたが「大切にしている言葉」について、その言葉を大切にしよ
うと思った体験をふまえて、今後の生活でどのように生かしていきた
いかを、次の条件にしたがい、四百字以上五百字以内で書きなさい。

【条件】

① 作文は三段落構成で書き、一段落目では、あなたが「大切に
している言葉」について書きなさい。

② 二段落目では、その言葉を大切にしようと思った体験につい
て書きなさい。

③ 三段落目では、その言葉を今後の生活でどのように生かして
いきたいかを書きなさい。

〔注意〕

① 題名、氏名は書かずに、一行目から書き始めること。

② 原稿用紙の正しい使い方にしたがい、文字やかなづかい
も正確に書くこと。

平成二八年度　宮城県古川黎明中学校入試問題

【作　文】　（四〇分）　〔満点：二五点〕

問題

　あなたが今の世の中や日常の出来事（できごと）の中で、「よりよくしたいと思うこと」はどのようなことですか。あなたが見たり聞いたり、体験したりしたことを振り（ふり）返って、「よりよくしたいと思うこと」を一つあげ、その理由を、四百字以上五百字以内で書きなさい。

〔注意〕
① 題名、氏名は書かずに、一行目から書き始めること。
② 原稿用紙（げんこう）の正しい使い方にしたがい、文字やかなづかいも正確に書くこと。

平成二八年度

仙台市立中等教育学校入試問題

【作文】（四〇分）〈満点：二五点〉

問題

◎次の文章は、ブラジルから日本に来て七年になる、初鹿野プリシラ・カレンさんが、インタビューに答えたものです。カレンさんが考える「日本人らしい共同作業」とはどんなものですか。また、そのことについて、あなたはどのように考えますか。体験したことを交えながら四百字以上五百字以内で書きなさい。ただし、文章は三段落構成にしなさい。

現在私が住んでいる東京に、大雪が降ったときのことです。雪が珍しくて嬉しい私ですが、ラッキーだなんて喜んでいる場合ではなかったのです。道路はすっかり雪に埋まり、一歩踏み出すと足が雪に沈み、動きが取れません。外出を諦めてお茶を飲んでいると、ザザザーッと聞き慣れない音が外から聞こえてきたのです。何の音かと気になっていると、あちらこちらからも聞こえてくる。外に出ると、道路の雪かきをしているのだとわかりました。皆が手にしていたのは、先がプラスチックのシャベルでした。それをうまく使って、雪をすくいています。歩けるように何とかしなければ、という気持ちが伝わってきま

した。私もプラスチックトレーを持ってきて参加です。雪は軽そうに見えて、意外と重かった。若い男の人が車を出し、「雪、車で潰しますね」と言い、ゆっくりとタイヤの跡をつけていきました。タイヤでペシャンコにされた雪は、とてもすくいやすくて助かります。彼は近所を二周してもどると、再び雪をかき始めました。体が汗ばむ頃、狭いけれど歩くには充分な道が、やっと先の方まで伸びたのです。

日本らしい、そして私にとっては初めての共同作業の体験でした。誰かが声をかけなくても、一人がやるべきだと実行し始めると、それが合図のように他の人への誘いとなり、自然と共同作業の形になっていく。そして言葉少なに黙々と続くのです。終わり方もただひと言、「お疲れさま」と言って一人去り、また一人去る、という自然さで、ゆっくりと共同作業は終わりました。私の手や足先は、冷え切っていました。でも身体は温まり、心はもっとぽかぽかと温くなっていました。
"日本人らしさ"がわかったような気がしました。そしてそこに自分が加わることができた嬉しさが、じんわりと湧き上っていたのです。

（インタヴュアー・古川祥子）

（文藝春秋 刊 『日本人のここがカッコイイ！』加藤恭子 編）から文章は作品のまま引用しています。

〔注意〕
① 題名、氏名は書かずに、**一行目から書き始めること。**
② **原稿用紙の正しい使い方にしたがい、文字やかなづかいも正確に書くこと。**

平成 28 年度

解 答 と 解 説

《配点は解答欄に掲載してあります。》

＜宮城県立中学校　総合問題解答例＞

1 1 (1) トウモロコシは，風で飛ばされた花粉が，めしべの先について受粉するので，近づけて植える方が，受粉しやすくなるから。

(2) 雑草によって，トウモロコシが成長するために必要な，土の中の養分がうばわれないようにするため。

　伸びてきた雑草の葉によって，トウモロコシに十分な光が当たらなくなるのを防ぐため。

(3) 種子の中にふくまれているでんぷんは，発芽と発芽後数日間の成長のための養分となるが，この部分が大きく欠けていたので，必要な養分が不足して，成長が止まった。

2 (1) 外国の沿岸から200海里内の海での漁が制限されるようになったから。（水産資源を保護するため，魚をとる量が制限されるようになったから。）

(2) 天候や，天然の水産資源の減少に左右されにくく，計画的に生産することができる。

(3) 産地や生産者を消費者に知らせることで，消費者に安心して商品を買ってもらうことができる。

3 (1) ア 20 秒　　イ 16 秒　　ウ 12

(2) 理由　ベルトコンベアの動く向きとロボットの歩く向きが逆で，それぞれの進む速さが同じだから。　　数 4

《宮城県仙台二華中学校》

2 1 (1) 外の空気が冷房で冷やされためがねにふれて冷え，空気中の水蒸気が水てきに変わってめがねについたから。

(2) ⓐ 72 度　　ⓘ 36 度

(3) ア 輸送にかかる費用が少なくてすむから。（新鮮な野菜を売ることができるから。）

　イ 輸送技術が進歩したから。（輸送方法や，道路・港などが整備されたから。）

(4) ア 48 点

　イ 111 点

　求め方　点数の合計が最も増えるのは③の交換ができるときなので，その前後で，点数の合計の差を考えればよい。

　　例えば，10点のサービス券8枚と1点のサービス券9枚では③の交換はできないが，100円分多く買い物をすれば，1点のサービス券をもう1枚もらい，②の交換をし，さらに③の交換をすることができる。だから，点数の合計には，最大で(100×2)−(10×8＋1×9)＝111（点）の差が出る。

2 (1) 複数の浄水場から配水池に給水していると，1つの浄水場から給水できなくなっても，各家庭に水を送り続けることができるから。

(2) 1260 杯分　　(3) 53 m³　　(4) 346.5 kg

○推定配点○
1 3(1) 各2点×3 (2) 数 4点 他 各5点×8
2 1(1)・(3)，2(1) 各5点×4 1(2)，2(2)・(4) 各3点×4
1(4)イ 理由 6点 他 各4点×3 計 100点

《宮城県古川黎明中学校》

2 1 (1) ア 0，2，4，6，8
イ じゃがいも 4 個 にんじん 3 個 たまねぎ 6 個
(2) Bの方が，まきとまきの間にすきまがあって，まきが燃えるために必要な空気が通り
やすいから。
2 (1) ア 魚などをにて食べる
イ 季節によってたくさん手に入る食べ物は，そのときに食べる分以上に手に入れ
て，時間がたってからも食べられるように，加工するなどしてたくわえていた。
(2) ア 7.85 cm²
イ 答え 午後 3 時 20 分より後
求め方 黎さん以外の4人のかかった時間の合計は，57＋43＋65＋40＝205（分）。明さ
んのかかった時間が，5人のかかった時間の平均より短かったとすると，黎さ
んのかかった時間は，57×5－205＝80（分）より長く，黎さんがまが玉を完成さ
せた時刻は，午後2時から80分過ぎた午後3時20分より後であったことになる。
3 (1) 車を走らせる向きによって，光電池に当たる太陽の光の強さが変わることで，発生
する電流の大きさも変わるから。
(2) 変化 モーターの回転する向きが逆になる。
理由 回路に流れる電流の向きが変わるから。
○推定配点○
1 3(1) 各2点×3 (2) 数 4点 他 各5点×8
2 1(1)ア，2(2)ア 各3点×2 2(2)イ答え，3(1)イ 各4点×2
他 各5点×7 計 100点

＜宮城県立中学校 総合問題解説＞

1 （理科，社会，算数：植物，日本の経済・産業，速さの計算）
1 (1) 実ができるためには，まず受粉が必要である。植物の受粉のしかたには，花粉の運ばれ方
によってこん虫によって花粉が運ばれる虫ばい花と風によって花粉が運ばれる風ばい花に分
かれる。トウモロコシは，風ばい花なので，種子と種子の間を近づけて植える方が，受粉の
可能性が高くなる。
(2) トウモロコシの成長には，土の中の養分が必要である。周りに雑草が生えていると，そち
らに養分を取られてしまう。それを防ぐために，雑草はこまめに取り除かなければならな
い。また，背の高い雑草が周りにあると，成長に必要な太陽の光がさえぎられてトウモロコ
シに当たらなくなるので，こうした雑草もこまめに取り除かなければならない。
(3) でんぷんが欠けている種子は発芽後4日間くらいまでは大きく成長するが，その後は成長
が止まっている。一方，欠けていない種子は，順調に成長している。ということは，でんぷ
んが成長にえいきょうしていて，これが大きく欠けていることが，成長を止まらせたと考え

ることができる。

2 (1) 遠洋漁業とは，世界の海で，複数の大型船で船団を組んで数か月から1年かけて行う漁業のこと。減った理由は，①外国の国が自分の国の漁業の発展のために沿岸から200海里以内の漁を制限するようなったために，日本の漁場がせまくなったこと。②日本の水産資源の保護のため。③1973年の石油ショックのために，船の燃料費の負担が大きくなったこと，などが考えられる。遠洋漁業が減った理由の2つくらいは覚えておこう。

(2) 養しょく業は人工的に行われるために，自然の変化にえいきょうされにくく，計画的に生産できるという大きな特徴（とくちょう）がある。それが，安定した漁業生産につながると考えられる。

(3) 消費者の立場で考えると，商品の産地や生産者がわかると信らいできる，安全な商品だとわかり，安心できる。

3 (1) ア　AからBまでは8m＝800cm。ロボットの1歩の幅は40cmなので，かかる時間は，800÷40＝20(秒)。　イ　ロボットの1秒間に歩く速さは40cm，ベルトコンベアの動く速さは1秒間に10cmなので，ロボットとベルトコンベアを合わせた速さは，1秒間に(40＋10)cm。かかる時間は，800÷(40＋10)＝16(秒)。　ウ　②に入れる数を□とする。ロボットがAからBまで25秒で着くので，1秒間に800÷25＝32(cm)進む必要がある。ロボットの歩くペースは1秒間に1歩＝20cmなので，20＋□＝32(cm)となればよい。よって，□＝32－20＝12となる。

(2) ベルトコンベアの上のロボットが動かないように見えるのは，動く向きが逆だけではなく，速さも同じであることに気づくことが重要である。動く向きが逆だけならば，ロボットとベルトコンベアの速さの差の分だけ動く。

また，ベルトコンベアの動く速さは，1秒間に80cmなので，ロボットも同じ速さにするためには，80÷20＝4(歩)進む必要がある。

《宮城県仙台二華中学校》

や難 ②　(理科，算数，社会：水の変化，平面図形，地域の経済・産業など)

1 (1) めがねが白くくもったのは，空気中の水蒸気が冷やされて細かい水てきに変わったものがついたためである。「冷房がきいていた」ということから，外の空気中の水蒸気が冷やされた原因がつかめる。この原因にふれ，めがねについたものを説明する。

(2) 図2の左側の図形を図B，右側の図形を図Cとする。この2つが組み合

図A　　図B　　図C

わさった図形は，図1では，図Aのように──で囲んだ部分になる。

図1の外側の白い部分は図Bを5つ合わせた正五角形からできていると考えると，角⑭の角度は，360÷5＝72(度)になる。次に，角⑪の角度について考える。図Cの⑤の角度は，角⑭の角度と同じなので，72度。図1のコースターで，正十角形の内角の和は180×8＝1440(度)なので，1つの内角は1440÷10＝144(度)。したがって，図Bの⑯・図Cの⑱は144度になる。図Cの三角形アイウと三角形エイウが二等辺三角形なので，角イ＝角ウ，角⑰＝角⑯であることを利用して，角⑰＝(180-144)÷2＝18(度)。角イ＝角⑪＋角⑰＝(180-72)÷2＝54度。よって，角⑪の大きさは，54－18＝36(度)。

(3) ア　市場とのきょりが近いとどのような利点があるか，野菜の新鮮さを保つ面からと輸送の面から考えてみる。　イ　野菜は生ものであるので，新鮮さを保ったり，新鮮さが失われる前に届けたりしなければ，お店では売れない。そのためには，どのようなことがなされている必要があるか，アと同じように2つの面から考えてみる。

(4)　ア　①より，1点のサービス券を28枚もらえる。②より，1点のサービス券10枚を10点のサービス券2枚に交換できるので，20枚の1点のサービス券を10点のサービス券4枚に交換できる。残りの1点のサービス券は10枚ないので交換できない。したがって，点数の合計は最大で48点である。　イ　①〜⑤の条件で点数が最も増える③を使う。そこで，例えば200点になるためには，いくらの買い物をすればよいかを考えてみる。③を使うためには，10点のサービス券が10枚いるので，②では1点のサービス券が50枚いることになる。よって，①では5000円の買い物をして，1点のサービス券を50枚もらえばよい。次に，100円少ない4900円で買い物をした場合の点数を求める。①では，1点のサービス券が49枚。②より，これは10点のサービス券8枚と1点のサービス券を9枚に交換できるが，③の100点のサービス券には交換できないので，点数の合計は89点になる。説明する場合は，最大の点数が，200点，100円少ない場合の点数は，89点になることをおさえておく。解答例のように，「例えば」という言葉を使い，89点や200点になる場合を具体的に説明するとわかりやすい内容になる。

2　(1)　飲み水は，私たちの生活には欠かせないものである。1日でも止まってしまうと生活することが不自由になるし，工場では作業ができなく，病院などでは命にかかわってくる。こうしたことを防ぐために，たとえ，1つの浄水場が故障しても他から水を供給できるようにしている。

(2)　学校のプールの体積は，$25 \times 11 \times 1 = 275 (m^3)$。5つの浄水場から送った1日平均の水の量は，346500m³なので，$346500 \div 275 = 1260 (杯分)$ となる。

(3)　まずは基本料金を引いて，従量料金を出す。$2600 + 従量料金 = 10695 (円)$ より，従量料金は $10695 - 2600 = 8095 (円)$ となる。ここで，仮に1〜20m³の区分いっぱい使った場合は，$90 \times 20 = 1800 (円)$ 足され，21〜40m³の区分いっぱい使った場合は，さらに $175 \times 20 = 3500 (円)$ 足され，41〜100m³の区分いっぱい使った場合は，さらに $215 \times 60 = 12900 (円)$ 足される。よって，41〜100m³の区分の中だと推定できる。$8095 - (1800 + 3500) = 2795 (円)$。これを41〜100m³の区分の金額で割ると，$2795 \div 215 = 13 (m^3)$。したがって，$40 + 13 = 53 (m^3)$ が使用した量になる。

(4)　単位をそろえる。$1L = 1000cm^3$ より，$346500m^3 = 346500000000cm^3 = 346500000L$である。1Lあたり0.001gの消毒薬を入れるのだから，5つの浄水場から送った水全体の中に入れる消毒薬の量は，$346500000 \times 0.001 = 346500 (g) = 346.5 (kg)$ となる。

《宮城県古川黎明中学校》

 2　（算数，理科，社会：順列・組み合わせ，ものの燃え方，日本の文化・歴史など）

1　(1)　ア　表を作るとわかりやすい。

たまねぎの個数	1	2	3	4	5	6	7	8	9	10
一の位の数字	4	8	2	6	0	4	8	2	6	0

個数が10個以上増えていっても，表のように，4，8，2，6，0をくりかえす。したがってこの数字がすべてになる。　イ　どの野菜も1個以上買うので，1個ずつ買った値段は，$70 + 75 + 64 = 209 (円)$ である。この集まりの数を求めると，$889 \div 209 = 4.25\cdots$で，4つとあまり53円になる。53円の野菜はないので，209円の集まりを3つとして考える。表にして考えてみる。買った野菜には〇を記入する。209円の集まりを3つとした場合，残りの金額は，$889 - (209 \times 3) = 262 (円)$ になる。一の位が「2」になるのは，たまねぎ64円を3個買った場合なので，たまねぎを3個買いたす。残りの金額は，$262 - (64 \times 3) = 70 (円)$ になるので，じゃがいもを1個

買いたす。それぞれの個数は下の表のようになる。

じゃがいも 70円	○	○	○	○				
にんじん 75円	○	○	○					
たまねぎ 64円	○	○	○	○	○	○		

(2) ものが燃えたり，燃え続けたりするためには，空気がたくさんあり，空気が入れかわる必要がある。お父さんの組み方は，まきを山型に組んでいるので，空気がたくさん入り，また空気が通りやすくなっている。

2 (1) ア ① のあとの「食生活にも変化が生まれていた」という言葉に着目する。土器をつくることによって，それまでとは異なり，食べ物を加工して食べていたと判断できる。土器は火を使った調理をするために使われたのである。 イ 図2より，季節によって仕事量が変化していることがわかる。食用の植物がたくさんできる，春から初夏や秋に仕事量が増えている。「自然の恵みをじょうずに利用して」は，このことを意味し，この時期にたくさんの食べ物を手に入れ，「食料不足への備えもしながら」と，あまった食べ物，とりすぎた食べ物を加工し，たくわえていたと考えられる。

(2) ア 図3のまが玉は右の図のように考えて，⑦と⑦の面積を求める。
⑦は，
$1 \times 1 \times 3.14 \div 2 = 1.57 (cm^2) \cdots ①$ ⑦は，$2 \times 2 \times 3.14 \div 2 = 6.28 (cm^2) \cdots ②$
$① + ② = 7.85 (cm^2)$。 イ 黎さんのかかった時間を□分として，$(57 + 43 + 65 + 40 + □) \div 5 > 57$という式をつくって考えるとよい。この式を簡単にすると$205 + □ > 285$ $□ > 80$ となり，求める時間がわかる。求め方を説明する場合は，式は適切に使い，言葉をおぎなってわかりやすく書く。

3 (1) 2人の電気自動車はどちらの方向に向かって走っているか考える。黎さんは南の方向，明さんは北の方向に向かって走っている。時期は夏の正午ごろなので，太陽の光は真上からやや南にあると考えられる。よって，南へ向かって走るときには太陽の光は直角に近く当たるので強く，反対に北に向かって走るときには光は弱くなる。その差が走り方にも表れたのである。「車を南に向かって走らせるほうが，光電池に当たる太陽の光の強さが強くなるので，黎さんの電気自動車の方が発生する電流が大きくなるから」と具体的に書いてもよい。

(2) 回路に流れる電流の向きが変わると，モーターの回転する向きも変わる。どう線A，Cにつないだ場合，電流はAからCに流れるが，どう線B，Dにつないだ場合，電流はDからBに流れ，回路に流れる電流の向きが変わる。

─★ワンポイントアドバイス★─

例年通り，算数，理科，社会の範囲から，いろいろな力を試す問題が出されている。文章で答える問題も目立つ。問題数も多いので60分で全部の問題に取り組むための時間配分も大切になってくる。特に算数の問題は，一つずつ計算していく作業型の問題も目立ち，時間がかかりそうである。しかし，しっかりとした基そ力があれば，難しくはない。いろいろな形の問題にチャレンジして，自信をつけておこう。

＜宮城県仙台二華中学校　作文解答例＞《学校から解答例の発表はありません。》

　ぼくが「たいせつにしている言葉」は「だいじょうぶ」だ。父や母は，ぼくがけん道の試合の前できん張しているときや忘れ物をしたときに「だいじょうぶ」と言って，はげましてくれる。でも，この言葉は，自分自身だけをはげまし，安心させるものではないようだ。

　ある朝，ぼくの班が並んで学校に向かっている時，前の方を1人で泣きながら歩いている1年生がいた。ぼくは，ぼくの班といっしょに行こうとさそった。しかし，泣き止まない。そのとき，「だいじょうぶ」という言葉を思い出した。そこで，「だいじょうぶ」「だいじょうぶ」と何度も声をかけた。すると，その子は泣き止んだ。学校に近づいたときには，笑顔になっていた。校門をくぐると，にっこりして「ありがとう」と言い教室の方にかけて行った。

　「だいじょうぶ」という言葉は，自分だけではなく，ほかの人が不安に思っているときは安心させたり，困っているときは勇気づけたり，一歩がふみ出せない人には背中をおしてあげたりすることもできるのではないかと思った。これからも，「だいじょうぶ」と自分にもほかの人にも積極的に声かけをして，楽しく明るく過ごしていきたいと思う。

○配点○

　25点

＜宮城県仙台二華中学校　作文解説＞

（国語：テーマ型　意見文を書く）

　問題で提示されたテーマについて，体験をふまえた意見文を書く問題。自分の意見を，指定された構成に沿ってまとめ，体験をふまえて論理的に書く力が求められる。

　「大切にしている言葉について，体験をふまえて，今後の生活にどのように生かしていきたいか」というテーマについて，示された条件に従って書く。条件①～③は，段落の数と，それぞれの段落の内容についての指定となっている。第一段落には「大切にしている言葉」，第二段落には「その言葉を大切にしようと思った体験」，第三段落には「その言葉を今後の生活にどのように生かしていきたいか」を書くように指定されているので，必ずそれを守って書くこと。全体の構成が問題で指定されているとも言えるので，構成を自分で考える必要はないが，その構成を守らないと大きく減点されるおそれがあるので，特に注意すること。

　また，各段落の分量が大きくかたよらないように気をつける。この問題では，第一段落は，テーマの関係で，どうしても短くなってしまうが，第二段落と第三段落では，ほぼ同じ長さにするようにする。また，体験はできるだけ具体的に書くほうがよい。しかし，テーマに関係のない細かい点にこだわりすぎるのは，さけること。そして，体験と意見が論理的にしっかりとつながるように注意する。

　原稿用紙に書くときは，書き出しや段落を新しく作るときには一マス下げる，カッコや記号も一マス使うなどをきちんと守る。「！」の記号は，使いすぎないように注意する。

─── ★ワンポイントアドバイス★ ───

　入試の作文では，正確な字を，ていねいに書くように心がける。絵文字などは使わないように。

＜宮城県古川黎明中学校　作文解答例＞《学校から解答例の発表はありません。》

　私が「よりよくしたいと思うこと」は，自動車の数を減らして，私たちが通う道を安全な通学路にすることだ。

　私が学校へ通う道は，毎朝，通勤などで急ぐ自動車がたくさん通る。それはちょうど登校時間と重なっている。歩道があるところはまだ安心だが，歩道がないところを歩くときにはいつもこわい思いをしている。ときどき，通学と中の小学生が事故にあったというニュースを見たり，聞いたりするととても不安になる。そんな私たちの安全を守るために保護者や地域の方たちが，交通整理や横断歩道のゆう導係りをしてくれている。いつも感謝の気持ちでいっぱいだ。

　自動車はとても大切な移動の手段だけれど，ちゃんとした歩道がない小学生の通学路などは，なるべく通らないほうがいいと思う。ちゃんとした歩道を作るためには，道路のはばを広げなければいけないので，すぐにはできない。だから，自動車が少なくなれば，私たちはこわい思いもしなくてすむし，より安全な通学路になるということだ。そこで，自動車の数を減らすために，同じ行き先の人はいっしょに乗るようにしたり，なるべく自転車に乗るようにしたりして，安全な道路となるようにしてほしいと思う。

○配点○

　25点

＜宮城県古川黎明中学校　作文解説＞

（国語：テーマ型　意見文を書く）

　問題で指定されたテーマについて，体験をもとに，理由を示しながら自分の意見を書く問題である。テーマを正確につかみ，それに対する自分の意見を体験をふまえ，理由を示して，論述的に述べる力が求められる。

　次のような点について，特に注意して書く。①「よりよくしたいと思うこと」について書いているか。②体験をもとに書いているか。③理由となることを書いているか。④漢字や語句を適切に使い，原稿用紙の正しい使い方で書いているか。

　「よりよくしたいと思うこと」というテーマが指定されている。「よりよくしたい」内容が問われているので，「よりよく」する方法やその結果を想像する内容は，少しずれることになる。解答例では，「自動車の数を減らす」ことが安全な通学路への方法のようにも考えられるが，身近な問題を，みんなに関係のある問題としてふくらませるようにしたものである。

　段落についての指定はないが，四百〜五百字という字数指定なので，二〜五段落程度で書くのがいっぱん的である。解答例では，「考え（意見）」「体験」「発展とまとめ」という三段落構成になっている。実際に書き始める前に，全体の構成を考え，簡単なメモを作るようにする。

― ★ワンポイントアドバイス★ ―

　「そして」「しかし」「だから」など，接続の言葉を適切に使えるようになろう。

＜仙台市立中等教育学校　総合問題解答例＞

1 1 (1)

	三内丸山遺跡（縄文時代）	吉野ヶ里遺跡（弥生時代）
資料1	（　Ａ　）	（　Ｃ　）
資料2	（　ウ　）	（　ア　）

(2)　資料3　③　⑤

(3)　大きな変化　木製のくわや石包丁を使い，米づくりがさかんになった。
　　　　　　　　　貨へいや金属が伝えられるなど，大陸との交流がさかんになった。

(4)　8　人

2 (1)　2　通り

　　①（　Ｎ　）極　②（　Ｓ　）極　③（　Ｓ　）極　④（　Ｎ　）極　⑤（　Ｎ　）極
　　⑥（　Ｓ　）極　（または①（　Ｓ　）極　②（　Ｎ　）極　③（　Ｎ　）極
　　④（　Ｓ　）極　⑤（　Ｓ　）極　⑥（　Ｎ　）極　）

(2)

A	ウ
B	イ・オ
C	ア・エ

(3)

D	⑤
E	④
F	④

3 (1)　13　枚

　　（理由）最初に10個の生地から，10枚のせんべいができ
　　　　　　る。次に型抜きで余った生地10個のうち，8個を
　　　　　　使って2枚のせんべいができる。もともとの余っ
　　　　　　た生地2個と新しくできた余った生地2個で1枚の
　　　　　　せんべいができる。よって，10＋2＋1＝13　で，
　　　　　　13枚のせんべいができる。

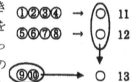

(2)　①　平行
　　　②

2 1 (1)　当時の日本は鎖国をしていたので，西洋の学問はオランダをとおして入ってきたか
　　　ら。

(2)　観光をかねてお寺や神社へのお参りの旅にでかけること。

2 (1)　15　cm　　(2)　1.4　倍　　(3)　9　cm

3 (1)　（効果）日中の室内温度が高くなることをおさえる効果。
　　　（理由）緑のカーテンのしげった葉が日光をさえぎるから。

(2)　1%減る

(3)　下にたまりやすい冷たい空気を，送風機でかきまぜ部屋全体にいきわたらせるから。

3 1 (1)　108　分

(2)　残った木の葉に多くの日光が当たるようになり，木の成長に必要な養分（であるでん
　　　ぷん）がより作られるから。

(3)　①　日光にあてておく
　　　②　植物は二酸化炭素を吸収して酸素を出すということ

2 (1) 番号 5　　名前　中京工業地帯　　(2)　ア　エ　　(3)　1280　km

○配点○

1　1(1)・(2)，2(1)・(2)・(3)，3(2)①　各2点×12(1(1)資料1・資料2・(2)　　2(1)①～⑥・
(2)B・C　各完答)　　1(3)　各3点×2　　他　各4点×4

2　2，3(2)　各4点×4　　3(1)　各2点×2　　他　各3点×3

3　1(3)①，2(1)　各2点×3
2(2)　3点(完答)　　他　各4点×4　　計100点

＜仙台市立中等教育学校　総合問題解説＞

1 （社会，算数，理科：日本の文化・歴史，工夫して計算する，磁石など）

1 (1)　三内丸山遺跡は，青森県にある大規模な集落遺跡である。遺跡あとには住居群や倉庫群があるが，地面に直接柱を立てて作った三層の建物が特ちょうである。吉野ヶ里遺跡は，佐賀県にあり，大規模な周囲に堀をめぐらせた弥生時代の集落のあと。1989年，吉野ヶ里遺跡が新聞やテレビのニュースに取り上げられ，全国的な古代史ブームを巻き起こした。Bは大阪府堺市にある大仙古墳。日本最大の前方後円墳である。

(2)　縄文時代には，縄文土器が作られ，海や川ではさかんに漁が行われていたことから考える。

(3)　縄文時代から弥生時代になって大きく変わったことは，大陸と交流があり，大陸から伝わった稲作が日本各地で行われたことである。稲作が最初に行われたのは北九州で，①の木製のくわは田を耕したり，⑥の石包丁は，稲穂をつみ取ることに使われた。また，大陸との交流がさかんになり，金属器，中国製の貨へいなどが伝わったことも弥生時代の特ちょうである。

(4)　12分間で会計した人数と増えていく人数の差を，最初に並んでいた人数と合わせると，12分後に並ぶ人数になる。1分間で3人の会計を行うことができるので，12分間では，3×12＝36（人）の会計を行うことができる。1分ごとに2人ずつ増えていくので，12分間では，2×12＝24（人）になる。したがって，12分後に最初より36－24＝12（人）が減ることになる。よって，12分後には20－12＝8（人）が並ぶこととなる。

2 (1)　ワニのおもちゃは，いつも口を開けているので，④極と⑤極は，N極どうしかS極どうしになる。したがって，組み合わせは，2通りになる。そして，この2つの極が決まれば，②極と③極・⑥極は引き合う極（反対の極）になることが分かってくる。

(2)　電磁石はコイルの巻き数が多いほど強い電磁石になる。また，電池のつなぎ方で，へい列つなぎの電池2本は，1本のときと同じ強さの電流が流れる。このことをふまえて，表をつくっていく。

(3)　表1のアより，電池が1本のとき1.0A流れているので，Dでは，2.0Aである。また，E，Fは，コイルの巻き数は異なるが，回路に流れる電流の強さは同じなのでアと同じ1.0Aである。

3 (1)　注意することは，生地を1個つくれば，必ず余った生地が出るということ。最大何枚と問われているので，数え忘れないように気をつける。解答例のように図を使って説明すると整理しやすいし，分かりやすい内容となる。

(2) 直線のはばは全て同じだが，そのはばは30cmよりせまいので，まっすぐにリボンを張ると1mのリボンは割り切れない。そこで，解答例の図のように両方のはしがちょうど直線にかかるまでななめにぴんと張ってみる。右の図にできた三角形は，それぞれの直線は並行で，はばが同じなので，合同である。したがって，ア，イ，ウは同じ長さになり，3等分することができる。

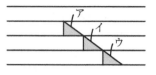

やや難▶ 2 （社会，算数，理科：日本の文化・歴史，規則性をつかむ，植物など）

1 (1) 「蘭」とは，オランダの国を表す。当時は，さ国のため西洋の学問をオランダ人から学んでいたので，西洋の学問すべてを「蘭学」と呼んだ。「解体新書」は，オランダの解ぼう書を翻訳したものである。これによって，西洋医学のすぐれたことが明らかになった。

  (2) 江戸時代の後半は，文学や芸能の発達で人々の楽しみが大いに増えたことが特ちょうである。また，交通も発達して，旅がさかんになった。おもに，観光をかねてお寺や神社にお参りするという形で行われた。資料2も，その様子を表している。

2 (1) 必要な紙テープの長さは，右の図の太線の部分である。この長さは，
      $1+2+2+4+2+2+2=15(cm)$ になる。

  (2) (1)と同じように考えると，必要な長さは，$1+4+2+6+2+4+2=15+6=21(cm)$ となる。$21÷15=1.4(倍)$になる。

  (3) (1)と(2)より，正三角形の1辺の長さが6cmのときの紙テープの長さを求めると，$1+6+2+8+2+6+2=27(cm)$ となる。正三角形の1辺の長さが2cmのときは，必要な紙テープの長さは，15cm，正三角形の1辺の長さが4cmのときは，21cm，正三角形の1辺の長さが6cmのときは，27cmと，1辺の長さが2倍，3倍になると，紙テープの長さは6cmずつ長くなっている。したがって，正三角形がつくれない，つまり正三角形の1辺の長さが0cmのときの紙テープの長さは，$15-6=9(cm)$になる。よって，少なくとも，9cmより長くないと正三角形はつくれない。

3 (1) 資料3より，緑のカーテンがある場合は，午前7時から温度の上がり方がゆっくりである。また，緑のカーテンがない場合，11時で32度以上になっているが，緑のカーテンがある場合は，30度くらいである。13時になると緑のカーテンがある場合，最高温度の32度になるが，これは緑のカーテンがない場合より2度以上低い。このことから，緑のカーテンの効果が分かってくる。その理由は，たくさんしげった葉が直射日光をさえぎることや，葉から蒸発する水分が周りの温度を下げることが考えられる。

  (2) 一昨年の電気の使用量を□とすると，昨年の使用量は，$□×(1+0.1)$，今年の使用量は，$□×(1+0.1)×(1-0.1)$になる。これを整理すると，$□×1.1×0.9=□×0.99$となる。$1-0.99=0.01$　$0.01×100=1$　よって，1%減ったことになる。

  (3) 空気は，温まると軽くなり，冷えると重くなる。エアコンから出てくる冷たい空気も部屋の下の方にたまりやすく，上にあたたまった空気がたまるようになる。そこで，送風機を使うと，部屋の下の方の冷たい空気と上の方にある温かい空気がかきまぜられて，部屋全体が冷えるのである。

重要▶ 3 （算数，理科，社会：割合の計算，植物，日本の経済・産業，環境問題・ごみなど）

1 (1) 全体の仕事の量を1とすると，葉山さん1人がする量は$\frac{1}{240}$，りくさんとゆいさん2人のす

る量を$\frac{1}{360}$とする。りくさんとゆいさん2人がする時間を□分とすると，

$\frac{1}{240}\times 60+\left(\frac{1}{240}+\frac{1}{360}\right)\times$□$=1$という式がなりたつ。これを解くと，$\frac{1}{4}+\frac{1}{144}\times$□$=1$

$\frac{1}{144}\times$□$=1-\frac{1}{4}$　□$=\frac{3}{4}\times 144$　□$=108$となる。

(2)　「間ばつ」について，葉のはたらきにふれながらとあるので，光合成の面から考えてみる。葉は，光合成によって，でんぷんなどの養分を作っている。そこで，「間ばつ」を行うことで残った木の葉にたくさん日光が当たり，光合成が活発になるのである。

(3)　気体検知管を使うと，空気中の酸素や二酸化炭素などの割合を測ることができる。①　下線部イの前のゆいさんの疑問を解決するための実験なので，植物が光合成を行うような状態にすることが重要である。　②　(B)での調査の結果は，息をふきこんだので酸素より二酸化炭素の割合が高い，(D)での調査の結果は，光合成が行われたので二酸化炭素より酸素の割合が高い，と考えて実験の結果をまとめる。

2　(1)　愛知県の位置と愛知県，岐阜県南部，三重県北部に広がる工業地帯の名前はしっかり覚えておこう。さらに，京浜，中京，阪神の3つの工業地帯を三大工業地帯と呼ぶことも覚えよう。

(2)　「かん境を守ることを主な目的」ということなので，選ぶポイントは，リサイクルできる，リサイクルしやすい車か，二酸化炭素を出さない，空気をよごさない車かという点になる。

(3)　6月に走ったきょりを，□kmとして，式をたてる。$(660+1250+$□$+970+2\times$□$+1110)\div 6=985$となる。これを解くと，$(3990+3\times$□$)=985\times 6$　$3\times$□$=5910-3990=1920$　□$=640$

よって，8月は，$640\times 2=1280$(km)となる。□は6月に走ったきょりであることに注意する。

★ワンポイントアドバイス★

例年通り，算数，理科，社会の範囲から，応用力を試す問題が出されている。文章で答える問題も目立つ。問題数も多いので60分で全部の問題に取り組むための時間配分も大切になってくる。しかし，しっかりとした基そ力があれば，対応することはそれほど難しくない。

＜仙台市立中等教育学校　作文解答例＞《学校からの解答例に発表はありません。》

　筆者が考える「日本人らしい共同作業」とは，だれかが声をかけなくても，一人の人がやるべきだと実行し始めると，それが合図のようになり，自然と他の人をさそい，共同作業になることだ。この「ゆっくりとした」作業に感動し，参加できたうれしさも感じている。

　私は，去年の夏休み，家族で海水浴に行くために電車を待っていた。電車がホームに入ってきた。しばらくすると，駅員さんが電車を横から一生けん命おしている。すると，そばにいる人も，階段をのぼろうとしている人も引き返しておしている。どうやら，ホームと電車の間に人がはさまれたようだ。気がついたら，数えきれないくらいの人が電車をおしていた。すきまができたので，はさまれた人は救い出された。このとき，駅員さんが助けようとみんなに声をかけたわけではないけれど，駅員さんの様子が合図のようになり，ホームにいた人をさそい，自然と電車をおしていたようだ。

　こうした自然と生まれた共同作業は，日本人の和を大切にした，そして絶対助けるという強

い信念にもとづいたもので，私は好きだ。日本人は，昔から共同作業に慣れているから，あえてだれかが声をかけなくても，空気を読めるのだと思う。

○配点○

　25点

＜仙台市立中等教育学校　作文解説＞

（国語：テーマ型　意見文を書く）

　課題文を読み，筆者の考えをまとめた上で，体験を交えて意見文を書く問題である。課題文の筆者の考えを読み取る読解力と，それを簡潔にまとめる力，体験を交えて自分の考え（意見）を論理的に述べる力，文章全体の構成力などが問われる。

　特に，次のような点に注意して書く。①「日本人らしい共同作業」についての筆者の考えを書いているか。②体験したことを交えて自分の意見を書いているか。③三段落構成で書くという指定を守っているか。④正しい漢字や語句を適切に使い，原稿用紙の正しい使い方で書いているか。

　課題文の筆者は，「日本人らしい共同作業」について，「温かさ」を感じるだけでなく，その共同作業の良さ，それに加わることができたうれしさを強調している。この点をぜひ盛りこみたい。次に，「日本人らしい共同作業」について自分の考え（意見）を，体験を交えて述べる。筆者の考えに対して，賛成・反対のどちらかの立場をとってもかまわない。また，解答例のように，筆者の考えに新たな意見をつけ加えてもよい。自分の体験は，具体的に簡潔に書く。

　三つの段落それぞれにどのような内容を書くかという全体の構成を，実際に作文を書き始める前に決めておき，簡単なメモにしておくとよい。そのメモを設計図として，実際に文章を組み立てていく。解答例では，「第一段落＝筆者の考え」「第二段落＝体験」「第三段落＝自分の考え」という構成になっている。

★ワンポイントアドバイス★

　構成メモは細かくなりすぎないように注意する。

平成27年度

入 試 問 題

27年度

平成27年度

宮城県立中学校入試問題

【総合問題】 （60分） ＜満点：100点＞

1　太郎さんと花子さんの学年では，1泊2日の自然体験学習で山に行き，1日目にはハイキング
と星の観察，2日目には木工製作をしました。
　　次の1～4の問題に答えなさい。

1　次の会話文は，太郎さんが先生とハイキングをしながら，虫の観察をしたときのものです。あ
との(1)，(2)の問題に答えなさい。

太郎さん　セミがないていますね。

先　　生　アブラゼミですね。枝に㋐アブラゼミのぬけがらがありますね。この枝でアブラ
　　　　　ゼミの幼虫（ようちゅう）は成虫になったんですね。

太郎さん　アブラゼミのぬけがらは茶色なんですね。

先　　生　アブラゼミは成虫のはねの色も茶色ですよ。

太郎さん　草むらにいたショウリョウバッタは，はねやからだの色が緑色でした。

先　　生　㋑住んでいる場所と似たような色をしていますね。

---

(1)　「㋐アブラゼミのぬけがら」とありますが，**写真1**のようなアブラゼミ
のぬけがらをみつけました。その近くに，クモが巣を張っていました。
太郎さんは，アブラゼミのぬけがらとクモを見ているうちに，アブラゼ
ミの幼虫とクモではからだのつくりが違（ちが）っていることに気がつきまし
た。**アブラゼミの幼虫のからだのつくりが，クモのからだのつくりと
違っている点を答えなさい。**

写真1

(2)　「㋑住んでいる場所と似たような色をしていますね。」とありますが，このことは**こん虫が生
きていくうえで，どのように都合がよいか**，答えなさい。

2　花子さんが歩いたハイキングコースでは，スギの人工林＊が多く見られました。次の文章は，花
子さんが体験学習後に，日本の森林についてまとめたものの一部です。これを読み，あとの(1)，
(2)の問題に答えなさい。

　昔の日本では，木材が製品の材料や生活，産業の燃料として大量に使用されたため，㋒山
などの木が多く切られました。第二次世界大戦後の復興に木材が大量に必要とされたため，
成長の早いスギなどが多く植えられましたが，国産の木材の利用が減ったり，人手が不足し
たりして，手入れが行き届かない人工林も見られます。
　木には，世界で問題になっている地球温暖（おんだんか）化の原因の1つにあげられている二酸化炭素を
吸収（きゅうしゅう）する力があります。そこで，私は，㋓スギなどの人工林の育て方を工夫することで，地
球温暖化の防止にも役立つのではないかと思いました。

＊人工林：人の手で植林してつくった森林

(1) 「㋐山などの木が多く切られました。」とありますが，**写真2**は，木を切り，新たに植林しなかったため，木がほとんどなくなった山の様子を，昭和時代の前半に撮影したものです。**このような山で起こりやすいと考えられる自然災害にはどのようなものがあるか，答えなさい。**

写真2

（大阪府環境農林水産部ホームページより）

(2) 「㋑スギなどの人工林の育て方を工夫することで，地球温暖化の防止にも役立つのではないか」と考えた花子さんは，インターネットを使って，国内におけるスギ人工林の林れい＊ごとの面積と1ha当たりの年間の二酸化炭素吸収量についての**グラフ**を作成しました。**地球温暖化がこれ以上進まないようにするには，どのように人工林を育てていくのが効果的か，グラフをもとに答えなさい。**

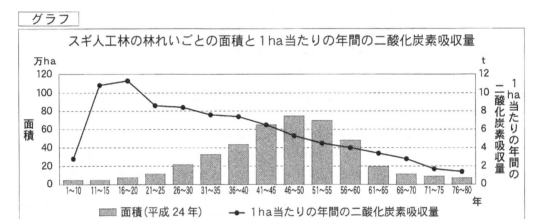
グラフ

スギ人工林の林れいごとの面積と1ha当たりの年間の二酸化炭素吸収量

面積（平成24年）　　1ha当たりの年間の二酸化炭素吸収量

＊林れい：植林してからの年数　　　　　（林野庁「森林・林業白書」，千葉県農林水産部資料より作成）

3　花子さんは，夕食後の星の観察で，星座早見を使って星座の見え方を説明しました。次の発表原稿を読んで，あとの(1)，(2)の問題に答えなさい。

> 星座早見の月日と時刻の目もりを合わせると，その時刻に見える星座がわかります。今はさそり座が南の空にあります。さそり座は，猟師のオリオンを殺したサソリが星座になったものという神話があり，星座早見を回すと，㋒オリオン座はさそり座がしずんだ後にのぼることが分かります。

(1) 「㋒オリオン座はさそり座がしずんだ後にのぼる」とありますが，次のページの**図1**は，花子さんが使った星座早見を示したもので，**図2**は，その一部を拡大したものです。**オリオン座がかくれている位置を，図1のア～ウから1つ選び，記号で答えなさい。**

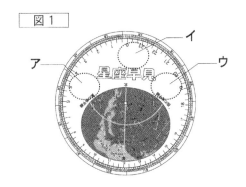

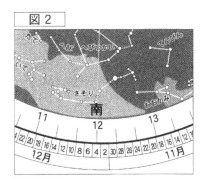

(2) **図3**は，自然体験学習の日の，花子さんが説明した時刻に
おける，さそり座の位置を記録したものです。南の方位には
Aの星があります。**この日の6日前の同じ時刻に，南の方位
に来ていた星を，図2**を参考にして，**図3のア〜エから1つ
選び，記号**で答えなさい。

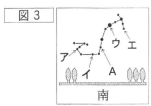

4 太郎さんは，木工製作で**図4**のような2枚の平らな板あ，いを使って直方体の整理箱を作るこ
とにしました。どちらの板も厚さは1cmで，形は長方形ですが，板あは，たて30cm，横60cm，板
いは，たて30cm，横70cmです。下の会話文は，太郎さんが板を切り分けようとして先生に相談し
たときのものです。**図4**を参考にして，あとの(1)，(2)の問題に答えなさい。

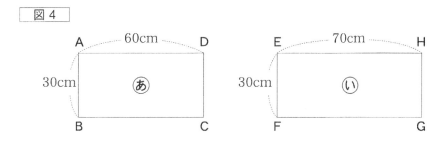

太郎さん　板あを2等分，板いは3枚に分け，全部で5枚の板にしようと思います。

先　　生　板あは，どのようにすると2等分できますか。

太郎さん　㋕辺ADの点Aから30cmのところに三角定規の直角をあてて，辺ADに垂直な線を
　　　　　辺BCまで引くと，同じ大きさの正方形が2つできます。

先　　生　そうですね。では，板いはどう分けるとよいですか。

太郎さん　3枚の板を同じ大きさにすると，うまく作ることができません。

先　　生　板の厚さの分も考えなければなりませんね。辺EHを24cm，24cm，22cmの3つに
　　　　　分けてみたらどうでしょう。

---

(1) 「㋕辺ADの点Aから30cmのところに三角定規の直角をあてて，辺ADに垂直な線を辺BCまで
引く」とありますが，このようにすると**同じ大きさの正方形が2つできる理由**を答えなさい。

(2) 太郎さんは，先生と相談したとおりに，板⑥を２等分して２枚の板にしました。また，板⑥は，辺EHを24cm，24cm，22cmの３つに分け，３枚の板にしました。

太郎さんは，これらの５枚の板を使って，**図5**のような，ふたがない直方体の整理箱を作りました。**この整理箱の容積は何cm³になるか**，答えなさい。

図5

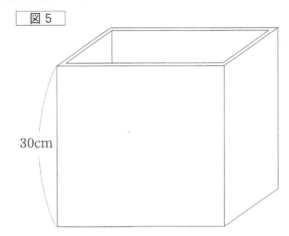

30cm

＜宮城県仙台二華中学校＞

2 華子さんと二郎さんの小学校では，今度の土曜日に運動会が行われます。次の1，2の問題に答えなさい。

1 華子さんは，土曜日に行われる運動会について，おばあさん，お姉さんの２人と話をしました。次の会話文を読んで，あとの(1)～(5)の問題に答えなさい。

おばあさん	土曜日の運動会ではどんな種目に出るの。
華子さん	⑦ムカデ競走と組体操よ。組体操では人間ピラミッドも作るのよ。女子は２段と３段を作るけど，男子は４段にも挑戦するの。そして，最後の種目には親子で踊るフォークダンスもあるのよ。そう言えば，お姉さんの中学校の運動会，先週だったわよね。どんな種目があったの。
お姉さん	全員リレーや障害物競走があったわ。障害物競走ではクイズがあって，「五里霧中」の「五里」とは何kmか，という問題があったのよ。
おばあさん	「里」は長さの単位だね。他には「寸」というのもあるのよ。今ではあまり使わなくなったけれど，⑦一寸は１ｍの33分の１の長さを言ったんだよ。日本でメートルが使われるようになったのは明治時代からなのよ。政治や経済，生活など，⑦明治時代の初めはいろいろなことが大きく変わったんだよ。
お姉さん	ところで，土曜日は暑くなりそうだから，⑦飲み物を多めに持って行くのよ。
おばあさん	そうね。まだ暑いから熱中症にならないように水分をしっかり補給するのよ。もし，熱中症になったら，すずしい場所で横になり，頭の他に⑦動脈が通っているわきの下や足の付け根なども冷やしたり，霧吹きなどで体全体に水を吹きかけたりするのも体を冷やすのに効果的だよ。でも，熱中症になった場合は，

すぐに先生に知らせるのよ。

華子さん　うん，わかった。

(1) 「㋐ムカデ競走」とありますが，図1のように，ムカデ競走は，8人組の一番後ろの人がゴールラインをこえたところでゴールとするルールで行います。今日の1回目の練習では35mの直線コースをゴールするのに30秒かかりました。2回目は115mの直線コースに挑戦し，ゴールするのに94秒かかりました。**8人でつくるムカデの長さは何mか**，答えなさい。

ただし，ムカデは一定の速さで進み，その長さは変わらないものとします。また，練習したときの速さは，2回とも同じであったものとします。

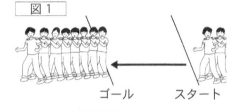

図1

ゴール　　　スタート

(2) 「㋑一寸は1mの33分の1の長さ」とありますが，このことと華子さんがまとめた右の**資料**をもとに，「**五里**」は何kmかを求めたとき，下の A にあてはまる式を答えなさい。

A を計算すると，五里はおよそ19.6kmになります。

資料	「昔の単位表」
1尺（しゃく） ＝	10寸
1間（けん） ＝	6尺
1町（ちょう） ＝	60間
1里（り） ＝	36町

(3) 「㋒明治時代の初めはいろいろなことが大きく変わった」とありますが，華子さんは社会科の時間に，明治政府が新しい国づくりのために行った代表的な政策を**図2**のようにノートにまとめました。

図2の「**地租改正**（ちそかいせい）」は，**富国強兵を進める上でどのように役立ったか**，説明しなさい。

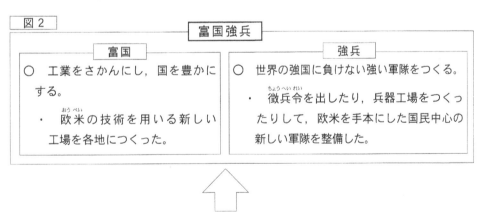

図2

富国強兵

富国
○　工業をさかんにし，国を豊かにする。
・　欧米（おうべい）の技術を用いる新しい工場を各地につくった。

強兵
○　世界の強国に負けない強い軍隊をつくる。
・　徴兵令（ちょうへいれい）を出したり，兵器工場をつくったりして，欧米を手本にした国民中心の新しい軍隊を整備した。

＜富国強兵を支えた政策＞

【地租改正】
・　土地に対する税のしくみを改め，収穫高（しゅうかくだか）に応じて米で納める年貢（ねんぐ）をやめ，政府が土地の価格を定め，その3％を現金（おきん）で納めるようにした。

(4) 「㋓飲み物」とありますが，後日，華子さんは総合的な学習の時間に，地球環境（かんきょう）保護のために「ペットボトルの軽量化」に取り組んでいる会社について調べました。その会社では，10年前に1.5Lのペットボトルの重さの17.6％を軽くすることに成功し，今年は10年前に軽量化した

ペットボトルの重さの9.5%をさらに軽くすることにも成功して，38gになったことを知りました。**10年前に軽量化する前の1.5Lのペットボトルの重さはおよそ何gか，上から2けたのがい数で答えなさい。**

(5) 「㋐動脈が通っているわきの下や足の付け根なども冷やし」とありますが，**体を冷やすときに動脈が通っているわきの下や足の付け根などを冷やすことが効果的な理由を答えなさい。**

2　組体操で作る予定の人間ピラミッドと種目の最後に行う高学年親子フォークダンスについて，華子さんと二郎さんの2人が話をしました。次の会話文を読んで，あとの(1)～(4)の問題に答えなさい。

華子さん　人間ピラミッドを作るグループ決めはどうするの。

二郎さん　6年生の男子は2段，3段，4段のピラミッドを作るんだけど，作るピラミッドの合計の数はできるだけ少なくしたいんだ。

華子さん　6年生の男子は全員で47人いるから，2段を　B　つ，3段を　C　つ，4段を　D　つ作ることになるわね。

二郎さん　そうなんだよ。今，㋕先生に人の配置をどうするか相談してきたんだ。

華子さん　それなら，人間ピラミッドのほうはもう大丈夫ね。ところで，最後にやる高学年親子フォークダンスの参加者は5・6年生と保護者を合わせて384人よね。全員で手をつないで，校庭いっぱいに大きな輪になって，円を作ろうと思うんだけど，できるのかな。

二郎さん　人が両手を広げた長さは，その人の身長に近い長さになるって聞いたことがあるよね。保健の先生にうちの学校の5・6年生の平均身長を聞いておいたんだ。そうしたら，147㎝なんだって。

華子さん　それなら，保護者も一緒だから平均身長に10㎝足して，両手を広げたときの長さを5・6年生も保護者も全員157㎝として計算してみましょう。例えば，10人で輪になって円を作ると円周は15.7mになると考えればいいわね。

二郎さん　校庭は，たしか横が125m，たてが100mだよ。

華子さん　そうなんだ。じゃあ，㋖全員で1つの輪になって円を作ることはできないわね。

---

(1) 6年生男子47人全員が，**図3**のような2段，3段，4段の人間ピラミッドを作ります。作るピラミッドの合計の数をできるだけ少なくした場合，会話文の　B　，　C　，　D　にあてはまるピラミッドの数を答えなさい。

図3

＜2段＞
3人

＜3段＞
6人

＜4段＞
10人

(2) 「㋕先生に人の配置をどうするか相談してきた」とありますが，先生は次のページのような人間ピラミッドの人の配置案を教えてくれました。

① 一番下の人たちの平均体重をもとにすると
・ 下から2段目の人たちの平均体重は，一番下の人たちより3kg軽い。
・ 下から3段目の人たちの平均体重は，一番下の人たちより8kg軽い。
・ 下から4段目の人たちの平均体重は，一番下の人たちより12kg軽い。
② 47人全員の合計体重は1888kgになる。

(1)で求めた個数の人間ピラミッドを作ったとき，4段の人間ピラミッドの一番上の人たちの**平均体重は何kgか**，答えなさい。

(3) 「㋔全員で1つの輪になって円を作ることはできないわね。」とありますが，華子さんは，**なぜ全員で1つの輪になって円を作ることができないと言ったのか，式と言葉で説明しなさい。**

(4) 1つの輪にできないと考えた華子さんと二郎さんは，三重の輪にすることにしました。輪と輪の間隔（かんかく）を10mにしたとき，華子さんと二郎さんの考え方では，**三重の輪の一番外側の輪は何人で作ることになるか**，答えなさい。

ただし，三重の輪はすべて円であるものとし，円周率は3.14とします。

＜宮城県古川黎明中学校＞

2 明さんと黎（れい）さんのクラスでは，総合的な学習の時間に米づくりの体験学習をしました。次の1～3の問題に答えなさい。

1 次の会話は，明さんたちが，田植えの体験の時間に，農業指導員の鈴木さんから大崎（おおさき）地方の米づくりについての話を聞いたときのものです。あとの(1)～(4)の問題に答えなさい。

鈴木さん　みなさんが住んでいる大崎地方は全国でも有数の米どころで，「ひとめぼれ」や「ササニシキ」などの品種は有名ですね。おいしいお米をたくさんつくるためには，広い平野と栄養豊かな土，そして豊富な水が必要です。

明 さん　はい。それに加えて，年間の㋐気温と降水量（こうすい），日照時間の長さも大切だと，授業で習いました。

黎 さん　そうね。特に水は大切で，㋑東北地方では，春から夏に稲（いね）の生長に必要な水が十分に確保できるとも習ったわ。

鈴木さん　これからみなさんには，㋒手作業で苗（なえ）を植えてもらいますが，みなさんが植えた稲が，お天気にめぐまれて，すくすく育つといいですね。

(1) 「㋐気温と降水量」とありますが，明さんは，大崎市古川における，月ごとの平均気温と平均降水量を調べて，**表1**と**グラフ1**にまとめました。**表1**をもとに，解答用紙に**折れ線を記入し，グラフ2を完成させなさい。**

表1　大崎市古川の月ごとの平均気温

月	1	2	3	4	5	6	7	8	9	10	11	12
平均気温（℃）	−0.1	0.5	3.5	9.4	14.6	18.5	22.0	23.7	19.7	13.6	7.5	2.7

（気象庁の統計資料より作成）

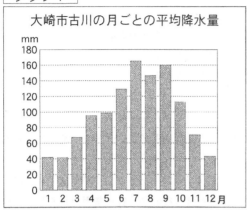

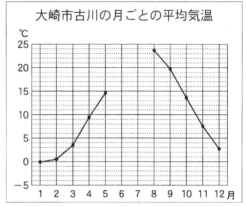

(2) **グラフ1から，月ごとの平均降水量が最も多い月の量は最も少ない月の量のおよそ何倍か，整数で答えなさい。**

(3) 「⑦東北地方では，春から夏に稲の生長に必要な水が十分に確保できる」とありますが，**雨水の他に，水を十分に確保できる理由を答えなさい。**

(4) 「⑰手作業で苗を植えてもらいます」とありますが，明さんたちは横の長さが18mの田で，田植えをしました。**図1のように30cm間隔で苗を植えたとき，何列植えることができたか，答えなさい。**

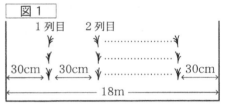

2　次の会話文は，明さんと黎さんが，鈴木さんの田で，**写真のような機械を使って，稲かりをする様子を見学させてもらったときのものです。あとの(1)〜(3)の問題に答えなさい。**

> 明 さん　ずいぶん大きな機械ですね。何という機械ですか。
>
> 鈴木さん　これはコンバインと言います。コンバインは，田の中でも車のタイヤに当たる部分が，⑰自由に動き回れるつくりになっています。
>
> 黎 さん　この機械を使えば，短い時間で稲かりの作業をすることができますね。
>
> 鈴木さん　そうですね。現在では，農業の機械化によってコンバインを使うことが普通になり，稲のかり取りとだっこく*，選別まで一度に行うことができるようになりました。⑦昔は農具を使って人の手で作業をしていたので，米づくりは，時間や労力のかかる大変な仕事でした。

＊だっこく：稲の穂からもみのつぶをはずすこと

(1) 「㋔自由に動き回れるつくり」とありますが，ベルトが回転することでコンバインが進むことに興味を持った明さんは，前の車輪の中心と後ろの車輪の中心の距離や，車輪の大きさを測り，図2のようにまとめました。

　　図2のベルトの長さは何mか，答えなさい。

　　ただし，前と後ろの車輪は同じ大きさの円と考え，円周率は3.14とします。また，ベルトの厚さや，たるみは考えないものとします。

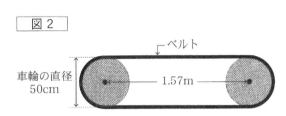

図2

ベルト
車輪の直径 50cm
1.57m

(2) 明さんと黎さんは，手作業で稲をかり取る体験をすることになりました。先に明さんが1人で稲をかり取っていましたが，明さんがかり取り始めて7分後から，遅れてきた黎さんも参加しました。体験用の稲をかり終えたのは，黎さんが参加してから33分後でした。明さんがかり取り始めてから7分後までにかり取った稲の量が，体験用の稲全体のちょうど1割に当たるとき，この体験で**明さんがかり取った全ての稲の量は，黎さんがかり取った稲の量の何倍か，分数で答えなさい。**

　　ただし，明さんが稲を1分間当たりにかり取った量は，一定であるとします。

(3) 「㋕昔は農具を使って人の手で作業をしていた」とありますが，明さんと黎さんは，図3のような，昔の農具を使って実のつまったもみの選別作業を体験しました。明さんがハンドルを回して羽根車を回転させ，黎さんが投入口からだっこくしたあとのもみや細かいくき，葉などがまざった状態のものを入れました。すると実のつまったもみが**出口1**から，それ以外のものが**出口2**から出てきました。

　　明さんは，体験したことを学級で発表するために，農具の部品である羽根車のつくりと選別のしくみについて，図4のようにまとめました。**実のつまったもみとそれ以外のものが選別される理由を，図3と図4をもとに，**説明しなさい。

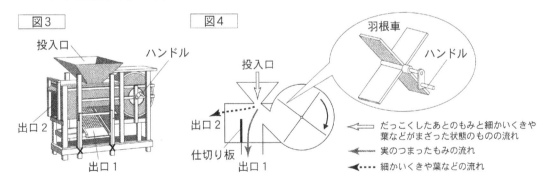

図3
投入口
ハンドル
出口2
出口1

図4
投入口
出口2
仕切り板
出口1
羽根車
ハンドル
⟸ だっこくしたあとのもみと細かいくきや
葉などがまざった状態のものの流れ
⟵ 実のつまったもみの流れ
◀⋯⋯ 細かいくきや葉などの流れ

3　収穫したお米を学校で食べることになり，黎さんは家でおばあさんとなすの漬け物を作り，持って行くことにしました。おばあさんが作る漬け物は，水に食塩とミョウバンをとかした液になすを漬けこみます。この漬け物の液に食塩とミョウバンのとけ残りはありません。以前，物のとけ方について学習したことを思いだし，おばあさんが作った漬け物の液にとけている食塩の量を確かめることにしました。

次の(1)，(2)の問題に答えなさい。

(1)　おばあさんが作った漬け物の液100mLにとけている食塩の量は小さじでおよそすり切り何はいか，**水を蒸発させずに調べる方法**を説明しなさい。

　　ただし，漬け物の液の温度は20℃とし，20℃の水100mLにとける食塩の量は小さじですり切り12はいでした。また，食塩とミョウバンがとけている水でも，食塩のとける量は変わらないものとします。

(2)　黎さんは，漬け物づくりで残ったミョウバンを，20℃の水100mLにとかしてみました。すると，とける量は小さじですり切り2はいでした。食塩にくらべてとける量が少ないことに興味をもった黎さんは，水の温度を変えて，食塩とミョウバンがそれぞれとける量を調べることにしました。2つのコップに40℃の水100mLを入れ，食塩とミョウバンをそれぞれとけ残りが出るまで加えました。60℃の水の場合も同じ方法で調べ，その結果を**表2**にまとめました。

　　60℃の水で調べた2つのコップをそのまま台所に置いておき，次の朝，コップの中の様子をみると，食塩にくらべてミョウバンの方が，つぶが多く出ていました。**表2をもとにその理由を答えな**さい。

表2

水の温度	20℃	40℃	60℃
食塩	すり切り12はい	すり切り12はい	すり切り12はい
ミョウバン	すり切り2はい	すり切り4はい	すり切り8はい

平成27年度

仙台市立中等教育学校入試問題

【総合問題】 （60分）　＜満点：100点＞

1　仙台青陵中等教育学校では，毎年各分野の専門家による「進路講演会」を開いています。
　次の１〜３の問題に答えなさい。

1　国土交通省の人から「地図からみた日本」というお話がありました。「日本は四方を海に囲まれた島国ですが，海に面していない県もあります」という話に興味を持ったゆうたさんは，海に面していない県について調べることにしました。下の**表**はゆうたさんが調べたことをまとめたものの一部です。**A群**にあてはまる県名を，漢字またはひらがなで答えなさい。また，**B〜D群**にあてはまる県の様子を表していることがらを，それぞれの群から一つずつ選び，数字を書き入れなさい。

表	A　群	長野県	（　　　　　）県	（　　　　　）県	（　　　　　）県
	B　群		②		
	C　群			③	
	D　群				④

[B群]　①　室町幕府をたおした武将が天下統一のきょ点として建てた城があった。
　　　　②　８世紀の初め，当時の中国の都市にならった都がおかれた。
　　　　③　16世紀のおわりに「天下分け目」といわれた大きな戦いがあった。
　　　　④　日本で二度目の冬季オリンピックが開さいされた。

[C群]　①　北アルプスや中央アルプスなどの高い山々が連なっている。
　　　　②　日本最大の湖がある。
　　　　③　県南部に三つの川とそのてい防に囲まれた低い土地がある。
　　　　④　日本最大の半島のまん中に位置する。

[D群]　①　国内産の有名なブランドである「吉野杉」の産地がある。
　　　　②　世界無形文化遺産に認定された「美濃和紙」が有名である。
　　　　③　りんごやももなどの果物の生産がさかんである。
　　　　④　伝統工芸の「信楽焼」が有名である。

2　大学で数学を研究している先生から，身近な数字の一つであるカレンダーを題材にしたお話がありました。ゆいさんは先生の出す問題を真けんに考えました。あとの(1)〜(4)の問題に答えなさい。

(1)　**資料１**のカレンダーの日付の数にある素数の個数を答えなさい。

(2)　数の中で，その数自身を除く約数の和が，その数

資料1

11 月

日	月	火	水	木	金	土
			1	2	3	4
5	6	7	8	9	10	11
12	13	14	15	16	17	18
19	20	21	22	23	24	25
26	27	28	29	30		

自身と等しくなる数のことを「完全数」といいます。**資料1**のカレンダーには完全数が二つあります。一つは、「6」ですが、残りの一つを見つけ、下の例にならって答えなさい。

〈例〉 「6」の場合の答え方 →1+2+3＝6

(3) ある月のある週の月曜日から金曜日までの日付の数の和が「70」でした。この月の前月の最後の日は何曜日ですか。理由もあげて答えなさい。

(4) 講演を聞いて、身近な数字に関心を持ったゆいさんは、**資料2**がのった新聞記事を見つけました。次の①、②の問題に答えなさい。

① 平成26年4月1日から消費税の税率が変わり、そのことが売上高の変化にあらわれたと新聞にのっていました。3月に消費税を加えた値だんが5880円だった品物は、4月にはいくらになりますか。消費税を加えた値だんを答えなさい。

② **資料2**を見て、消費税の税率が変わったことによる影きょうが最も大きかった品目と、最も小さかった品目を一つずつあげ、それぞれの理由について答えなさい。

資料2 東北の百貨店の売上高（消費税をのぞく）と前年同月との比かく

品目	平成26年3月売上高（百万円）	平成25年3月と比べた割合	平成26年4月売上高（百万円）	平成25年4月と比べた割合
衣料品	7,788	9.7％増	5,063	13.6％減
身の回り品〈注〉	2,886	30.9％増	1,587	16.2％減
雑貨 〈注〉	3,689	68.5％増	1,299	34.5％減
家庭用品 〈注〉	1,162	19.6％増	579	18.7％減
食料品	4,943	6.2％増	3,653	4.3％減

〈注〉 「身の回り品」とは、くつ・カバン・旅行用品・かわ小物・アクセサリーなどをいう。
「雑貨」とは、美術・宝石類・貴金属（金、銀など）・けしょう品などをいう。
「家庭用品」とは、家具・家電・食器などをいう。

「日本百貨店協会ホームページ」より作成

3 太陽熱温水器を製造している会社の方から、太陽の熱を利用して水を温めるそう置のしくみについてお話を聞きました。

お話を聞いたたかしさんは、小学校の理科の時間に、ものの温まり方について次のような実験をしたことを思い出しました。あとの(1)、(2)の問題に答えなさい。

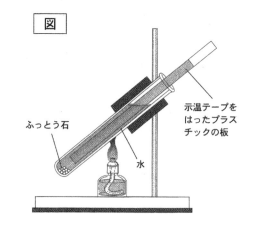

図

ふっとう石
示温テープをはったプラスチックの板
水

【小学校のときに行った実験】

図のように、試験管に示温テープをはったプラスチックの板と水を入れ、アルコールランプで試験管の真ん中あたりを温め、その様子を観察する。ただし、示温テープは、40℃で色が変わるテープを使用し、ふっとうし始めたら火を止める。

(1) 実験を始める前，たかしさんは水も金属と同じように温まると予想しました。たかしさんは，示温テープがどのように変化すると予想したか答えなさい。

(2) 実験の結果は，たかしさんの予想とはちがいました。示温テープはどのように変化したか答えなさい。また，その理由を説明しなさい。

2　仙台青陵中等教育学校では，入学してすぐに，蔵王方面へオリエンテーション合宿に行っています。

次の1〜3の問題に答えなさい。

1　蔵王のキャンプ場にはブランコがあったので，みんなで乗って遊びました。さとみさんは，ブランコの動きとふりこには関係があることに気付き，学校にもどって理科室で実験をしてみました。あとの(1)，(2)の問題に答えなさい。

(1) 表1は，おもりの重さ10ｇ，ふりこの長さを80cm，ふれ幅を60°にしてふりこの5往復する時間をストップウォッチで7回測定した結果です。このふりこの1往復する平均時間（秒）を答えなさい。

表1	5往復した 時間（秒）	1回目	2回目	3回目	4回目	5回目	6回目	7回目
		9.6	9.7	9.3	9.4	9.4	9.6	9.5

(2) おもりの重さを1個30ｇ，ふりこの長さを40cm，ふれ幅を30°にして実験したときの，ふりこの1往復する平均時間は1.4秒でした。さとみさんは，条件を変えてくり返し実験したところ，ふりこの1往復する時間は約1秒になりました。何をどのように変えて，ふりこの1往復する時間を1秒に近づけることができたか，必要な条件を書きなさい。

2　合宿2日目の朝に外に出ると，草花にしも（氷）がおりているのに気付きました。きよしさんは，しものでき方を調べるために，学校にもどって理科室で，金属のコップに氷と食塩を入れて実験をしました。すると，10分後に**写真**のようにコップのまわりにしもができました。あとの(1)，(2)の問題に答えなさい。

写真

しも（氷）

(1) コップのまわりにしもができた理由を答えなさい。

(2) さらに，きよしさんは水を冷やしたときの温度がどのように変化するかについて知りたくなり，300mLビーカーに氷200ｇ，食塩50ｇを入れて，6mLの水が入った試験管を冷やしました。はじめ，試験管の中の水の温度は20℃で，15分後には，－20℃になりました。**表2**の実験結果の記録をもとに，15分後までの水の温度変化の様子を表すグラフを書きなさい。

表2　実験結果

水がこおり始めた	実験開始から4分後
水がすべてこおった	実験開始から7分後

3 蔵王の合宿所に，毎年１月に開かれる円田地区の「親子たこあげ大会」のポスターがはってありました。つばささんは，ポスターの中にのっていた『たこ』という詩に興味を持ちました。あとの(1)～(3)の問題に答えなさい。

> たこ　　　北原　宗積
>
> 手にさげていたときは
> おとなしかったが
> たこよ
> 空にのぼるにつれて
> えらくいばるじゃないか
>
> ぼくを　みおろし
> 町を　みおろし
> もう　おりたくない、と
> ふんぞりかえる
>
> 北風に　あおられて
> 目をさましたのか
> このまま　空のたびにでるんだ、と
> しきりに
> ぼくの手をひっぱる
>
> 『教科書の詩をよみかえす』
> （川崎洋　著、筑摩書房）から

(1) 詩の――線部分は，たこのどのような様子をたとえていますか。たこの様子を，詩の中の言葉を使わずに25字以内で説明しなさい。

(2) つばささんは，この詩の中のたこの様子をことわざにあてはめることができると思いました。最もふさわしいものを，次の**ア**～**オ**から一つ選んで，記号で答えなさい。

　　ア　どんぐりの背くらべ　　**イ**　水を得た魚　　**ウ**　水と油
　　エ　天高く馬こゆる　　　　**オ**　つるの一声

(3) つばささんはたこあげがしたくなり，休日に広場に出かけました。
　　下の**図**は，つばささんがたこをあげている図です。たこからつばささんの手までのたこ糸の長さが32m50cmのとき，地面からたこまでの高さを答えなさい。ただし，糸はピンと張っていてたるみがないものとし，つばささんの手の位置から地面までは１m25cmとします。

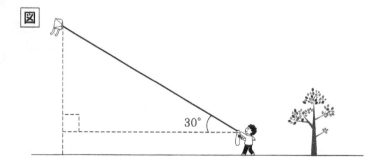

図　30°

3 　仙台青陵中等教育学校では，５年生の時にニュージーランドへ海外研修旅行に行っています。
　次の１～３の問題に答えなさい。

1 　春子さんは昨年海外研修旅行に行ったお姉さんから研
　修のしおりを見せてもらいました。学校から千葉県の成
　田国際空港まではバスで移動し，**図1**のように仙台宮城イ
　ンターチェンジから東北自動車道などを利用したようで
　す。あとの(1)～(3)の問題に答えなさい。

図1

仙台宮城
インター
チェンジ

成田
国際空港

0　50　100km

(1) 　途中で休けいをした栃木県の佐野サービスエリアか
　　ら，世界遺産に登録された富士山がきれいに見えたそう
　　です。佐野サービスエリアは群馬県に入る数km手前に
　　あります。富士山はどの方角に見えましたか。八方位
　　で答えなさい。

(2) 　成田国際空港がある千葉県やとなりの茨城県は様々な種類の野菜を生産し，野菜の生産額は
　　国内トップクラスです。千葉県や茨城県で野菜作りがさかんな理由が主に三つあります。その
　　うちの二つは，気候が温暖なこと，関東平野は水はけがよい平地が多いことですが，もう一つ
　　の理由を簡単に説明しなさい。

(3) 　春子さんは，江戸時代，大名が自分の領地と江戸の間を１年ごとに往復する参勤交代があっ
　　たことを思い出しました。仙台藩の参勤交代は，通常は７泊８日で移動し，仙台から江戸まで
　　の道のりはおよそ360kmだったそうです。出発は毎朝午前８時30分，宿に到着するのは毎日午
　　後８時，また，昼食や休けいの時間を合わせて毎日２時間30分とり，最終日に江戸に着いたの
　　が午後４時だとします。この場合，仙台から江戸までの移動する速さはどのくらいですか。平
　　均時速を小数第２位を四捨五入して答えなさい。

2 　秋子さんのお兄さんがニュージーランドに向けて出発する前日の夕方，秋子さんの家からは**図
　2**のように太陽と月が見えました。このとき見えていた月はどのような形をしていたでしょう
　か。下の**ア～ク**から一つ選び記号を書きなさい。また，そのような形に見える理由を書きなさ
　い。

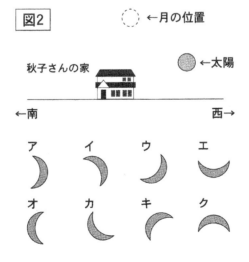

図2　　　　　　　　（ ⁝ ）←月の位置

秋子さんの家　　　　　　　○←太陽

←南　　　　　　　　　　西→

ア　　　イ　　　ウ　　　エ

オ　　　カ　　　キ　　　ク

3 夏夫さんのお兄さんは，ホームステイ先でコミュニケーションをとるきっかけに折り紙を持っていくことにしました。お兄さんが「もし，足りなくなったら長方形の紙から切り出せばいいかな」と言ったので，夏夫さんは1枚の紙からどのくらいの大きさの正方形を何枚切り出せるのかに興味を持ち，近くにあった，縦21cm，横28cmの紙で試してみることにしました。あとの(1)～(3)の問題に答えなさい。

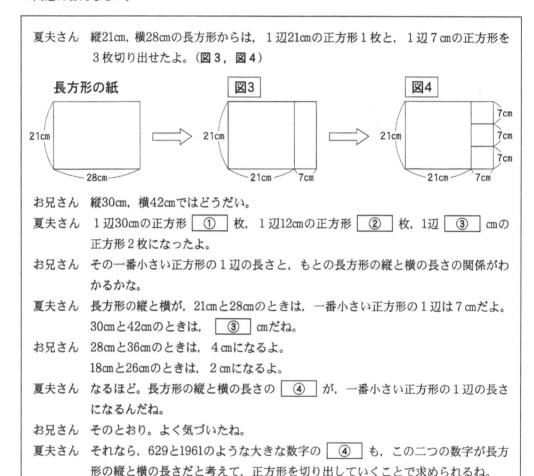

夏夫さん　縦21cm，横28cmの長方形からは，1辺21cmの正方形1枚と，1辺7cmの正方形を3枚切り出せたよ。（図3，図4）

お兄さん　縦30cm，横42cmではどうだい。

夏夫さん　1辺30cmの正方形　①　枚，1辺12cmの正方形　②　枚，1辺　③　cmの正方形2枚になったよ。

お兄さん　その一番小さい正方形の1辺の長さと，もとの長方形の縦と横の長さの関係がわかるかな。

夏夫さん　長方形の縦と横が，21cmと28cmのときは，一番小さい正方形の1辺は7cmだよ。30cmと42cmのときは，　③　cmだね。

お兄さん　28cmと36cmのときは，4cmになるよ。
　　　　　18cmと26cmのときは，2cmになるよ。

夏夫さん　なるほど。長方形の縦と横の長さの　④　が，一番小さい正方形の1辺の長さになるんだね。

お兄さん　そのとおり。よく気づいたね。

夏夫さん　それなら，629と1961のような大きな数字の　④　も，この二つの数字が長方形の縦と横の長さだと考えて，正方形を切り出していくことで求められるね。

(1)　①　～　③　に入る数を，図をかいて求めなさい。また，**図4**のように長さも書きこみなさい。

(2)　④　に入る最もふさわしい言葉を答えなさい。

(3)　夏夫さんが気づいた関係を使って，629と1961の　④　を求めなさい。ただし，求める手順を式と文章で説明し，答えも書きなさい。

平成二七年度　宮城県仙台二華中学校入試問題

【作 文】 （四〇分）　〈満点：二五点〉

問題

私たちは、様々な「体験」を通して多くのことを学び、成長しています。これまでの生活の中で、あなたが印象に残っている体験について、そこから学んだことや、それをその後の生活でどのように生かしているかを、次の条件にしたがい四百字以上五百字以内で書きなさい。

【条件】

① 作文は三段落構成で書き、一段落目には、印象に残っている体験について書きなさい。

② 二段落目には、その体験から学んだことについて書きなさい。

③ 三段落目には、体験による学びをその後の生活でどのように生かしているかを書きなさい。

〔注意〕

① 題名、氏名は書かずに、一行目から書き始めること。

② 原稿用紙の正しい使い方にしたがい、文字やかなづかいも正確に書くこと。

平成二七年度 宮城県古川黎明中学校入試問題

【作 文】 （四〇分） 〈満点：二五点〉

問題

学校生活には、「たくさんの人と協力して一つのことをする」機会があります。あなたのこれまでの体験をもとにして、今後学校生活の中で「たくさんの人と協力して一つのことをする」ときに心がけたいと思うことを、その理由を示しながら、四百字以上五百字以内で書きなさい。

〔注意〕
① 題名、氏名は書かずに、一行目から書き始めること。
② 原稿用紙の正しい使い方にしたがい、文字やかなづかいも正確に書くこと。

平成二七年度 仙台市立中等教育学校入試問題

【作 文】 （四〇分） （満点：二五点）

問題

◎次の文章は、佐藤文隆さんが書いた『10代のための古典名句名言』の一節です。筆者は『科学の花を咲かせること』についてどのように考えていますか。また、そのことについて、あなたはどのように考えますか。体験を交えながら書きなさい。ただし、文章は、四百字以上五百字以内で、三段落で書くこととします。

> 問題に使用された作品の著作権者が二次使用の許可を出していないため、文章を掲載しておりません。

『10代のための古典名句名言』（佐藤文隆・高橋義人著、岩波ジュニア新書）から

〔注意〕 ① 題名、氏名は書かずに、一行目から書き始めること。

② 原稿用紙の正しい使い方にしたがい、文字やかなづかいも正確に書くこと。

MEMO

大切なことはメモしておこうネ！

平 成 27 年 度

解 答 と 解 説

《平成27年度の配点は解答用紙に掲載してあります。》

＜宮城県立中学校　総合問題解答例＞

1 1 (1)　**クモのからだのつくりと違っている点**　アブラゼミの幼虫のからだのつくりは，頭・胸・腹の3つに分かれていて，胸に6本のあしがついていること。

(2)　こん虫を食べる生き物から見つかりにくい。

2 (1)　土砂くずれ

(2)　二酸化炭素吸収量の多い林れいの若い人工林が少なくなってきているので，林れいの高い木を伐採したあとに，若い木を植え，手入れを十分にしながら林を育て，林れいの若い人工林を多く保てるようにする。

3 (1)　イ

(2)　ウ

4 (1)　辺ADに垂直な線を引いてできる2つの四角形は，どちらも4つの角が直角となり長方形となる。長方形の向かい合う辺の長さは等しいから，この2つの四角形の4つの辺の長さは全て30cmとなる。だから同じ大きさの正方形が2つできる。

(2)　19140cm³

≪宮城県仙台二華中学校≫

2 1 (1)　2.5m

(2)　$5 \times 36 \times 60 \times 6 \times 10 \div 33 \div 1000$

(3)　国の収入が安定したので，計画的に富国強兵政策を進めることができるようになった。

(4)　およそ　51g

(5)　動脈を流れる血液が冷やされ，その冷えた血液が体全体へ流れていくから。

2 (1)　B　1つ　　C　4つ　　D　2つ

(2)　31kg

(3)　全員で1つの輪になって作った円の直径は384人×1.57m÷3.14＝192mとなり，横125m，たて100mの校庭では，直径192mをとることができないから。

(4)　168　人

≪宮城県古川黎明中学校≫

2 1 (1)

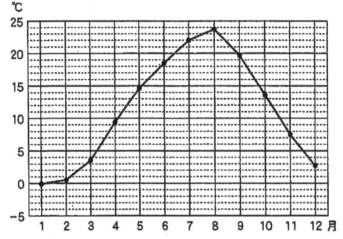

(2) およそ 4倍

(3) 山に積もった雪がとけて，水となって流れてくるから。　　(4) 59列

2 (1) 4.71m　　(2) $\frac{4}{3}$ 倍

(3) 投入口から入れたもののうち，重さが軽い細かいくきや葉などは，羽根車がおこす風
　　の力によって飛ばされ，出口2から出てくるが，実がつまっている重いもみは，出口1か
　　ら出てくるため。

3 (1) 漬け物の液100mLに小さじですり切り1ぱいずつ食塩を入れ，とけ残りができるま
　　で加えた食塩の量と，水100mLにとける小さじすり切り12はいの差を調べる。

(2) 食塩は水の温度が下がっても，とける量がほぼ同じであるが，ミョウバンは水の温
　　度が下がると，とける量が減少し，とけなくなったミョウバンがつぶとなって出てく
　　るから。

＜宮城県立中学校　総合問題解説＞

1 （理科，社会，算数：動物・こん虫，星座，環境問題・ごみ，平面図形，立体図形）

1 (1) アブラゼミはこん虫で，クモはクモ類の生き物でこん虫ではない。したがって，こん虫の
　　特ちょうをあげて，クモとの違いを述べる。クモは頭胸と腹の2つの部分に分かれ，頭胸か
　　ら8本のあしがついている。

(2) バッタの周りには，バッタなどこん虫をえさとする生き物がたくさんいることから考える。

2 (1) 山に木があると，木が根を張り，根が山の土をささえる。そのため大雨がふっても，山の
　　土が流れ出すことを防ぐ。そして，土があれば，雨水をたくわえておくことができ，こう水
　　を防ぐこともできる。ほかの解答例として，こう水がある。

(2) グラフの横の数字は林れいを表している。これを見ると，スギ人工林の面積がせまくても，
　　林れいが20年以下の若い林は，1ha当たりの年間の二酸化炭素吸収量が多いことがわかる。こ
　　のことが，地球温暖化防止のポイントになる。

3 (1) 図2から，さそり座は，南の空にある。オリオン座はさそり座がしずんだ後にのぼるので，
　　オリオン座は180度反対側にあるものと考える。

(2) 図2から，月日は右側のほうが古い。6日前の方位を考えると，どの星か，はんだんできる。

4 (1) 正方形は，4つの角が全て直角で，4つの辺の長さが全て等しい四角形である。点Aから30cmのところは，辺ADの真ん中の点になるので，ここから垂直の線をBCまで引くと，1辺が30cmの四角形が2つできることになる。

(2) 整理箱を側面から見た図と上から見た図は右のようになる。求める容積は，右の図の▨の部分である。容積は，底面積×高さで求められるから，$22 \times 30 \times (30-1) = 19140$（cm³）となる。

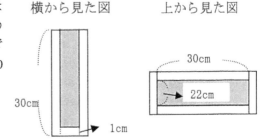

横から見た図　　　　上から見た図

30cm

1cm

30cm

22cm

≪宮城県仙台二華中学校≫

や難 2 （算数，社会，理科：単位量の計算，割合，日本の文化・歴史，人の体のつくりなど）

1 (1) ムカデの長さを□mとする。ムカデの速さは1回目も2回目も同じなので，速さについて式をたてると，$(35+□) \div 30 = (115+□) \div 94$という式がなりたつ。これを解くと，$(35+□) \div 15 = (115+□) \div 47$　　$47 \times (35+□) = 15 \times (115+□)$　　$32 \times □ = 80$　　$□ = 2.5$（m）

(2) 資料をもとに，それぞれの単位にかえる式をかく。資料は，1里についての数字なので，5倍したものから始めるとよい。kmで答えるので，最後は1000でわることに注意する。

(3) 地租改正を行うまでは，政府の収入は不安定だった。そこで，安定した収入を得るために地租改正を行った。すると，安定した収入があるので，予算もたてられ，計画的に政策を行うことができるようになったのである。

(4) 10年前に軽量化する前のペットボトルの重さを□gとする。今年は，軽量化したものから9.5％軽くなったので□にかけ算をしないように注意する。$□ \times \left(1 - \dfrac{176}{1000}\right) \times \left(1 - \dfrac{95}{1000}\right) = 38$

という式がなりたつ。これを解くと，$□ \times 824 \times 905 = 38000000$　　$□ \times 745720 = 38000000$　　$□ = 50.9\cdots$となり，およそ51（g）となる。

(5) わきの下や足の付け根を流れる動脈は，全身を回ることから考える。

2 (1) ピラミッドの数をできるだけ少なくするためには，10人でつくる4段をできるだけ多くするように考えてしまうが，2段，3段のピラミッドが3人，6人なので，4段を作ったあとの残りの人数が$(3+6)$の倍数にならなければならない。すると，4段の数は決まってくる。

(2) (1)より，<2段>は1つ，<3段>は4つ，<4段>は2つなので，2段目から4段目の人の人数と体重を表にしてみる。一番下の人たちの平均体重を□kgとする。

	<2段>1つ	<3段>4つ	<4段>2つ	体重(kg)
4段目			2人	□ − 12
3段目		4人	4人	□ − 8
2段目	1人	8人	6人	□ − 3
1段目	2人	12人	8人	□

表をもとに全員の体重を計算すると，$22 \times □ + 15 \times (□-3) + 8 \times (□-8) + 2 \times (□-12) = 1888$という式がなりたつ。これを解くと，$22 \times □ + 15 \times □ - 45 + 8 \times □ - 64 + 2 \times □ - 24 = 1888$

47×□－133＝1888　47×□＝2021　□＝43(kg) となる。よって求める体重は，43－12＝31 (kg) となる。

(3) 全員で1つの輪を作った場合の円の直径と校庭の広さを比べることにポイントを置いて理由を説明する。

(4) 右の図のようにかいて考えるとわかりやすい。一番外側の円の直径を求め，円周の長さから人数を求める。

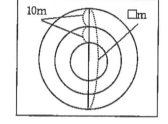

一番外側の輪の直径を□mとすると，その内側の円の直径は (□－20)m，一番内側の円の直径は(□－40)mとなる。この3つの円の円周をたしたものが，384(人)×157(cm)＝60288 (cm)＝602.88(m)になればよい。

式をたてると，3.14×□＋3.14×(□－20)＋3.14×(□－40)＝602.88となる。これを解くと，3.14×□＋3.14×□＋3.14×□－3.14×20－3.14×40　3.14×□×3－3.14×60＝602.88　　9.42×□＝602.88＋188.4＝791.28

□＝791.28÷9.42＝84　　一番外側の円の直径は84mになるので，円周は，3.14×84＝263.76 (m) となる。これを身長157cm＝1.57mでわると，263.76÷1.57＝168(人) となる。

≪宮城県古川黎明中学校≫

 2 (算数，社会，理科：グラフの作成，割合の計算，日本の地理，ものの重さなど)

1 (1) グラフ2には，6月と7月の平均気温が記入されていない。表1をもとに記入し線でつなぐ。

(2) グラフ1で，最も平均降水量が多いのは7月で，およそ165mm，最も少ない月は2月のおよそ40mmである。整数で答えることに注意する。

(3) 東北地方は，雪がたくさん降る。春になると，それが解けて水になることから理由を書く。

(4) 実際，苗を植える横の長さは，両側の30cmの場所2つを除いたものである。したがって，植える長さは，1800(cm)－30×2＝1740(cm) となる。30cm間隔で植えるので，間隔の数は1740÷30＝58となり，列の数は両はしをふくむので，58＋1＝59(列) となる。

2 (1) ベルトの長さは，車輪1つの円周の長さ＋車輪の中心間の距離×2で求められる。

(2) 明さんと黎さんの1分間の仕事量を求める。明さんは7分間で全体の$\frac{1}{10}$の仕事をするので，1分間では$\frac{1}{70}$の仕事量をする。黎さんの1分間の仕事量を$\frac{1}{□}$とすると，$\left(\frac{1}{70}+\frac{1}{□}\right)×33=\frac{9}{10}$の式がなりたつ。これを解くと，$\frac{33}{70}+\frac{33}{□}=\frac{9}{10}$　$\frac{33}{□}=\frac{30}{70}$　3×□＝33×7　□＝77となる。黎さんの1分間の仕事量は$\frac{1}{77}$。ここで，明さんがかり取った全ての量を求めると，$\frac{1}{70}×7+\frac{1}{70}×33=\frac{40}{70}$，黎さんがかり取った量を求めると，$\frac{1}{77}×33=\frac{33}{77}$となり，答えは，$\frac{40}{70}÷\frac{33}{77}=\frac{40}{30}=\frac{4}{3}$ (倍) となる。

(3) 実のつまったもみと細かいくきや葉の重さを比べて，出口1に実のつまったもみが出てくる理由をまとめる。

3 (1) 漬け物の液がどのくらいまでの食塩をとかすことができるかを調べる方法がポイントになる。水100mLにとける食塩の量と比べる方法が説明できればよい。

(2) 表2から，水の温度と食塩，ミョウバンのとける量に着目する。ミョウバンは食塩に比べて，とける量は水の温度にえいきょうすることを具体的に説明する。

★ワンポイントアドバイス★

算数，理科，社会とさまざまな範囲から，いろいろな力を試す問題が出されている。文章で答える問題も目立つ。問題数も多いので60分で全部の問題に取り組むための時間配分も大切になってくる。特に算数の問題は，一つずつ計算していく作業型の問題も目立ち，時間がかかりそうである。しかし，しっかりした基そ力があれば，理科，社会の問題はかんたんであるし，算数も同様である。いろいろな問題にチャレンジして，最後まであきらめないことである。

＜宮城県仙台二華中学校　作文解答例＞《学校からの解答例の発表はありません。》

　私は，五年生の時，友達関係でなやんだことがある。ある日，登校する時に，大好きな友達に「おはよう」とあいさつをしたのだが，かの女はそしらぬ様子で，何も言わずにそのまま通り過ぎてしまったのだ。それからしばらく，私はその友達からきらわれているのだろうか，と悲しい気持ちで過ごした。しかし，ある日，思い切って私から話しかけてみると，その時のことは，私のあいさつが聞こえていなかっただけのことだったと分かった。

　この体験から私が学んだことは，「人間関係について，あまり一人で思いこむのはよくない。」ということだ。「あの人は，私にいじわるをしている。」などと思いこんでしまうと，どんどん人間関係が悪くなってしまう。でも，それは，私の体験からわかるように，ただの誤解にすぎないことも多いのだ。

　このことがあって以来，私は，いろいろな友達にできるだけ自分から話しかけるようにしている。誤解を解くには，話し合いをすることが一番だからだ。そして，話し合いをするためには，まずこちらから話しかけるのが一番よい方法だからだ。私は，これからも，積極的にたくさんの人に話しかけ，より良い人間関係を築いていきたい。

＜宮城県仙台二華中学校　作文解説＞

（国語：テーマ型　意見文を書く）

　問題で提示されたテーマについて，体験をふまえた意見文を書く問題。自分の意見を，指定された構成に沿ってまとめ，体験をふまえて論理的に書く力が求められる。

　「印象に残っている体験について，そこから学んだことや，それをその後の生活でどのように生かしているか」というテーマについて，示された条件にしたがって書く。条件①〜③は全て段落の数と，それぞれの段落の内容についての指定となっている。第一段落には「印象に残っている体験」，第二段落には「その体験から学んだこと」，第三段落には「体験による学びをその後の生活でどのように生かしているか」を書くよう指定されているので，必ずそれを守って書くこと。全体の構成が問題で指定されているとも言えるので，構成を自分で考える必要はないが，その構成を守らずに書くと大きく減点される可能性があるので，特に注意したい。

　各段落の分量が大きくかたよらないように気をつける。たとえば，体験を書く第一段落だけでほとんどの字数を使ってしまったり，反対に体験についての記述が短すぎたりするのは望ましくない。解答例では，体験を記した第一段落がやや長めで，第二・第三段落は，ほぼ同じ長さとしている。体験はできるだけ具体的に書くのがよいが，テーマに関係のない細かい点にあまりにこ

だわるのはさけること。また，体験と意見が論理的にしっかりとつながるよう注意する。

　書き出しや段落を新しく作るときは一マス下げる，カッコや記号も一マス使うといった，原稿用紙の使い方もきちんと守って書くこと。「！」などの記号は，使いすぎない方がよい。

─★ワンポイントアドバイス★─

　入試の作文では，略字や絵文字などは使わないこと。できるだけ正確な字を書くよう心がける。

＜宮城県古川黎明中学校　作文解答例＞《学校からの解答例の発表はありません。》

　図書委員をしていた五年生の二学期，委員会で図書館の利用を呼びかけるポスターを作ることになった。私は，絵をかく係になったのだが，どんな絵をかいたらいいのかわからず困っていた。そこで，はずかしさをこらえ，思い切って委員長に相談すると，みんなで図案を考えてくれることになった。その結果，私は無事，絵をかくことができた。

　この体験から，私は，たくさんの人と協力して一つのことをする時，何か困ったことがあったら，だれかに早めに相談するよう心がけるようになった。なぜなら，一人でなやんでいても問題は解決しないし，もし，そのまま自分の仕事ができなかったら，ほかの人たちにめいわくをかけることになるからだ。それくらいなら，早めに相談して，みんなで問題を解決するようにした方がよい。

　たくさんの人と協力して一つのことをする場合に，自分に割り当てられた仕事でなやむことは，これからもきっとあるだろう。そんなとき，私は，ひとりで問題をかかえこまずに，勇気を出して相談し，みんなの力を借りて問題を解決するようにしたい。また，ほかの人にもそうするようにすすめたい。そうすれば，協力の輪はいっそう強くなるだろう。

＜宮城県古川黎明中学校　作文解説＞

（国語：テーマ型　意見文を書く）

　問題で指定されたテーマについて，体験をもとに，理由を示しながら自分の意見を書く問題。テーマを正確につかみ，それに対する自分の意見を，体験をふまえ，理由を示して，論理的に述べる力が求められる。

　次のような点に，特に注意して書く。①「たくさんの人と協力して一つのことをする」時に心がけたいことについて書いているか。②体験をもとに書いているか。③理由となることを書いているか。④漢字や語句を適切に使い，原稿用紙の正しい使い方で書いているか。

　「『たくさんの人と協力して一つのことをする』ときに心がけたいと思うこと」というテーマが指定されている。「必要なこと」や「大切なこと」ではなく，「心がけたいと思うこと」である点に注意して文章の内容を考えたい。たとえば，「適切な役割分担」などは「大切なこと」「必要なこと」としてはふさわしいが，「心がけたいこと」とは少しずれが生じる。「リーダーに選ばれた場合」などの条件がついていればそれもよいが，この問題ではそのような条件はついていない。解答例では，特にリーダーとしてではなく，集団の一員として参加する場合に「心がけたいこと」として，「困った場合に早めに相談すること」を挙げている。

　段落についての指定はないが，四百〜五百字という字数指定なので，二〜五段落程度で書くのが一般的。解答例では，「体験」「考え(意見)とその理由」「まとめと今後の抱負」という三段落構成としている。実際に文章を書き始める前に，全体の構成を考え，簡単なメモを作るようにするとよい。

★ワンポイントアドバイス★
「だから」「そこで」「しかし」「なぜなら」「もし」などの言葉を上手に使えるようになろう。

＜仙台市立中等教育学校　総合問題解答例＞

1　1

A群	長野県	(奈良)県	(岐阜)県	(滋賀)県
B群	④	②	③	①
C群	①	④	③	②
D群	③	①	②	④

　2　(1)　10個　　(2)　$1+2+4+7+14=28$

　(3)　理由　$70÷5=14$　この月の水曜日は7の倍数になっている。7日も水曜日なので，その7日前が前月の最後の日となる。　　　　　　　　　　　答え　水曜日

　(4)　①　6048円

　　②　影きょうが最も大きかった品目(雑貨)
　　　理由　品物一つあたりの値段が高いため，消費税の税率が低いうちに買おうと考える人が多かったから。

　　　影きょうが最も小さかった品目(食料品)
　　　理由　一つ一つの値段が高くないので，買う側にとってあまり影きょうがないから。毎日買うようなものだから。買いだめ・買い置きがしにくいものだから。

　3　(1)　熱せられた部分から，上下の方向へと順に色が変化していく。

　(2)　変化の仕方　最初に水面付近の色が変わり，その後下に向かって変化していく。
　　　理由　温められた水が上に動いて水面付近を温め，その後上の方から順に温まっていくから。

2　1　(1)　1.9秒

　(2)　ふりこの長さを，40cmよりも短くすることで，ふりこの1往復する時間を約1秒に近づけた。

　2　(1)　コップのまわりの空気中の水蒸気が，コップの中の氷によって冷やされてしもになったから。

(2) 水の温度の下がり方

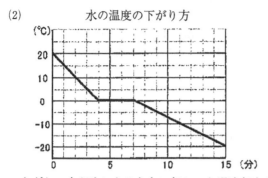

ただし，水が氷になるときに起こった過冷却を表したグラフも正解にする。

3 (1) 高く上がれば上がるほどいきおいがよくなっていく様子

(2) イ　　(3) 17m50cm

3 1 (1) 南西　　(2) 東京や横浜などの大消費地に近いため。

(3) およそ時速5.3km

2 ウ　　理由　太陽の光に照らされている部分が光って見えるから。

3 (1) ① 1　② 2　③ 6　　(2) ④　最大公約数

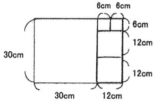

(3) 求める手順　長方形の縦が629cm，横が1961cmとすると，はじめに，1961÷629＝3あまり74より，1辺629cmの正方形が3枚切り取られ，横が74cmあまる。次に，629÷74＝8あまり37より，1辺が74cmの正方形が8枚切り取られ，縦が37cmあまる。最後に，74÷37＝2で，1辺が37cmの正方形がちょうど2枚できるので，1961と629の最大公約数は37となる。　　　　　　　　　　　　　　　　　　　　　　　　　　　　答え　37

＜仙台市立中等教育学校　総合問題解説＞

1 （社会，算数，理科：日本の地理，日本の文化・歴史，割合の計算，ものの温まり方など）

1　海に面していない県は，長野県以外に7県ある。奈良・滋賀・岐阜・群馬・栃木・山梨・埼玉県である。B群，C群，D群より，はっきりわかるところからうめていく。B群の①は，滋賀県にある織田信長がたてた安土城のことである。②は，710年に奈良に置かれた平城京のことである。C群の③の三つの川は，木曽川，長良川，揖斐川のことで，てい防に囲まれた低い土地は輪中とよばれる。

2 (1) 素数は，1とその数以外の約数をもたない自然数のことである。1は素数ではない。

(2) 1つずつさがしていくが，約数がたくさんある数字をおさえる。この場合，1も約数であるので，1をたして計算することに注意する。

(3) 日付の数字の和が「70」なので，まず，真ん中の数字，つまり水曜日の日付を求めることがカギである。理由についての説明もここがポイントになる。

(4) ①　まず，消費税をぬいた値だんを求める。平成26年3月までは，消費税は5%だったので，

消費税をぬいた値段を□円とすると，□×(1＋0.05)＝5880という式がなりたつ。これを解くと，□＝5600(円)となる。これに，新しい税率8％を加えると，5600×(1＋0.08)＝6048(円)となる。

②　影きょうが最も大きいということは，売上高が前年とくらべて大きく増減したということであり，逆に影きょうが最も小さいということは，売上高が前年とくらべてあまり大きく増減しなかったということである。消費税が上がることを知らされると人々は，値段が高いものは消費税が低いうちに買ったり，保存がきくものは買いだめをしたりする。消費税が上がったあとは，買いびかえをしたりする。

3　(1)　金属の温まり方は，熱した部分から順に熱が伝わっていく。したがって，たかしさんは，熱は上と下に，順に熱が伝わると予想したのである。

　(2)　水の温まり方を考える。温められた水は，上のほうに動いていく。その後，上にある温度の低い水が下に動いて，全体が温められる。したがって，示温テープも，上の方から色が変化していくことを説明する。

重要 ② （算数，理科，国語：割合の計算，ふりこ，水の変化，グラフの作成，国語知識など）

1　(1)　7回測定した結果の合計を7でわって，5往復する平均時間を求める。7回測定した結果の合計は66.5なので，66.5÷7＝9.5(秒)。これを5でわると9.5÷5＝1.9(秒)となる。

　(2)　ふりこは，おもりの重さやふれ幅を変えても，ふりこが1往復する時間は変わらない。ふりこの長さを短くすれば，1往復する時間は短くなる。

2　(1)　空気の中には，水が気体のすがたに変わったものである水蒸気がふくまれている。水蒸気は冷やされると水や氷になる。コップのまわりにしもができたのは，この水蒸気が氷になったのである。このことを理由になるようにまとめ，最後は「…から。」につながるように書く。

　(2)　グラフをかくときに注意することは，水がこおり始めてからすべてがこおるまでは，温度は0℃で変わらないということである。したがって，20℃から4分後にこおり始めたので，グラフは20℃と0分の交わる点と0℃と4分の交わる点を結んだ直線をかき，その後7分間は，横にひいた直線のグラフになる。

3　(1)　「おとなしかった」たことは反対の様子を表していると考える。詩の中の言葉は使わないように注意する。解答例以外では「風をたくさんはらんで体をいきおいよく広げている様子(25字)」などもある。

　(2)　「おとなしかった」たこが空高くのぼっていくにつれて，元気になっていく様子を表すことわざである。「どんぐりの背くらべ」は，「どれもにたりよったり」という意味である。

　(3)　図を右のような三角形で考えてみる。アをたこ，ウをつばささんの手の位置，アイの高さを□mとする。ウの角度が30°で，イの角度が直角なので，辺アウ：辺アイ＝2：1の比がなりたつ。これを式にたてると，32.5：□＝2：1となる。これを解くと2×□＝32.5　□＝16.25　よって，地面からたこまでの高さは，16.25＋1.25＝17.5(m)＝17m50cmとなる。

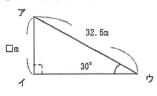

やや難 ③ （社会，算数，理科：地域の地理，地域の経済・産業，速さの計算，月と太陽など）

1　(1)　図1で，佐野サービスエリアの位置と富士山の位置を確かめる。

　(2)　野菜作りがさかんなのは，それを消費する人がたくさんいるからである。千葉県や茨城県の立地を考えてみる。

(3)　8日間で移動した総時間で仙台から江戸までの道のりをわれば速さは求められる。1日目から7日目までにあるいた時間は，1日9時間なので，7×9＝63時間。最終日は5時間なので，全部で，56＋5＝68時間歩いたことになる。速さは，360÷68＝5.29…なので，およそ5.3kmとなる。

2　太陽の光は，右の図のような方向から当たっていると考える。

3　(1)　①，②，③に入る数字は，右の図のように考える

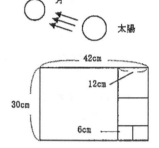

(2)　長方形の縦と横が21と28のときの一番小さい正方形の1辺は7，28と36のときは4，18と26のときは2という規則に気づく。

(3)　(1)の考え方をもとに，一番小さい2枚の正方形ができるまで，切り取っていく。わかりやすい文章にするために，接続の言葉を適切に使って説明する。

★ワンポイントアドバイス★

算数，理科，国語，社会のさまざまな範囲から出されている。問題数も多い。対策としては，問題を見てすぐ解き方がうかぶように基そ的な知識をしっかり身につけることである。

＜仙台市立中等教育学校　作文解答例＞《学校からの解答例の発表はありません。》

　「科学の花を咲かせること」とは，「謎がとける」感激を手に入れることだ。筆者は，そのためには科学の芽である「不思議に思うこと」を大事にするとともに，科学の茎にあたる「観察して，考える」という地道な努力を続けることが必要だと考えている。

　私は，子供のころ，「人間は冬眠しないのに，カエルなどはどうして冬になると土にもぐって冬眠するのだろう。」と不思議に思っていた。ある日，本の中に，その謎の答えが書いてあるのを見つけた。人間は，いつでも体温が変わらない動物だが，カエルはまわりの気温に合わせて体温が変わる変温動物なので，寒くなると，動けなくなる。だから，土にもぐって冬眠するのだということだった。

　この体験から分かるように，疑問や謎をとくための方法には，筆者が挙げた「監察して，考える」ことのほかに，「本や学校で勉強する」という方法もある。もちろん，実際に自分で観察したり考えたりすることはすばらしいことだ。しかし，全ての謎を自分で解決することはできないだろう。本を読んだり，学校の理科の授業を聞いたりすることが役立つことも多いはずだ。私は，そうしたことも「科学の茎」の一つに加えたいと考える。

＜仙台市立中等教育学校　作文解説＞

（国語：文章読解型　意見文を書く）

　課題文を読み，筆者の考えをまとめた上で，体験を交えて意見文を書く問題。課題文の筆者の考えを読み取る読解力と，それを簡潔にまとめる力，体験を交えて自分の考え（意見）を論理的に述べる力，文章全体の構成力などが問われる。

次のような点に，特に注意して書く。①「科学の花を咲かせること」についての筆者の考えを書いているか。②体験したことを交えて自分の意見を書いているか。③三段落構成で書くという指定を守っているか。④漢字や語句を適切に使い，原稿用紙の正しい使い方で書いているか。

課題文の筆者は，「科学の花を咲かせること」について，「ふしぎに思うこと」だけではなく，その気持ちを持ち続けながら「『観察して，考える』という地道な努力」（「息の長い努力」）の必要性を強調している。この点をぜひ盛り込みたい。次に，「科学の花を咲かせること」についての自分の考え（意見）を，体験を交えて述べる。筆者の考えに対して，賛成・反対のどちらかの立場を取ってもかまわない。また，解答例のように，筆者の意見に新たな意見をつけ加えるのもよい。体験は，簡潔かつ具体的に書くのが望ましい。

三つの段落それぞれにどのような内容を書くかという全体の構成を，実際に作文を書き始める前に決めておき，簡単なメモにしておくとよい。そのメモを設計図として，実際の文章を組み立てていくと書きやすい。解答例では，「第一段落＝筆者の考え」「第二段落＝体験」「第三段落＝自分の考え」という構成になっている。「第一段落＝筆者の考え」「第二段落＝体験と自分の考え」「第三段落＝自分の考えの根拠」といった構成も考えられる。

—— ★ワンポイントアドバイス★ ——

構成メモは細かくなりすぎないように注意する。目的はメモ作りではなく，作文を書き上げること。

大切なことはメモしておこうネ！

解答用紙集

○月×日 △曜日 天気(合格日和)

◆ご利用のみなさまへ
＊解答用紙の公表を行っていない学校につきましては、弊社の責任において、解答用紙を制作いたしました。
＊編集上の理由により一部縮小掲載した解答用紙がございます。
＊編集上の理由により一部実物と異なる形式の解答用紙がございます。

人間の最も偉大な力とは、その一番の弱点を克服したところから生まれてくるものである。──カール・ヒルティ──

東京学参株式会社

※ 125％に拡大していただくと，解答欄は実物大になります。

検査問題の番号			解答を記入する欄
1	1	(1)	
		(2)	
		(3)	
		(4)	
	2		
	3		

✳

			解答を記入する欄
2	1	(1)	
		(2) (a)	
		(b)	
	2	(1)	
		(2) 位置	
		方位	

✳

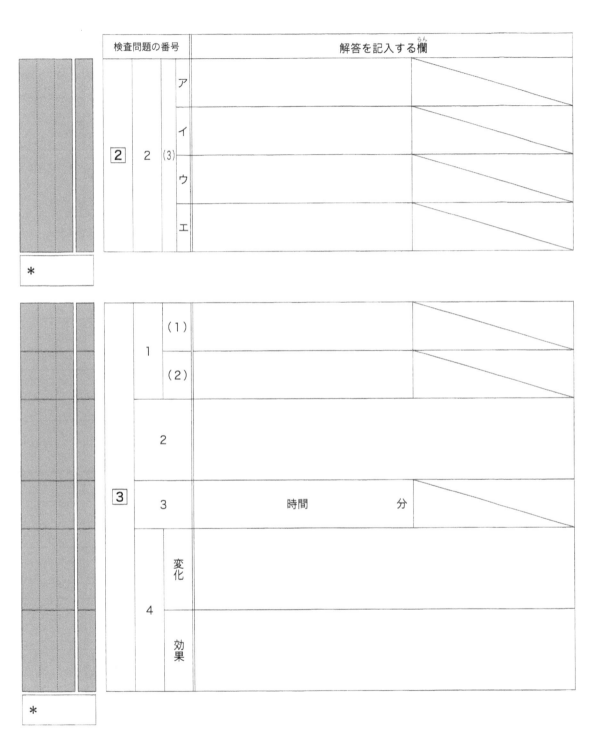

検査問題の番号			解答を記入する欄
2	2 (3)	ア	
		イ	
		ウ	
		エ	
3	1	(1)	
		(2)	
	2		
	3		時間　　　　分
	4	変化	
		効果	

※ 120%に拡大していただくと，解答欄は実物大になります。

検査問題の番号			解答を記入する欄
1	1	自然の家	
		駅	
	2	(1)	
		(2)	a =
	3	(1)	（先生）　　（さとしさん）　（りかさん） 　　　　：　　　　　：
		(2) 順番	→　　　　　　　　→
		(2) 時間	分

*

検査問題の番号			解答を記入する欄
2	1		
	2		g
	3	(1)	と
		(2)	倍

*

検査問題の番号			解答を記入する欄
	1		時　　　　　分
3	2	(1)	L
		(2)	%
	3	(1)	（A区画）　（B区画）　（通路） 　　　：　　　　：
		(2) 縦（南北）	本
		横（東西）	本

〔注意〕　①　題名、氏名は書かずに、一行目から書き始めること。
　　　　　②　原稿用紙の正しい使い方にしたがい、文字やかなづかいも正確に書くこと。

４００字

５００字

※ 125%に拡大していただくと，解答欄は実物大になります。

検査問題の番号		解答を記入する欄
1	1	場所
		道順 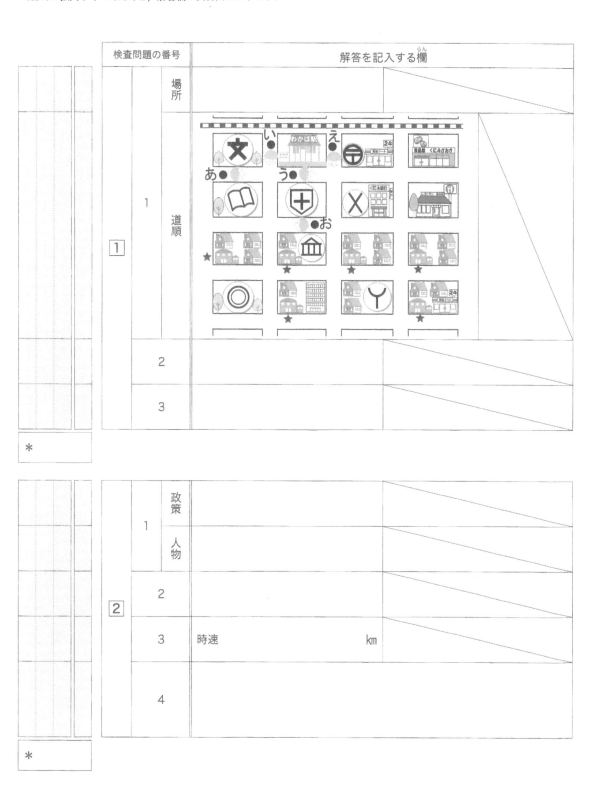
	2	
	3	

*

検査問題の番号		解答を記入する欄
2	1	政策
		人物
	2	
	3	時速　　　　　　　　km
	4	

*

検査問題の番号			解答を記入する欄
2	5	(1)	
		(2)	人
	6		

検査問題の番号			解答を記入する欄
3	1		
	2		cm²
	3	(1)	
		(2)	度
		(3)	cm
	4		

*

*

※120%に拡大していただくと，解答欄は実物大になります。

検査問題の番号			解答を記入する欄
①	1		➡　　　➡　　　➡
	2	(1)	分
		(2)　位置	
		方向	
	3	(1)　あ	
		い	
		う	
		(2)	

②	1	(1)	
		(2)　操作	を加える。
		結果1	
		結果2	

＊

＊

検査問題の番号			解答を記入する欄 らん
2	2	(1)	度
		(2)	
	3		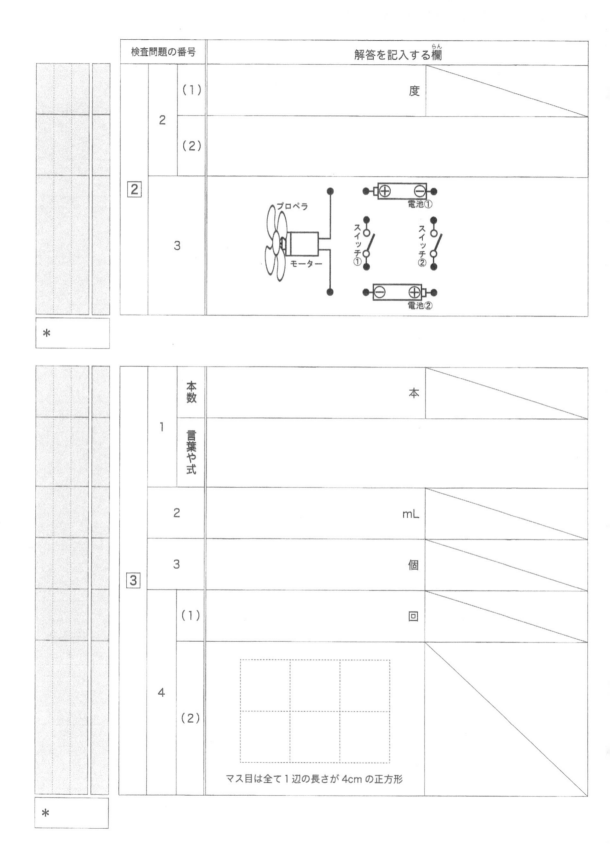

*

3	1	本数	本
		言葉や式	
	2		mL
	3		個
	4	(1)	回
		(2)	マス目は全て1辺の長さが4cmの正方形

*

〔注意〕　①　題名、氏名は書かずに、一行目から書き始めること。
　　　　　②　原稿用紙の正しい使い方にしたがい、文字やかなづかいも正確に書くこと。

４００字

５００字

※118％に拡大していただくと，解答欄は実物大になります。

検査問題の番号			解答を記入する欄
1	1		
	2	授業1	
		授業2	
	3		

2	1		t
	2		km
	3		
	4	(1)	
		(2)	【日本の自動車メーカーの利点】 【アメリカの利点】
	5		

検査問題の番号			解答を記入する欄
3	1	（1）	ha
		（2） 男	人
		（2） 女	人
		（3）	束
	2	どのように国を治めたか	
		天皇の名前	天皇
	3	（1）	人
		（2） 投票できる人	としこ　まさき　はるこ　まこと　みなみ　かんた
		（2） 立候補できる人	としこ　まさき　はるこ　まこと　みなみ　かんた
		（3）	

※ 118%に拡大していただくと，解答欄は実物大になります。

検査問題の番号			解答を記入する欄 (らん)	
1	1	(1)		秒
		(2)		倍
		(3)		m
		(4)		秒
	2	(1)		g
		(2)		
		(3)		

2	1	(1)		
		(2)		g
	2	(1)		

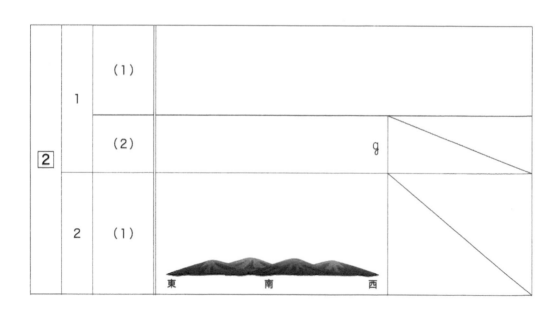

東　　　　南　　　　西

検査問題の番号			解答を記入する欄
2	2	(2) 記号	
		(2) 理由	
		(3) 気体	
		(3) 記号	

			解答を記入する欄	
3		1		km
		2		km
		3		
	4	(1)	と	
		(2)		
		(3) ①		面
		(3) ②		個

◇作文◇　　　　市立仙台青陵中等教育学校　　2022年度

※152％に拡大していただくと、解答欄は実物大になります。

〔注意〕　① 題名、氏名は書かずに、一行目から書き始めること。

② 原稿用紙の正しい使い方にしたがい、文字やかなづかいも正確に書くこと。

400字

500字

※ 118%に拡大していただくと，解答欄は実物大になります。

検査問題の番号		解 答 を 記 入 す る 欄
1	（1）	日
	（2）	倍
	（3）	

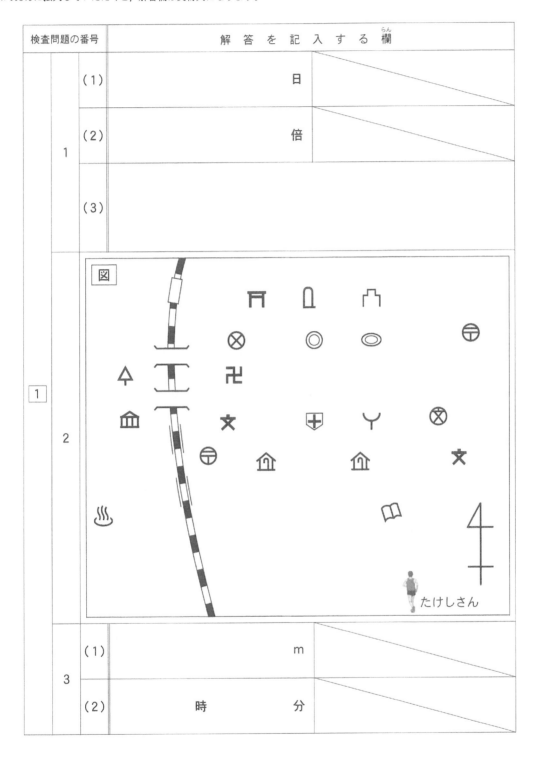

たけしさん

3	（1）	m
	（2）	時　　　　　　分

検査問題の番号		解 答 を 記 入 す る 欄 (らん)			
2	1				
	2				
	3		都道府県名	地図	土地の特色や産業	土地の文化・歴史など
		A	あ			
		B		え		
		C			あ	
		D				あ
	4	(1)				
		(2)	cm			

3	1							
	2	兆 億円						
	3	A		B		C		D

※128％に拡大していただくと，解答欄は実物大になります。

検査問題の番号			解答を記入する欄らん
1	1	記号	
		理由	
	2		
	3	(1)	
		(2)	
		(3)	
		(4)	記号
			理由

2	1	(1)	
		(2)	
	2	(1)	

検査問題の番号			解 答 を 記 入 す る 欄 (らん)		
2	2	(2)	A		B
			理由		

3	1	(1)	あ		
			い		
			う		
			え		
		(2)	A3用紙	枚	A4用紙　　　　　　　　　枚
	2	(1)	①	㎠	
			②	の方が　　　　　　　㎠大きい。	
		(2)	①	(　　　　　cm,　　　　　cm,　　　　　cm)	
				(　　　　　cm,　　　　　cm,　　　　　cm)	
			②		

〔注意〕　①　題名、氏名は書かずに、一行目から書き始めること。
　　　　　②　原稿用紙の正しい使い方にしたがい、文字やかなづかいも正確に書くこと。

４００字

５００字

※ 126%に拡大していただくと，解答欄は実物大になります。

検査問題の番号			解 答 を 記 入 す る 欄
1	1		
	2	記号	
		理由	
	3	(1)	
		(2)	m

2	1		
	2	番号	
		理由	
	3	番号	
		理由	

検査問題の番号			解 答 を 記 入 す る 欄
3	1	(1)	度
		(2)	個
	2	計算式
			答え：　　　　　　　曜日
	3	(1)	Aチーム　　　　　分
			Bチーム　　　　　分
		(2)	分
	4	(1)	50円玉　　　　　　枚
			100円玉　　　　　枚
		(2)	10円玉　　　　　　枚
			50円玉　　　　　　枚

※ 125%に拡大していただくと，解答欄は実物大になります。

検査問題の番号			解 答 を 記 入 す る 欄 らん
1	1	(1)	区
		(2)	区
	2	(1)	cm²
		(2)	cm
	3		

2	1	(1) 番号	
		理由	
		(2)	倍
		(3)	
		(4)	
	2	(1)	g

検査問題の番号			解 答 を 記 入 す る 欄 らん	
2	2		(2)	
		A	(3)	
		B		
		C		
		D		

3	1		(1)	分　　　　秒後
		B	(2)	cm
		C		cm
	2		(1)	個
			(2)	

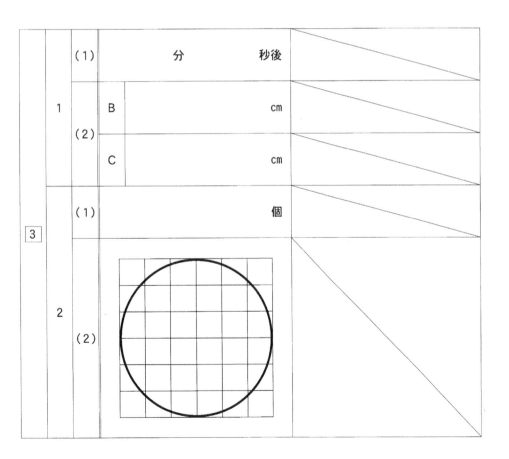

〔注意〕　①　題名、氏名は書かずに、一行目から書き始めること。
　　　　　②　原稿用紙の正しい使い方にしたがい、文字やかなづかいも正確に書くこと。

400字

500字

※ この解答用紙は 135％に拡大していただくと，実物大になります。

検査問題の番号		解 答 を 記 入 す る 欄 らん	
1	1	分	
	2	分	
	3		

2	1	(1)	市町名		
			農業産出額	約　　　　　　億円	
		(2)	計算式		
			説明		
		(3)	①	米　約　　　　億円	
				いちご　約　　　　億円	
			②	約　　　　億円	

検査問題の番号			解 答 を 記 入 す る 欄 (らん)

	2		
2	3	番号	
		理由	

	1					
3	2	時代	建物	所在地	かかわりの深い人物	時代背景
		古い ↓ 新しい	ウ			
				エ		
					ア	
						イ
	3					

60

※ この解答用紙は 135％に拡大していただくと，実物大になります。

検査問題の番号			解　答　を　記　入　す　る　欄
1	1	(1)	※点線は満月のときの月の形とします。これを使って，月の形を書きなさい。　東　　　　西
		(2) ①	記号
			理由
		(2) ②	⇒　　　　⇒
	2	(1)	
		(2)	
	3	(1)	大人　　　　　円
			小学生　　　　円
		(2) ①	m
		(2) ②	分
		(2) ③	m

検査問題の番号			解 答 を 記 入 す る 欄 らん
2	1	（1）	dL
		（2）	
	2	（1） ①	
		②	
		（2）	

3	1	（1）	計算式 答え：　　　　　cm²
		（2）	求め方 答え：　　　　　cm
	2	（1）	cm
		（2）	cm

60

※この解答用紙は169%に拡大していただくと、実物大になります。

〔注意〕　①　題名、氏名は書かずに、一行目から書き始めること。
　　　　　②　原稿用紙の正しい使い方にしたがい、文字やかなづかいも正確に書くこと。

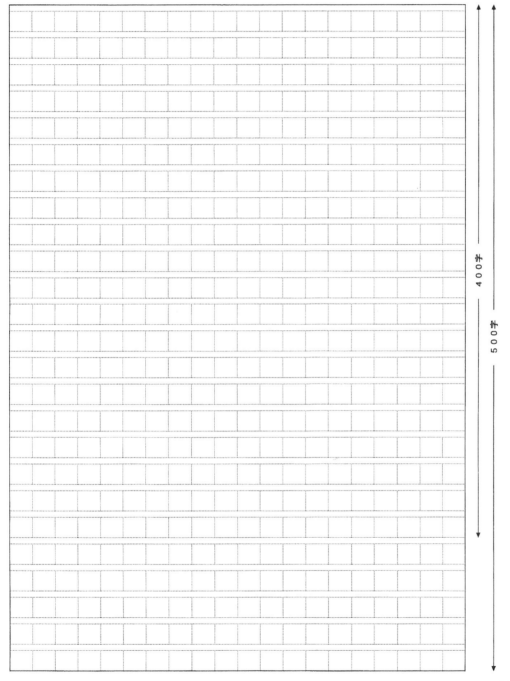

４００字

５００字

30

※この解答用紙は135％に拡大していただくと，実物大になります。

検査問題の番号			解 答 を 記 入 す る 欄 (らん)		
1	1	左側			
		右側			
	2	(1)	1	2	
		(2)		冬(mm)	夏(mm)
			仙台市		491.9
			新潟市		460.6
			差		31.3
		理由			
	3				

2	1	A国		C国	
		B国		D国	
	2	年齢	1970年	2010年	
		30〜59歳	万人	万人	
		60歳以上	万人	万人	

検査問題の番号		解　答　を　記　入　す　る　欄
2	3	

3		1			
		2	→ 　 → 　 → 　 → 　 →		
	3	(1)			
		(2)			
		(3)	①	記号	
				理由	
			②		
		(4)	ウ	記号	
				目的	
			オ	記号	
				目的	

※この解答用紙は141％に拡大していただくと，実物大になります。

検査問題の番号			解 答 を 記 入 す る 欄
1	1	1	
		2	
		3	
		4	
	2	(1)	
		(2) 記号	
		(2) 理由	
	3	動き	
		運んでいるもの	
	4	(1)	
		(2) ①	㎤
		(2) ②	はい目

検査問題の番号			解 答 を 記 入 す る 欄	
2	1	(1)	円	
		(2)	人	
	2	(1)	時速　　　　　　　km	
		(2)	午後　　　時　　　分	

3	1			
	2		cm	
	3	図		
		長さ	cm	

◇作文◇　　　　　　仙台市立中等教育学校　平成30年度

〔注意〕　① 題名、氏名は書かずに、一行目から書き始めること。
　　　　　② 原稿用紙の正しい使い方にしたがい、文字やかなづかいも正確に書くこと。

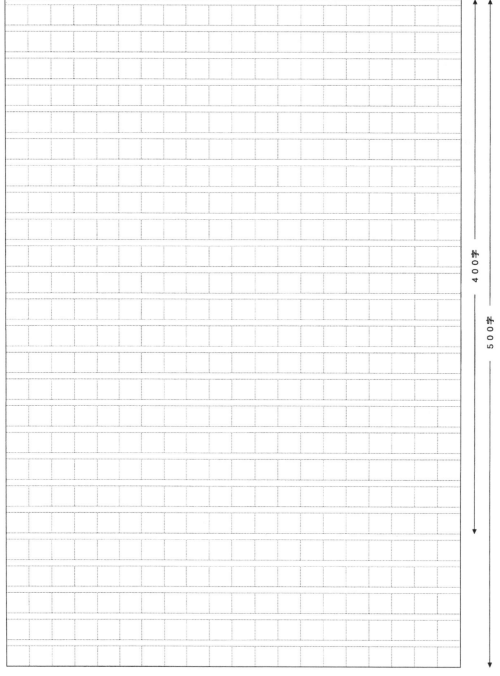

400字

500字

30

※この解答用紙は137％に拡大していただくと，実物大になります。

問題の番号			解 答 を 記 入 す る 欄
1	1	(1)	
		(2)	ア
			イ
	2	(1)	
		(2)	ア
			イ
	3	(1)	全部：（　　　　　　　　　　）通り
			㋕ の「しき方」：（　　　　　　　　　）通り
		(2)	
		(3)	（　　　　　　　　　）枚
			求め方：

※この解答用紙は137％に拡大していただくと，実物大になります。

問題の番号		解　答　を　記　入　す　る　欄
2	**1**	(1)
		(2)　ア　図
		(2)　イ
		(3)　ア　理由① :
		(3)　理由② :
		(3)　イ
		(4)
		(5)　1000円札（　　　　　）枚，100円硬貨（　　　　　）枚 　　　50円硬貨（　　　　　）枚，10円硬貨（　　　　　）枚 　　　　1円硬貨（　　　　　）枚，
	2	(1)（　　　　　　　　　　）cm
		(2)（　　　　　　　　　　）本
		(3)　約（　　　　　　　　　　）％　軽くなる

(2) ア 図 の部分:

標高
(m)
——— 200
——— 150
——— 100
——— 50

A ———— B

50m
100m
150m
200m

100

※この解答用紙は137％に拡大していただくと，実物大になります。

問題の番号			解 答 を 記 入 す る 欄
2	1	(1)	記号： 理由：
		(2)	
		(3)	
	2	(1)	（　　　　　　　　）本
		(2)	（　　　　　　　　）秒
	3	(1)	
		(2)	
		(3)	水の量：（　　　　　　　　）mL 説明：

100

※この解答用紙は141％に拡大していただくと，実物大になります。

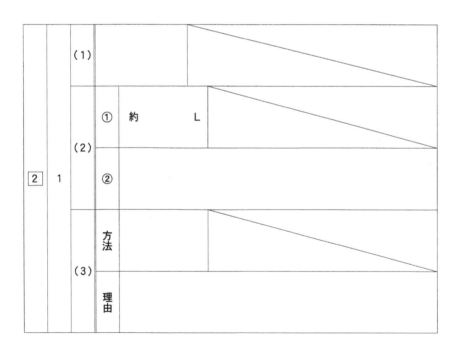

検査問題の番号				解　答　を　記　入　す　る　欄
1	1			
	2	イ	A群	
			B群	
		ウ	A群	
			B群	

2	1	(1)		
		(2)	①	約　　　　　L
			②	
		(3)	方法	
			理由	

検査問題の番号				解 答 を 記 入 す る 欄
2	2	(1)	①	g
			②	
			③	
		(2)	約	%

2	3	(1)	
		(2)	
		(3)	

60

※この解答用紙は141％に拡大していただくと，実物大になります。

検査問題の番号			解 答 を 記 入 す る 欄 らん	
1	1			
	2	(1)	電車	
			高速バス	
		(2)	どちらか	発車時刻

2	1	(1)	岩石	水	
		(2)		さん	
	2		岩石は		
	3	工夫			
		理由			
	4	風の向き			
		理由			

検査問題の番号			解答を記入する欄 らん
3	1	(1)	m
		(2)	（　　　　　　　　）番目と（　　　　　　　　）番目の印の間
		(3)	倍
	2		個

60

※この解答用紙は169％に拡大していただくと、実物大になります。

〔注意〕　①　題名、氏名は書かずに、一行目から書き始めること。
　　　　　②　原稿用紙の正しい使い方にしたがい、文字やかなづかいも正確に書くこと。

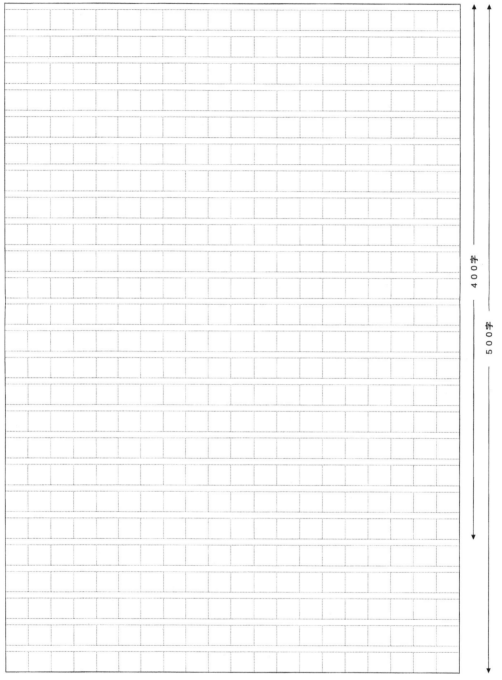

400字

500字

25・30

◇総合問題◇

※この解答用紙は137％に拡大していただくと，実物大になります。

問題の番号			解 答 を 記 入 す る 欄
1	1	(1)	
		(2)	
		(3)	
	2	(1)	
		(2)	
		(3)	
	3	(1)	ア：（　　　　　　　　　）秒
			イ：（　　　　　　　　　）秒
			ウ：（　　　　　　　　　）
		(2)	理由：
			数　：

※この解答用紙は137％に拡大していただくと，実物大になります。

問題の番号			解 答 を 記 入 す る 欄
2	1	(1)	
		(2)	㋐ （　　　　　　　　　　）度 ㋑ （　　　　　　　　　　）度
		(3)	ア イ
		(4)	ア （　　　　　　　　）点 イ （　　　　　　　　）点 求め方：
	2	(1)	
		(2)	（　　　　　　　　　）杯分
		(3)	（　　　　　　　　　）m³
		(4)	（　　　　　　　　　）kg

100

※この解答用紙は137％に拡大していただくと，実物大になります。

問題の番号			解 答 を 記 入 す る 欄 <ruby>欄<rt>らん</rt></ruby>
2	1	(1)	ア
			イ　じゃがいも（　　　　　）個　　にんじん（　　　　　）個　　たまねぎ　（　　　　　）個
		(2)	
	2	(1)	ア
			イ
		(2)	ア　（　　　　　　　　　　）cm²
			イ　答え：午後（　　　　）時（　　　　）分より後
			求め方：
	3	(1)	
		(2)	変化：
			理由：

100

※この解答用紙は141％に拡大していただくと，実物大になります。

検査問題の番号			解　答　を　記　入　す　る　欄らん	
			三内丸山遺跡(縄文時代)さんないまるやまじょうもん	吉野ヶ里遺跡(弥生時代)よしのがりやよい
1	1	(1) 資料1	(　　　　)	(　　　　)
		(1) 資料2	(　　　　)	(　　　　)
		(2) 資料3		
		(3) 大きな変化		
		(4) 　　人		
	2	(1) 　　通り		
		①(　)極　②(　)極　③(　)極　④(　)極　⑤(　)極　⑥(　)極		
		(2) A		
		(2) B		
		(2) C		
		(3) D		
		(3) E		
		(3) F		
	3	(1) 　　枚		
		(1) (理由)		
		(2) ①		
		(2) ②		

検査問題の番号			解 答 を 記 入 す る 欄
2	1	(1)	
		(2)	
	2	(1)	cm
		(2)	倍
		(3)	cm
	3	(1)	(効果) (理由)
		(2)	
		(3)	

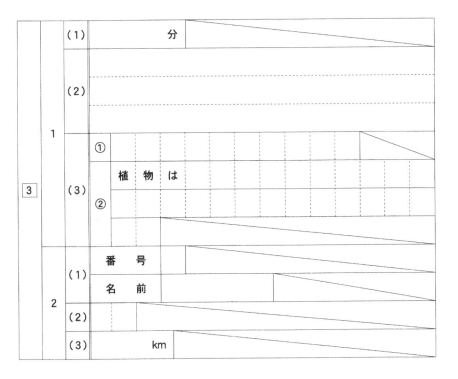

3	1	(1)	分	
		(2)		
		(3)	①	
			植 物 は ②	
	2	(1)	番 号	
			名 前	
		(2)		
		(3)	km	

100

〔注意〕　① 題名、氏名は書かずに、一行目から書き始めること。
　　　　② 原稿用紙の正しい使い方にしたがい、文字やかなづかいも正確に書くこと。

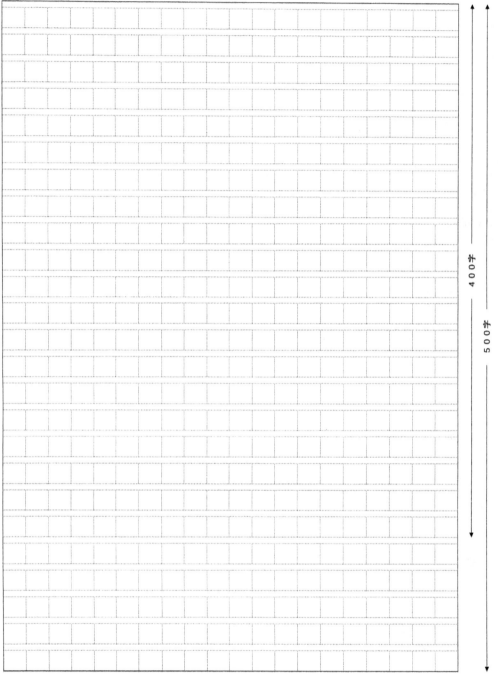

400字

500字

25

※この解答用紙は121%に拡大していただくと，実物大になります。

問題の番号		解　答　を　記　入　す　る　欄
1	1 (1)	クモのからだのつくりと違っている点
	1 (2)	
	2 (1)	
	2 (2)	
	3 (1)	
	3 (2)	
	4 (1)	
	4 (2)	(　　　　　　　　　　　　　　) cm³

※この解答用紙は119%に拡大していただくと，実物大になります。

問題の番号		解 答 を 記 入 す る 欄
②	1 (1)	(　　　　　　　　　　) m
	(2)	
	(3)	
	(4)	およそ (　　　　　　　　　　) g
	(5)	
	2 (1)	B (　　　　) つ　　C (　　　　) つ　　D (　　　　) つ
	(2)	(　　　　　　　　　　) kg
	(3)	
	(4)	(　　　　　　　　　　) 人

○推定配点○　① 2(1), 3　各4点×3　　4(2)　6点　　他　各8点×4
　　　　　　　② 1(2)　6点　　1(3)・(5), 3(2)・(3)　各6点×4　　他　各4点×5
　　　　　　　計100点

100

※この解答用紙は121％に拡大していただくと，実物大になります。

問題の番号		解　答　を　記　入　す　る　欄
②	1	(1) 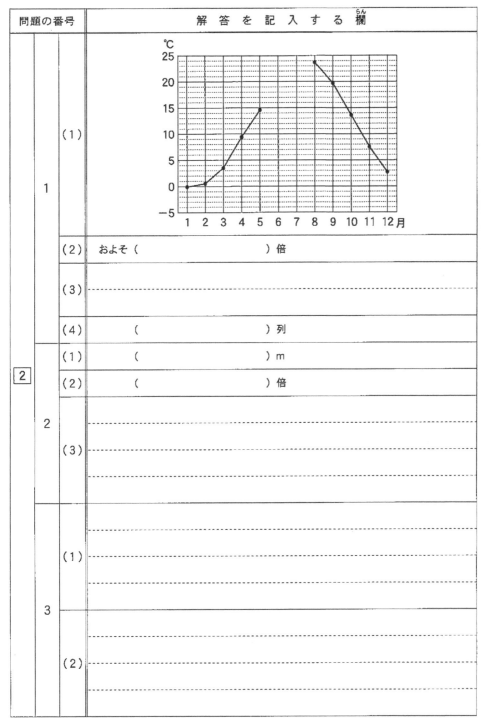
		(2) およそ（　　　　　　　　　　）倍
		(3) ....
		(4) 　　（　　　　　　　　　）列
	2	(1) 　　（　　　　　　　　　）m
		(2) 　　（　　　　　　　　　）倍
		(3) ....
	3	(1) ....
		(2) ....

○推定配点○　①　2(1), 3　各4点×3　　4(2)　6点　　　他　各8点×4
　　　　　　　②　1(1)　6点　　2(3), 3　各8点×3　　他　各4点×5
　　　　　　　計100点

100

※この解答用紙は 131％に拡大していただくと，実物大になります。

検査問題の番号			解 答 を 記 入 す る 欄 らん			
1	1		A 群　　　**長野県**　　　（　　　　）県　（　　　　）県　（　　　　）県 B 群　　　　　　　　　② C 群　　　　　　　　　　　　　　　③ D 群　　　　　　　　　　　　　　　　　　　　　④			
	2	(1)	個			
		(2)				
		(3)	理由 　　　　　　　　　　　　　　　　　　　　　答え（　　　　曜日）			
		(4)	①	円		
			②	影きょうが最も大きかった品目（　　　　　　　　　　　） 理由		
				影きょうが最も小さかった品目（　　　　　　　　　　　） 理由		
	3	(1)				
		(2)	変化の仕方 理由			
2	1	(1)	秒			
		(2)				
	2	(1)				

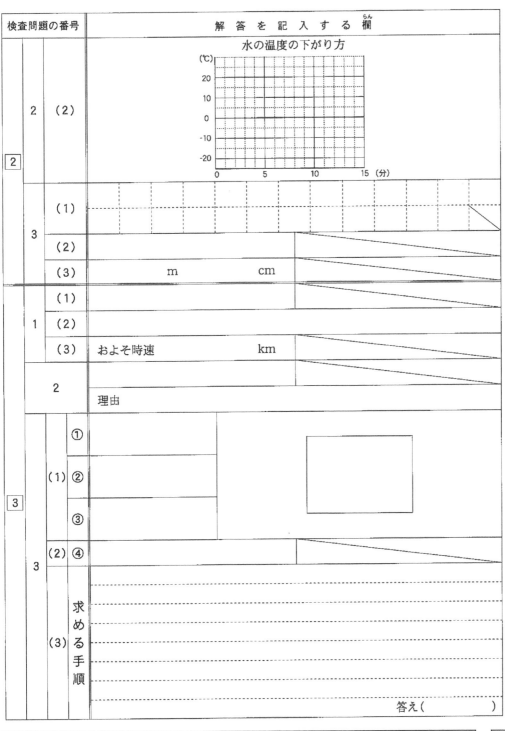

検査問題の番号			解 答 を 記 入 す る 欄
2	2	(2)	水の温度の下がり方
	3	(1)	
		(2)	
		(3)	m　　　　cm
3	1	(1)	
		(2)	
		(3)	およそ時速　　　　km
	2		理由
	3	(1)	①
			②
			③
		(2)	④
		(3)	求める手順

答え（　　　　）

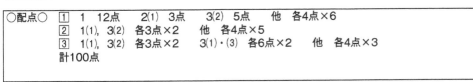

○配点○　□1　1　12点　　2(1)　3点　　3(2)　5点　　他　各4点×6
　　　　　□2　1(1), 3(2)　各3点×2　　他　各4点×5
　　　　　□3　1(1), 3(2)　各3点×2　　3(1)・(3)　各6点×2　　他　各4点×3
　　　　　計100点

100

作文　解答用紙

〔注意〕　① 題名、氏名は書かずに、一行目から書き始めること。
　　　　　② 原稿用紙の正しい使い方にしたがい、文字やかなづかいも正確に書くこと。

400字

500字

○配点○　25点

25

MEMO

大切なことはメモしておこうネ！

大切なことはメモしておこうネ！

公立中高一貫校適性検査対策シリーズ

攻略！ 公立中高一貫校適性検査対策問題集
総合編　※年度版商品

- 実際の出題から良問を精選
- 思考の道筋に重点をおいた詳しい解説（一部動画つき）
- 基礎を学ぶ6つのステップで作文を攻略
- 仕上げテストで実力を確認

※毎年春に最新年度版を発行

公立中高一貫校適性検査対策問題集
資料問題編

- 公立中高一貫校適性検査必須の出題形式「資料を使って解く問題」を完全攻略
- 実際の出題から良問を精選し、10パターンに分類
- 例題で考え方・解法を身につけ、豊富な練習問題で実戦力を養う
- 複合問題にも対応できる力を養う

定価：1,320円（本体1,200円＋税10%）／ ISBN：978-4-8080-8600-8　C6037

公立中高一貫校適性検査対策問題集
数と図形編

- 公立中高一貫校適性検査対策に欠かせない数や図形に関する問題を徹底練習
- 実際の出題から良問を精選、10パターンに分類
- 例題で考え方・解法を身につけ、豊富な練習問題で実戦力を養う
- 他教科を含む複合問題にも対応できる力を養う

定価：1,320円（本体1,200円＋税10%）／ ISBN：978-4-8080-4656-9　C6037

公立中高一貫校適性検査対策問題集
生活と科学編

- 理科分野に関する問題を徹底トレーニング！！
- 実際の問題から、多く出題される生活と科学に関する問題を選び、13パターンに分類
- 例題で考え方・解法を身につけ、豊富な練習問題で実戦力を養う
- 理科の基礎知識を確認し、適性検査の問題形式に慣れることができる

定価：1,320円（本体1,200円＋税10%）／ ISBN：978-4-8141-1249-4　C6037

公立中高一貫校適性検査対策問題集
作文問題（書きかた編）

- 出題者、作問者が求めている作文とは！？　採点者目線での書きかたを指導
- 作文の書きかたをまず知り、文章を書くのに慣れるためのトレーニングをする
- 問題文の読み解きかたを身につけ、実際に書く際の手順をマスター
- 保護者の方向けに「サポートのポイント」つき

定価：1,320円（本体1,200円＋税10%）／ ISBN：978-4-8141-2078-9　C6037

公立中高一貫校適性検査対策問題集
作文問題（トレーニング編）

- 公立中高一貫校適性検査に頻出の「文章を読んで書く作文」攻略に向けた問題集
- 6つのテーマ、56の良問…バラエティー豊かな題材と手応えのある問題量で力をつける
- 大問1題あたり小問3〜4問。チャレンジしやすい問題構成
- 解答欄、解答例ともに実戦的な仕様

定価：1,320円（本体1,200円＋税10%）／ ISBN：978-4-8141-2079-6　C6037

東京学参の
中学校別入試過去問題シリーズ

*出版校は一部変更することがあります。一覧にない学校はお問い合わせください。

東京ラインナップ

あ 青山学院中等部(L04)
麻布中学(K01)
桜蔭中学(K02)
お茶の水女子大附属中学(K07)

か 海城中学(K09)
開成中学(M01)
学習院中等科(M03)
慶應義塾中等部(K04)
啓明学園中学(N29)
晃華学園中学(N13)
攻玉社中学(L11)
国学院大久我山中学
　　(一般・CC)(N22)
　　(ST)(N23)
駒場東邦中学(L01)

さ 芝中学(K16)
芝浦工業大附属中学(M06)
城北中学(M05)
女子学院中学(K03)
巣鴨中学(M02)
成蹊中学(N06)
成城中学(K28)
成城学園中学(L05)
青稜中学(K23)
創価中学(N14)★

た 玉川学園中学部(N17)
中央大附属中学(N08)
筑波大附属中学(K06)
筑波大附属駒場中学(L02)
帝京大中学(N16)
東海大菅生高中等部(N27)
東京学芸大附属竹早中学(K08)
東京都市大付属中学(L13)
桐朋中学(N03)
東洋英和女学院中学部(K15)
豊島岡女子学園中学(M12)

な 日本大第一中学(M14)

日本大第三中学(N19)
日本大第二中学(N10)

は 雙葉中学(K05)
法政大学中学(N11)
本郷中学(M08)

ま 武蔵中学(N01)
明治大付属中野中学(N05)
明治大付属八王子中学(N07)
明治大付属明治中学(K13)

ら 立教池袋中学(M04)

わ 和光中学(N21)
早稲田中学(K10)
早稲田実業学校中等部(K11)
早稲田大高等学院中学部(N12)

神奈川ラインナップ

あ 浅野中学(O04)
栄光学園中学(O06)

か 神奈川大附属中学(O08)
鎌倉女学院中学(O27)
関東学院六浦中学(O31)
慶應義塾湘南藤沢中等部(O07)
慶應義塾普通部(O01)

さ 相模女子大中学部(O32)
サレジオ学院中学(O17)
逗子開成中学(O22)
聖光学院中学(O11)
清泉女学院中学(O20)
洗足学園中学(O18)
捜真女学校中学部(O29)

た 桐蔭学園中等教育学校(O02)
東海大付属相模高中等部(O24)
桐光学園中学(O16)

な 日本大中学(O09)

は フェリス女学院中学(O03)
法政大第二中学(O19)

や 山手学院中学(O15)
横浜隼人中学(O26)

千・埼・茨・他ラインナップ

あ 市川中学(P01)
浦和明の星女子中学(Q06)

か 海陽中等教育学校
　　(入試Ⅰ・Ⅱ)(T01)
　　(特別給費生選抜)(T02)
久留米大附設中学(Y04)

さ 栄東中学(東大・難関大)(Q09)
栄東中学(東大特待)(Q10)
狭山ヶ丘高校付属中学(Q01)
芝浦工業大柏中学(P14)
渋谷教育学園幕張中学(P09)
城北埼玉中学(Q07)
昭和学院秀英中学(P05)
清真学園中学(S01)
西南学院中学(Y02)
西武学園文理中学(Q03)
西武台新座中学(Q02)
専修大松戸中学(P13)

た 筑紫女学園中学(Y03)
千葉日本大第一中学(P07)
千葉明徳中学(P12)
東海大付属浦安高中等部(P06)
東邦大付属東邦中学(P08)
東洋大附属牛久中学(S02)
獨協埼玉中学(Q08)

な 長崎日本大中学(Y01)
成田高校付属中学(P15)

は 函館ラ・サール中学(X01)
日出学園中学(P03)
福岡大附属大濠中学(Y05)
北嶺中学(X03)
細田学園中学(Q04)

や 八千代松陰中学(P10)

ら ラ・サール中学(Y07)
立命館慶祥中学(X02)
立教新座中学(Q05)

わ 早稲田佐賀中学(Y06)

公立中高一貫校ラインナップ

北海道 市立札幌開成中等教育学校(J22)
宮城 宮城県仙台二華・古川黎明中学校(J17)
市立仙台青陵中等教育学校(J33)
山形 県立東桜学館・致道館中学校(J27)
茨城 茨城県立中学・中等教育学校(J09)
栃木 県立宇都宮東・佐野・矢板東高校附属中学校(J11)
群馬 県立中央・市立四ツ葉学園中等教育学校・
市立太田中学校(J10)
埼玉 市立浦和中学校(J06)
県立伊奈学園中学校(J31)
さいたま市立大宮国際中等教育学校(J32)
川口市立高等学校附属中学校(J35)
千葉 県立千葉・東葛飾中学校(J07)
市立稲毛国際中等教育学校(J25)
東京 区立九段中等教育学校(J21)
都立大泉高等学校附属中学校(J28)
都立両国高等学校附属中学校(J01)
都立白鷗高等学校附属中学校(J02)
都立富士高等学校附属中学校(J03)

都立三鷹中等教育学校(J29)
都立南多摩中等教育学校(J30)
都立武蔵高等学校附属中学校(J04)
都立立川国際中等教育学校(J05)
都立小石川中等教育学校(J23)
都立桜修館中等教育学校(J24)
神奈川 川崎市立川崎高等学校附属中学校(J26)
県立平塚・相模原中等教育学校(J08)
横浜市立南高等学校附属中学校(J20)
横浜サイエンスフロンティア高校附属中学校(J34)
広島 県立広島中学校(J16)
県立三次中学校(J37)
徳島 県立城ノ内中等教育学校・富岡東・川島中学校(J18)
愛媛 県立今治東・松山西中等教育学校(J19)
福岡 福岡県立中学校・中等教育学校(J12)
佐賀 県立香楠・致遠館・唐津東・武雄青陵中学校(J13)
宮崎 県立五ヶ瀬中等教育学校・宮崎西・都城泉ヶ丘高校附属中学校(J15)
長崎 県立長崎東・佐世保北・諫早高校附属中学校(J14)

公立中高一貫校「適性検査対策」問題集シリーズ

総合編　作文問題編　資料問題編　数と図形編　生活と科学編　実力確認テスト編

私立中・高スクールガイド

私立中学&高校の学校生活がわかる！

ザ THE 私立

中学別入試過去問題シリーズ

市立仙台青陵中等教育学校　2025年度

ISBN978-4-8141-3135-8

[発行所] 東京学参株式会社

〒153-0043　東京都目黒区東山2-6-4

書籍の内容についてのお問い合わせは右のQRコードから　⇒

※書籍の内容についてのお電話でのお問い合わせ、本書の内容を超えたご質問には対応
　できませんのでご了承ください。

2024年5月13日　初版